KURT MERKENICH

Die unterschiedlichen Arten der Einkünfteermittlung im deutschen Einkommensteuerrecht

Schriften zum Steuerrecht

Band 24

Die unterschiedlichen Arten der Einkünfteermittlung im deutschen Einkommensteuerrecht

Von

Dr. Kurt Merkenich

DUNCKER & HUMBLOT / BERLIN

Gedruckt 1982 bei Buchdruckerei A. Sayffaerth - E. L. Krohn, Berlin 61
Printed in Germany

ISBN 3 428 05064 9

Meinen Eltern

Vorwort

Die zu Beginn des Jahres 1980 abgeschlossene Untersuchung lag im Sommersemester 1981 der Rechtswissenschaftlichen Fakultät der Universität zu Köln als Dissertation vor. Sie wurde von Herrn Prof. Dr. Klaus Tipke betreut und von ihm sowie von Herrn Prof. Dr. Karl Heinrich Friauf begutachtet. Herrn Professor Tipke danke ich vor allem für die großzügige Freiheit, die er mir sowohl bei der Auswahl des Themas als auch bei dessen Bearbeitung gewährt hat. In der Gewinnung der Ergebnisse war ich dadurch nicht auf solche beschränkt, denen er zuzustimmen vermochte. Dies betrifft insbesondere die Erträge der privaten Lebensführung, die nach seiner Ansicht wohl ein besteuerungswürdiges Substrat bilden. Meinen herzlichen Dank sage ich auch seinem Habilitanden, Herrn Dr. Joachim Lang. Er weckte mein Interesse an der Problematik. Darüber hinaus gab er mir wertvolle Anregungen.

Düsseldorf, im August 1981

Kurt Merkenich

Inhaltsverzeichnis

Viertes Kapitel

Die rechtliche Problematik der Einkünfteermittlung 40

Abkürzungsverzeichnis

A	=	Anmerkung
a. A.	=	anderer Ansicht
Abs.	=	Absatz
AfA	=	Absetzung für Abnutzung
AfS	=	Absetzung für Substanzverringerung
AG	=	Aktiengesellschaft
AktG	=	Aktiengesetz vom 6. Sept. 1965
AO	=	Abgabenordnung vom 16. März 1976
Archiv	=	Archiv für schweizerisches Abgabenrecht (Zeitschrift)
Art.	=	Artikel
art.	=	article
AStG	=	Außensteuergesetz vom 8. Sept. 1972
BAFöG	=	Bundesausbildungsförderungsgesetz
BB	=	Betriebs-Berater (Zeitschrift)
BdF	=	Bundesminister der Finanzen
BewG	=	Bewertungsgesetz vom 10. Dez. 1965
BewÄndG	=	Bewertungsänderungsgesetz
BFH	=	Bundesfinanzhof
BFHE	=	Sammlung der Entscheidungen des Bundesfinanzhofs
BGB	=	Bürgerliches Gesetzbuch vom 18. Aug. 1896
BGBl.	=	Bundesgesetzblatt
BR-Drucks.	=	Bundesrat, Drucksache
BReg	=	Bundesregierung
BStBl.	=	Bundessteuerblatt
BT-Drucks.	=	Deutscher Bundestag, Drucksache
Bull. IFD	=	Bulletin International Fiscal Documentation
BVerfG	=	Bundesverfassungsgericht
BVerfGE	=	Entscheidungen des Bundesverfassungsgerichts
BVerfGG	=	Bundesverfassungsgerichtsgesetz
BVerwG	=	Bundesverwaltungsgericht
BVerwGE	=	Entscheidungen des Bundesverwaltungsgerichts
BVO	=	Beihilfenverordnung
DB	=	Der Betrieb (Zeitschrift)
Die AG	=	Die Aktiengesellschaft (Zeitschrift)
DÖV	=	Die Öffentliche Verwaltung (Zeitschrift)
DStR	=	Deutsches Steuerrecht (Zeitschrift)
DStZ/A	=	Deutsche Steuer-Zeitung/Ausgabe A
DVBl.	=	Deutsches Verwaltungsblatt
EFG	=	Entscheidungen der Finanzgerichte
Einf.	=	Einführung
EinkStG	=	Einkommensteuergesetz
ErbSt	=	Erbschaftsteuer
ErbStG	=	Erbschaftsteuergesetz
Erl.	=	Erläuterung
ESt	=	Einkommensteuer
EStÄndG	=	Einkommensteueränderungsgesetz
EStDV	=	Einkommensteuer-Durchführungsverordnung
EStG	=	Einkommensteuergesetz
EStR	=	Einkommensteuer-Richtlinien

FG	=	Finanzgericht
FGO	=	Finanzgerichtsordnung vom 6. Okt. 1965
FinMin	=	Finanzminister
FN	=	Fußnote
FR	=	Finanz-Rundschau (Zeitschrift)
GDL	=	Gesetz über die Ermittlung des Gewinns aus Land- und Forstwirtschaft nach Durchschnittsätzen
GenG	=	Gesetz betreffend die Erwerbs- und Wirtschaftsgenossenschaften vom 1. Mai 1889
GewSt	=	Gewerbesteuer
GewStG	=	Gewerbesteuergesetz
GewStR	=	Gewerbesteuer-Richtlinien
GG	=	Grundgesetz für die Bundesrepublik Deutschland vom 23. Mai 1949
gl. A.	=	gleicher Ansicht
GmbHG	=	Gesetz betreffend die Gesellschaften mit beschränkter Haftung vom 20. April 1892
ha	=	Hektar
HB	=	Handelsblatt
HGB	=	Handelsgesetzbuch vom 10. Mai 1897
h. M.	=	herrschende Meinung
HwStR	=	Handwörterbuch des Steuerrechts
i. d. F.	=	in der Fassung
Inf	=	Die Information über Steuer und Wirtschaft (Zeitschrift)
Institut FSt.	=	Institut „Finanzen und Steuern“
IRC	=	Internal Revenue Code
i. S. d.	=	im Sinne des (der)
IWB	=	Internationale Wirtschafts-Briefe
i. V. m.	=	in Verbindung mit
JZ	=	Juristenzeitung
Kfz	=	Kraftfahrzeug
KG	=	Kommanditgesellschaft
KGaA	=	Kommanditgesellschaft auf Aktien
KiSt	=	Kirchensteuer
KSt	=	Körperschaftsteuer
KStG	=	Körperschaftsteuergesetz vom 31. Aug. 1976
LStR	=	Lohnsteuer-Richtlinien
MdB	=	Mitglied des Bundestages
m. E.	=	meines Erachtens
m. w. N.	=	mit weiteren Nachweisen
N. F.	=	Neue Folge
n°	=	numero
NWB	=	Neue Wirtschafts-Briefe
o. ä.	=	oder ähnliches
OHG	=	Offene Handelsgesellschaft
p.	=	page
PrEStG	=	Preußisches Einkommensteuergesetz vom 1. Mai 1851
PrGS	=	Gesetz-Sammlung für die Königlichen Preußischen Staaten
R.	=	Rechtsspruch
RAO	=	Reichsabgabenordnung vom 22. Mai 1931
Rderl.	=	Runderlaß

Rdnr., RdNr.	=	Randnummer
RFH	=	Reichsfinanzhof
RGBl.	=	Reichs-Gesetzblatt
RIW/AWD	=	Recht der Internationalen Wirtschaft/Außenwirtschaftsdienst des Betriebs-Beraters (Zeitschrift)
RStBl.	=	Reichssteuerblatt
Rz.	=	Randziffer
Sec.	=	Section
SparPG	=	Sparprämiengesetz
St	=	Steuer
StÄndG	=	Steueränderungsgesetz
StBauFG	=	Städtebauförderungsgesetz
StbJb.	=	Steuerberater-Jahrbuch
StEK	=	Steuererlasse in Karteiform
StNOG	=	Gesetz zur Neuordnung von Steuern
StRK	=	Steuerrechtsprechung in Karteiform
StuW	=	Steuer und Wirtschaft (Zeitschrift)
StW	=	Steuer-Warte (Zeitschrift)
Tz.	=	Textziffer
US(A)	=	United States (of America)
USG	=	Unterhaltssicherungsgesetz
USt	=	Umsatzsteuer
UStDV	=	Verordnung zur Durchführung des Umsatzsteuergesetzes
UStG	=	Umsatzsteuergesetz
u. U.	=	unter Umständen
VermBG	=	Vermögensbildungsgesetz
v. H.	=	vom Hundert
VOL	=	Verordnung über die Aufstellung von Durchschnittsätzen für die Ermittlung der Gewinne aus Land- und Forstwirtschaft
Vol.	=	Volume
VSt	=	Vermögensteuer
VStRG	=	Vermögensteuerreformgesetz
WiGBl.	=	Wirtschaftsgesetzblatt
WoPG	=	Wohnungsbau-Prämiengesetz
WPg	=	Die Wirtschaftsprüfung (Zeitschrift)

Erstes Kapitel

Rechtfertigung der Untersuchung

Der Aufgabe einer rechtssystematischen Durchforstung der Vorschriften des Einkommensteuerrechts über die Einkünfteermittlung hat sich das Schrifttum bislang nur vereinzelt zugewandt. Soweit sich die wenigen monographischen Untersuchungen nicht auf eine einzige Einkunftsart beschränken, entstammen sie entweder nicht der deutschen Rechtslehre oder genügen hinsichtlich des Anspruchs an ihr rechtswissenschaftliches Fundament nicht mehr dem derzeitigen Erkenntnisstand. Für weitere Zurückhaltung besteht kein Anlaß. Zum einen mangelt es selbst dem Einkommensteuerrecht, das wohl als Schwerpunkt der steuerwissenschaftlichen Forschung angesehen werden kann, bei bahnbrechendem Engagement einzelner Bearbeiter, nach wie vor an der umfassenden systematischen Durchdringung in breiter Front. Zum anderen ist die Thematik von aktueller Relevanz.

Nicht erst in jüngster Zeit[1] sind Bedenken gegen die Praxis des Einkommensteuerrechts aufgetaucht, Veräußerungsgewinne grundsätzlich[2] nur im Rahmen der betrieblichen Einkünfte zu erfassen. Als Gerechtigkeitsideal schwebt einer zur reformerischen Analyse des Steuerrechts bestallten Kommission vor, auch im privaten Bereich sämtliche Veräußerungsgewinne der Einkommensteuer zu unterwerfen[3]. Die großen politischen Parteien und die fiskalpolitisch bemühten Institute haben gutachtlich zu der Frage Stellung bezogen, ob sich kurzfristig nicht zumindest die Gewinnbesteuerung aus der privaten Veräußerung von Grund und Boden realisieren ließe. Dabei sind auch Vorschläge aufgetaucht, die das System des geltenden Rechts völlig verlassen, indem sie die Besteuerung sogar nichtrealisierter Werte fordern. Die Abhandlung hat nun nicht das Ziel, in der Flut des Spezialschrifttums zur Neurege-

---

[1] *Altorfer*, Geschäftsvermögen und Privatvermögen im Einkommensteuerrecht, Zürich und St. Gallen 1959, kritisierte bereits vor nahezu zwanzig Jahren die unterschiedliche Behandlung von Geschäfts- und Privatvermögen im Schweizer Rechtsraum.

[2] Abgesehen von den §§ 17, 23 EStG.

[3] Lediglich aus Praktikabilitätserwägungen verwarf die Steuerreformkommission 1971, Schriftenreihe des BdF Heft 17, Bonn 1971, Tz. II/96, dieses Vorhaben.

lung der Bodengewinnzuwachsbesteuerung mitzuschwimmen. Die Problematik ist vielmehr dazu angetan, einmal in einer Gesamtschau durchdacht zu werden. Sie gibt damit Anlaß, sich an der „Suche nach dem System“[4] zu beteiligen. Als verfassungsrechtliche Vergleichsmaßstäbe sind die systemtragenden Prinzipien der Einkommensbesteuerung berufen. Diese ermächtigen zur Auswahl der Differenzierungsmerkmale, die die einkommensteuerliche Rechtsfolge von Vermögenszuwächsen festlegen. Die daraus ableitbare Anregung zur tatbestandlichen Innovation der privaten Einkünfte hat abschließend eine exemplarische Demonstration praktischer Brauchbarkeit zu umfassen.

Auch die unterschiedlichen Methoden betrieblicher Gewinnermittlung verdienen ebenso grundsätzliche wie gegenwartsbezogene Aufmerksamkeit. Dies gilt insbesondere für das Privileg der land- und forstwirtschaftlichen Durchschnittsatzbesteuerung, das wieder einmal zur Zielscheibe steuerpolitischer Kritik geworden ist. Weitere Reformüberlegungen befassen sich mit der Frage der Koexistenz zweier Bestandsvergleiche. Einen zusätzlichen Schwerpunkt sieht die Arbeit in der Erörterung des rechtlichen Gehalts der verschiedenartigen Daten, denen die Eignung zugeschrieben wird, die Anwendungsbereiche der Gewinnermittlungsvorschriften gegeneinander abzugrenzen.

Die Pauschbesteuerung bei Personen, die durch Zuzug aus dem Ausland steuerpflichtig werden (§ 31 EStG), liegt außerhalb des Untersuchungsfeldes. Sie wird deshalb nicht erörtert.

---

[4] Vgl. *Mösbauer*, Das Steuerrecht — Auf der Suche nach dem System, DStR 1975 S. 679 ff.

Zweites Kapitel

Einführung in den Einkommensbegriff

Als eine der bedeutenden innenpolitischen Reformen der Siebten Legislaturperiode von der Bundesregierung angekündigt[1], macht sich der Entwurf eines Dritten Steuerreformgesetzes — ebenso wie die früheren Einkommensteuergesetze — keine der zahlreichen Lehrmeinungen zum Begriff des Einkommens zu eigen, sondern umgrenzt den Einkommensbegriff wie bisher pragmatisch allein für die Zwecke der Besteuerung als Ergebnis ganz bestimmter, mit den gegenwärtigen Einkunftsarten übereinstimmender Einkünfte[2]. Damit lebt die Neigung der Begründung zum Einkommensteuergesetz 1934[3] fort, den Begriff des Einkommens ausschließlich in einer für die Besteuerungstechnik[4] möglichst geeigneten Weise zu fassen.

Die Einkommensteuergesetze fußten zunächst maßgeblich auf der unter anderen von *Fuisting* vertretenen sogenannten Quellentheorie[5]. Nach dieser ist besteuerbares Einkommen nur das, was aus etablierten Quellen sprudelt. Vermögensmehrungen oder Vermögenseinbußen durch Veräußerung der Quelle selbst sollen unbeachtlich sein. Insbesondere galt das für das Einkommensteuergesetz vom 24. Juni 1891[6], das, von dem damaligen preußischen Finanzminister *Johannes von Miquel* durchgesetzt[7], das Einkommen wie folgt gliederte:

---

[1] Entwurf eines Dritten Steuerreformgesetzes, Gesetzentwurf der BReg v. 8. Jan. 1974, BT-Drucksache 7/1470, A. Zielsetzung.

[2] Ebd., S. 211.

[3] RStBl. 1935 S. 33 ff. (34).

[4] *Tipke*, Steuerrecht, Ein systematischer Grundriß, 7. Aufl., Köln 1979, S. 138 f.

[5] Die Preußischen direkten Steuern, Vierter Band, Grundzüge der Steuerlehre, Berlin 1902, S. 110: „Hiernach ist Einkommen die Gesamtheit der Sachgüter, welche in einer bestimmten Periode (Jahr) dem Einzelnen als Erträge dauernder Quellen der Gütererzeugung zur Bestreitung der persönlichen Bedürfnisse für sich und für die auf den Bezug ihres Lebensunterhaltes von ihm gesetzlich angewiesenen Personen (Familie) zur Verfügung stehen."

[6] Gesetz-Sammlung für die Königlichen Preußischen Staaten 1891 S. 175 ff.

[7] *Pausch* in: Handwörterbuch des Steuerrechts, Erster und Zweiter Band, München 1972, Stichwort „Miquel".

„§. 7.

Als Einkommen gelten die gesammten Jahreseinkünfte der Steuerpflichtigen in Geld oder Geldeswerth aus:

1) Kapitalvermögen,

2) Grundvermögen, Pachtungen und Miethen, einschließlich des Miethswerthes der Wohnung im eigenen Hause,

3) Handel und Gewerbe einschließlich des Bergbaues,

4) Gewinn bringender Beschäftigung, sowie aus Rechten auf periodische Hebungen und Vortheile irgend welcher Art, soweit diese Einkünfte nicht schon unter Nr. 1 bis 3 begriffen sind."

Zur Klarstellung führte das Gesetz weiter aus:

„§. 8.

Außerordentliche Einnahmen aus Erbschaften, Schenkungen, Lebensversicherungen, aus dem nicht gewerbsmäßig oder zu Spekulationszwecken unternommenen Verkauf von Grundstücken und ähnliche Erwerbungen gelten nicht als steuerpflichtiges Einkommen, sondern als Vermehrung des Stammvermögens und kommen ebenso wie Verminderungen des Stammvermögens nur insofern in Betracht, als die Erträge des letzteren dadurch vermehrt oder vermindert werden."

Noch deutlicher verwies § 9 EStG 1891 in der Fassung vom 19. Juni 1906[8] auf die eigene theoretische Herkunft:

„§. 9.

1. Maßgebend für die Veranlagung der physischen Personen ist der Bestand der einzelnen Einkommens*quellen*[9] bei Beginn des Steuerjahrs, für welches die Veranlagung erfolgt, wenn aber die Veranlagung von einem späteren Zeitpunkt ab stattfindet, der Bestand der *Quellen*[9] in diesem Zeitpunkte."

Das Einkommensteuergesetz vom 29. März 1920[10] nahm von der Quellentheorie Abschied. In Anlehnung an die von *Schanz*[11] verfochtene sogenannte *Reinvermögenszugangstheorie*[12] bestimmte

[8] Gesetz-Sammlung für die Königlichen Preußischen Staaten 1906 S. 259 ff.

[9] Hervorhebungen vom Verfasser vorgenommen.

[10] RGBl. 1920 S. 359 ff.

[11] Der Einkommensbegriff und die Einkommensteuergesetze, Finanzarchiv, XIII. Jahrgang (1896) S. 1 ff.

[12] Zu den Unterschiedlichkeiten von *Schanz*schem Einkommensbegriff und kaufmännischem Reingewinn siehe *Lion*, Der Einkommensbegriff nach dem Bilanzsteuerrecht und die Schanzsche Einkommenstheorie, in: Beiträge zur Finanzwissenschaft, Band II, herausgegeben von Hans Teschemacher, Tübingen 1928.

„§ 5

Zum steuerbaren Einkommen gehören Einkünfte aus Grundbesitz, aus Gewerbebetrieb, aus Kapitalvermögen und aus Arbeit sowie sonstige Einnahmen ohne Rücksicht darauf, ob es sich um einmalige oder wiederkehrende Einkünfte handelt oder aus welchem rechtlichen oder tatsächlichen Grunde sie dem Steuerpflichtigen zugeflossen sind.“

Die Erfahrung der Praxis lehrte, daß eine pure Theoriennormierung eine effiziente Handhabung behinderte. Bis heute hat es sich als nicht möglich erwiesen, eine Einkommensdefinition unter Verzicht auf ein enumeratives Vorgehen zu prägen[13]. Der Grundgedanke, aus der Kenntnis der Schwierigkeiten in der Rechtsanwendung der bisherigen Einkommensteuergesetze heraus einen Ausweg zu orten, führte bald zur pragmatischen Neugestaltung des Einkommens- (später: Einkünfte-) Begriffs ab dem EStG 1925, das zwar den Einkommensbegriff nun wieder im Sinne einer Aufzählung der Einkunftsarten regelte, jedoch über die Quellentheorie hinausging[14]. Zur Festlegung des Umfangs der Besteuerung bedient sich das Einkommensteuergesetz heute der Enumerationsmethode. Es weist damit dem Grundsatz der Rechtssicherheit einen höheren Stellenwert zu als dem Prinzip der Lückenlosigkeit, das eher durch eine abstrahierende Generalklausel zu verwirklichen wäre. Die Einkommensdefinition des US-amerikanischen Einkommensteuerrechts ist der Ausdruck eines Versuchs der Kombination beider Prinzipien. Sec. 61 IRC stellt zunächst eine Generaldefinition voraus: „... gross income means all income from whatever source derived, ...“ Daß diese sich nicht in unbestimmter Weite verliert, ist auf den darauffolgenden unlimitierten, exemplarischen Katalog des Besteuerungsgutes zurückzuführen, der dem Erfordernis der Rechtssicherheit entgegenkommt.

Den ökonomischen Einkommensbegriffen der Finanzwissenschaft steht der rechtliche Einkommensbegriff gegenüber. Er ist eingebettet in die Begriffsreihe des Einkommensteuergesetzes, das zwischen Einkünften, Summe der Einkünfte, Gesamtbetrag der Einkünfte, Einkommen und zu versteuerndem Einkommen unterscheidet. Diese normative Abstufung berücksichtigt indes nur unzureichend die Abgrenzung der objektiven von der subjektiven Leistungsfähigkeit[15]. Der Begriff „Einkünfte“

---

[13] Diskussionsbeiträge des Arbeitsausschusses für die Große Steuerreform, ein Bericht an den Finanzausschuß des Bundesrats, herausgegeben von Heinrich Troeger, Staatsminister der Finanzen in Hessen, Stuttgart 1954, S. 39; Untersuchungen zum Einkommensteuerrecht — Bericht der Einkommensteuerkommission — Schriftenreihe des BdF Heft 7, Bonn 1964, S. 34.

[14] Amtliche Begründung zum EStG 1925, abgedruckt bei *Strutz*, Kommentar zum Einkommensteuergesetz vom 10. August 1925, Erster Band, Berlin 1927, S. 494 ff.; Einkommensteuerkommission 1964, ebd.; *Herrmann / Heuer*, Kommentar zur Einkommensteuer und Körperschaftsteuer, 18. Aufl., Köln 1950/77, § 2 Anm. 1 a.

[15] *Tipke*, Steuerrecht (FN 4), S. 143.

findet im Gesetz mehrgleisige Verwendung[16]. Einkünfte sind bei Land- und Forstwirtschaft, Gewerbebetrieb und selbständiger Arbeit der Gewinn, bei den anderen Einkunftsarten der Überschuß der Einnahmen über die Werbungskosten (§ 2 Abs. 2 EStG). Die dualistische Interpretation ist nicht von bloßer formeller Relevanz. Materiell manifestiert sie die heterogenen steuerlichen Konsequenzen betrieblicher und nichtbetrieblicher Veräußerungsgewinne und -verluste als Folge unterschiedlicher Ermittlungsbedingungen im unternehmerischen und im privaten Raum. Von solchen ungleichen Erfassungsmöglichkeiten zeugt zum Beispiel auch die differenzierende Ausgestaltung der französischen Kapitalgewinnbesteuerung[17]. Zur Besteuerung der ‚Plus-values' bei Edelmetallen, Schmuck, Kunst- und Sammlungsgegenständen sowie Antiquitäten bedient sie sich einer Pauschalabgabe auf deren Erlöse (nicht deren Gewinne), um so den charakteristischen einkommensteuertechnischen Schwierigkeiten mit der Methode einer Kapitalumsatzsteuer[18] wirkungsvoll auszuweichen. Dem Gesetzgeber steht es frei, zu entscheiden, ob er das Einkommen überhaupt besteuert, ob er, um einer denkbaren Steuerverdrossenheit entgegenzuwirken, ausschließlich Verkehr- oder Verbrauchsteuern einführt oder ob er ein Nebeneinander von direkten und indirekten Steuern vorsieht. Führt er aber eine Einkommensteuer ein, so wird die Befugnis zur Disposition durch das Gebot der Gleichmäßigkeit der Besteuerung kanalisiert. Dem Normgeber wird es dann zur Pflicht, jene Besteuerungsgüter voll zu erfassen, die Indikatoren der steuerlichen Leistungsfähigkeit sind[19].

---

[16] *Blümich / Falk / Uelner / Haas,* Einkommensteuergesetz, Kommentar, 11. Aufl., München 1977, Anm. 2 b zu § 2. Dazu und zur Kritik am Einkommensbegriff siehe auch *Eisenmann,* Die Grundbegriffe Einnahmen — Einkünfte — Einkommen im Einkommensteuerrecht, Diss. iur. Tübingen 1977.

[17] Loi n° 76-660 du 19 juillet 1976 portant imposition des plus-values et création d'une taxe forfaitaire sur les métaux précieux, les bijoux, les objets d'art, de collection et d'antiquité, Journal Officiel de la Republique Française, p. 4315.

[18] *Böckli,* Die neue französische Kapitalgewinnsteuer, Archiv Bd. 45 (1977) S. 433 ff. (439).

[19] *Tipke,* Steuerrecht (FN 4), S. 120.

Drittes Kapitel

Verfassungsrechtliche und rechtssystematische Grundlagen der Einkommensbesteuerung

Die rechtliche Problematik der Einkünfteermittlung, die Gegenstand des vierten Kapitels ist, erschließt sich aus der Analyse, inwieweit die Ermittlungsvorschriften mit den allgemeinen Grundlagen des Verfassungsrechts sowie den besonderen des Einkommensteuerrechts in Einklang stehen. Jener Untersuchung vorgeschaltet ist die grundsätzliche Erörterung in diesem Kapitel, welche der Wertungen als Beurteilungsmaßstäbe gewonnen werden können.

Erster Abschnitt

Verfassungsrechtliche Wertungen

A. Der Sozialstaatsgrundsatz

Art. 20 Abs. 1 GG weist die Bundesrepublik Deutschland als sozialen Bundesstaat aus. Art. 28 Abs. 1 GG verpflichtet die Länder, ihre verfassungsmäßige Ordnung den Grundsätzen des sozialen Rechtsstaates entsprechend auszurichten[1]. Das daraus entwickelte Sozialstaatsprinzip[2] ist eine echte, unmittelbar geltende und damit alle Staatsgewalten bindende Staatsleitlinie[3]. Aus ihm folgt das Gebot sozialer Steuer- und Abgabenpolitik[4]. Die Qualität eines sogenannten subjektiv-öffentlichen Rechts, das dem Bürger einklagbare Ansprüche gegenüber dem Staat gewährleistet[5], wird dem Sozialstaatsprinzip zwar nicht entnommen[6].

---

[1] Diese Verfassungsbestimmung ist unantastbar (Art. 79 Abs. 3 GG).

[2] *Schachtschneider,* Das Sozialprinzip, Bielefeld 1974, S. 17, spricht statt dessen vom „Sozialprinzip“.

[3] *Maunz / Dürig / Herzog / Scholz,* Grundgesetz, Kommentar, 4. Aufl., München 1977, Art. 20 Rdnr. 153.

[4] *Schmidt-Bleibtreu / Klein,* Kommentar zum Grundgesetz für die Bundesrepublik Deutschland, 4. Aufl., Neuwied und Darmstadt 1977, Erl. zu Art. 20 GG Randnr. 20 m. w. N.

Im Widerstreit[7] verfassungskonformer Auslegung eines Gesetzes mittels Gleichheitssatzes und Freiheitsrechten soll das Sozialstaatsprinzip jedoch dem Grundsatz der Chancengleichheit zum Vorrang verhelfen[8]. Es kann somit als ein Vergleichsmaßstab zur Demonstration der relativen Gleichheit im Sinne des Art. 3 Abs. 1 GG herangezogen werden.

B. Der Verhältnismäßigkeitsgrundsatz

Verfassungswidrig sind alle Maßnahmen des Staates, die unverhältnismäßig sind, das heißt die entweder zur Erreichung des gesetzgeberischen Ziels nicht erforderlich sind oder aber dem Grundrechtsträger einen Nachteil zufügen, der erkennbar außer Verhältnis zu dem erstrebten Gemeinwohlzweck steht[9]. Das Bundesverfassungsgericht leitet den Verhältnismäßigkeitsgrundsatz aus dem Rechtsstaatsprinzip sowie aus dem Wesen der Grundrechte ab[10]. Die Mittel des Eingriffs müssen zur Erreichung des gesetzgeberischen Ziels geeignet sein und dürfen den einzelnen nicht übermäßig belasten[11].

C. Der Grundsatz der Gleichmäßigkeit der Besteuerung

Der Grundsatz der Gleichmäßigkeit der Besteuerung versteht sich zum einen als „Allgemeinheit oder Universalität der Besteuerung“. Alle steuerlich leistungsfähigen Individuen sollen ohne Ansehen der Person, alle Wirtschaftseinheiten ohne Rücksicht auf die Rechtsform besteuert werden[12]. Gleichmäßigkeit der Besteuerung bedeutet zugleich Wettbewerbsneutralität. Wettbewerbsrelationen, die sich ohne Besteuerung ergeben, sollen nicht absichtlich oder unabsichtlich zum Nachteil bestimmter Gruppen verschoben werden[13].

Das Grundgesetz normiert den Grundsatz der Gleichmäßigkeit der Besteuerung nicht ausdrücklich[14]. Trotzdem besteht kein Zweifel daran,

---

[5] *Creifelds,* Rechtswörterbuch, 5. Aufl., München 1978, Stichwort „Subjektives öffentliches Recht“.

[6] *Maunz / Dürig / Herzog / Scholz* (FN 3), Art. 20 Rdnr. 175.

[7] Ebd., Art. 2 Abs. I Rdnr. 2, Art. 3 Abs. I Rdnr. 121.

[8] *Wollny,* Die Sozialstaatsklausel in der Rechtsprechung des Bundesfinanzhofs, StuW 1971 S. 271 ff. (276).

[9] *Maunz / Dürig / Herzog / Scholz* (FN 3), Art. 2 Abs. I Rdnr. 63.

[10] Urteil v. 15. Dez. 1965, BVerfGE Bd. 19 S. 342 ff. (348/349).

[11] BVerfG v. 7. April 1964, BVerfGE Bd. 17 S. 306 ff. (314).

[12] *Tipke,* Steuerrecht, Ein systematischer Grundriß, 7. Aufl., Köln 1979, S. 39 f.

[13] Gutachten der Steuerreformkommission 1971, Schriftenreihe des BdF Heft 17, Bonn 1971, Tz. I/43, 45.

daß der Gesetzgeber an den Grundsatz der Steuergerechtigkeit gebunden ist, der sich aus Art. 3 Abs. 1 GG ergibt[15] und zu den tragenden Grundsätzen eines rechtsstaatlich aufgebauten und geordneten Steuerwesens gehört[16]. Der Grundsatz der Steuergerechtigkeit[17] ist als Maßstab für die verfassungsrechtliche Prüfung einer Norm niederen Ranges nur ein Anwendungsfall des allgemeinen Gleichheitssatzes[18]. Jener wird durch das Bundesverfassungsgericht in ständiger Rechtsprechung dahingehend interpretiert, daß es dem Gesetzgeber versagt sei, wesentlich Gleiches ungleich[19] und damit wesentlich Ungleiches nicht seiner Eigenart entsprechend verschieden[20] zu behandeln. Die Vokabel „Gleichheit" verkörpert einen relativen Begriff, dessen Inhalt mit der Frage „In bezug auf was gleich[21]?" zu ergründen ist. Stimmen sämtliche Vergleichsmomente überein, so wird die (relative) Gleichheit durch die (absolute) Identität verdrängt[22]. Zur normativen[23] Bestimmung der Gleichheit bedarf es deshalb eines Vergleichsmaßstabs[24]. Der Vergleichsmaßstab ist ein Element, das im Falle der Gleichheit beiden Vergleichsgrößen, im Falle der Ungleichheit nur einem Vergleichsobjekt zugeordnet werden kann[25]. Die Unterscheidung dessen, was rechtlich relevant, was rechtlich irrelevant ist, ist die wesentliche Voraussetzung richtigen Vergleichens[26].

---

[14] Im Gegensatz zu Art. 134 Weimarer Reichsverfassung: „Alle Staatsbürger ohne Unterschied tragen im Verhältnis ihrer Mittel zu allen öffentlichen Lasten nach Maßgabe der Gesetze bei."

[15] *Schmidt-Bleibtreu / Klein* (FN 4), Art. 3 Rdnr. 18 m. w. N.; BVerfG vom 17. Jan. 1957, BVerfGE Bd. 6 S. 55 ff. (70). Dagegen leitet der BFH das Gebot der Gleichmäßigkeit der Besteuerung aus § 1 RAO (= § 3 Abs. 1 AO) her (BFH v. 15. Dez. 1976, BStBl. 1977 II S. 220).

[16] *Paulick*, Der Grundsatz der Gleichmäßigkeit der Besteuerung — sein Inhalt und seine Grenzen, in: Probleme des Finanz- und Steuerrechts, Festschrift für Ottmar Bühler, herausgegeben von Armin Spitaler, Köln 1954, S. 125.

[17] Zur Relativität der Steuergerechtigkeit siehe *Tipke*, Steuerrecht (FN 12), S. 23, 25.

[18] BVerfG v. 14. April 1959, BVerfGE Bd. 9 S. 237 ff. (244).

[19] BVerfG v. 23. Okt. 1951, BVerfGE Bd. 1 S. 14 ff. (52); BVerfG v. 14. April 1959, BVerfGE Bd. 9 S. 237 ff. (244); BVerfG v. 27. Mai 1964, BVerfGE Bd. 18 S. 38 ff. (46).

[20] BVerfG v. 17. Dez. 1953, BVerfGE Bd. 3 S. 58 ff. (135).

[21] *Tipke*, Steuerrecht — Chaos, Konglomerat oder System?, StuW 1971 S. 2 ff. (6); *ders.*, Anwendung des Gleichheitssatzes im Steuerrecht — Methode oder irrationale Spekulation, BB 1973 S. 157 ff. (158).

[22] *Franz Klein*, Gleichheitssatz und Steuerrecht, Köln 1966, S. 14; *Ossenbühl*, Die gerechte Steuerlast, Prinzipien der Steuerverteilung unter staatsphilosophischem Aspekt, Heidelberg/Löwen 1972, S. 83.

[23] *Maunz / Dürig / Herzog / Scholz* (FN 3), Art. 3 Abs. I Rdnr. 1.

[24] *Tipke*, Steuerrecht (FN 12), S. 41.

[25] *Klein* (FN 22), S. 15.

[26] *Ipsen*, Gleichheit, in: Die Grundrechte, herausgegeben von Neumann / Nipperdey / Scheuner, 2. Aufl., Berlin 1968, S. 180.

Aufgrund des Gleichheitsgebotes ist wesentlich Gleiches gleich zu behandeln. Der Gleichheitssatz soll aber dann nicht durchbrochen sein, wenn sich ein vernünftiger, sich aus der Natur der Sache ergebender oder sonstwie sachlich einleuchtender Grund für die gesetzliche Differenzierung finden läßt[27]. Dabei genügt es zur Rechtfertigung einer vom Normgeber vorgenommenen verschiedenen Behandlung zweier Sachverhalte nicht, auf die eine oder andere Verschiedenheit zwischen ihnen hinzuweisen. Es muß vielmehr ein innerer Zusammenhang zwischen den vorgefundenen Verschiedenheiten und der differenzierenden Regelung bestehen[28]. Eine Verletzung des Art. 3 Abs. 1 GG setzt danach eine gesetzgeberische Willkürmaßnahme[29] voraus. Den Konnex vermitteln die Primär- und Grundwertungen, die allgemeinen Prinzipien, also Gedanken, die „für die innere Sinneinheit des gerade in Frage stehenden Teilgebietes als konstitutiv anzusehen sind, so daß dessen Ordnung durch eine Änderung eines dieser Prinzipien in ihrem Wesensgehalt verändert würde“[30]. Weichen einzelne Normen von den Grundwertungen ab, so kann die Differenzierung auf „konkretisierende Unterprinzipien (Einzelwertungen) selbständigen Gehalts“[31] abgestellt sein. Aufgabe der rechtswissenschaftlichen Prüfung ist es, die grundlegenden Prinzipien sichtbar zu machen und daraufhin zu untersuchen, ob sie konsequent durchgeführt, durch ein anderes Prinzip eingeschränkt worden sind oder ob deren logisch-orientierte Einflußnahme auf das äußere System aus sachlich nicht zu rechtfertigenden Erwägungen verhindert wurde[32]. Wäre ein Gesetz die rational-konsequente Verkörperung seiner tragenden Prinzipien, so wäre es unschwer, diese Grundwertungen zu erkennen. Systembrüche wären offenkundig. Die Kodifikation hat jedoch ein anderes Ziel. Sie dient nicht der Prinzipientransparenz. Sie soll das normative innere System des Rechts für den Tagesgebrauch erschließen. Das Erfordernis der Praktikabilität zwingt dazu, die Gesetzesmaterie in eine für die Anwendung leicht zu durchschauende äußere Ordnung zu bringen[33]. Dadurch wird der rechtliche Sinnzusammenhang mitunter verschleiert. Dem äußeren System kommt des-

---

[27] BVerfG in ständiger Rechtsprechung: Urteil vom 23. Okt. 1951, BVerfGE Bd. 1 S. 14 ff. (52), v. 17. Dez. 1975, BVerfGE Bd. 41 S. 121 ff. (125).

[28] BVerfG v. 12. Okt. 1976, BVerfGE Bd. 42 S. 374 ff. (388).

[29] BVerfG v. 16. März 1955, BVerfGE Bd. 4 S. 144 ff. (155); BVerfG v. 24. März 1976, BVerfGE Bd. 42 S. 64 ff. (72). Weitere Nachweise der ständigen Rechtsprechung bei *Leibholz / Rinck*, Grundgesetz für die Bundesrepublik Deutschland, Kommentar, 5. Aufl., Köln 1975, Art. 3 Anm. 2.

[30] *Canaris*, Systemdenken und Systembegriff in der Jurisprudenz — entwickelt am Beispiel des deutschen Privatrechts, Berlin 1969, S. 48.

[31] *Tipke*, StuW 1971 S. 2 ff. (5).

[32] *Tipke*, Die Steuerprivilegien der Sparkassen, Steuersystematische und verfassungsrechtliche Aspekte, Köln 1972, S. 22/23; *ders.*, BB 1973 S. 157 ff. (158).

[33] *Canaris* (FN 30), S. 19.

halb in der Regel nur ein geringer Erkenntniswert zu. Dem subsumierenden Juristen gibt es jedoch eine bedeutende Orientierungshilfe[34].

D. Der Schutz des freien Wettbewerbs

Maßstab der verfassungsrechtlichen Bewertung der Einkünfteermittlungsnormen ist weiterhin das Prinzip der Wettbewerbsfreiheit. Dieses folgt aus der wirtschaftlichen[35] und damit aus der persönlichen Entfaltungsfreiheit, die sowohl in den besonderen Grundrechtsnormen zum Schutze der Berufsfreiheit und des Eigentums als auch in der allgemeinen Freiheitsnorm zutage treten. Nach ständiger Rechtsprechung des Bundesverfassungsgerichts[36] und herrschender Ansicht in der Literatur[37] schließt eine besondere Grundrechtsnorm Art. 2 Abs. 1 GG als Hauptfreiheitsrecht aus, soweit die Verletzungen jener Grundrechtsnormen unter demselben sachlichen Gesichtspunkt in Betracht kommen. Daraus folgt, daß Art. 2 Abs. 1 GG nur dann als Subsumtionsmaßstab herangezogen werden kann, wenn der individuelle Freiheitsbereich nicht bereits durch spezielle Freiheitsrechte „thematisch verbraucht“[38] ist. So stellt Art. 12 Abs. 1 GG eine besondere Ausprägung des umfassenderen Rechts auf freie Entfaltung der Persönlichkeit dar[39]. Auch Steuern können dieses Grundrecht Berufsfreiheit berühren, wenn sie infolge ihrer Gestaltung in einem engen Zusammenhang mit der Ausübung eines Berufs stehen und — objektiv — eine berufsregelnde Tendenz deutlich erkennen lassen[40]. Den Schutz des freien Wettbewerbs sichert Art. 12 GG als Spezialfreiheitsrecht indes nicht. Art. 14 GG, die Grundrechtsnorm des Eigentums, bietet gleichfalls keine Abschirmung gegenüber Veränderungen der Wettbewerbslage. Eine eigenständige Bedeutung als individuelles Freiheitsrecht erlangt die Wettbewerbsfreiheit somit nur aufgrund des Auffanggrundrechtes des Art. 2 Abs. 1 GG[41]. Dieses gewährt „den einzelnen Unternehmen das Recht, sich durch freie Leistungskonkurrenz auf dem Markt gegenüber anderen Unternehmen durchzusetzen“[42]. Damit verpflichtet die Wettbewerbsfreiheit zunächst

---

[34] *Larenz*, Methodenlehre der Rechtswissenschaft, 3. Aufl., Berlin/Heidelberg/New York 1975, S. 266 f.

[35] *Maunz / Dürig / Herzog / Scholz* (FN 3), Art. 2 Abs. I Rdnr. 48.

[36] BVerfG v. 16. Jan. 1957 (sog. *Elfes*-Urteil), BVerfGE Bd. 6 S. 32 ff. (37); BVerfG v. 14. Dez. 1965, BVerfGE Bd. 19 S. 206 ff. (225).

[37] *Maunz / Dürig / Herzog / Scholz* (FN 3), Art. 2 Abs. I Rdnr. 6 m. w. N.

[38] Ebd.

[39] BVerfG v. 17. Juli 1961, BVerfGE Bd. 13 S. 97 ff. (104).

[40] BVerfG v. 5. März 1974, BVerfGE Bd. 37 S. 1 ff. (17).

[41] *Maunz / Dürig / Herzog / Scholz* (FN 3), Art. 2 Abs. I Rdnr. 48.

[42] *Huber*, Der Streit um das Wirtschaftsverfassungsrecht (II), DÖV 1956 S. 135 ff. (137).

zu einer weitgehenden Wettbewerbsneutralität[43] legislatorischer Maßnahmen. Es ist jedoch zu beachten, daß auch sie dem Verfassungsvorbehalt des Art. 2 Abs. 1 GG unterliegt.

Das nach herrschender Meinung subjektiv-öffentliche Recht[44] gilt danach nicht schrankenlos. Ihm sind Grenzen aufgezeigt, soweit Rechte anderer verletzt werden oder der Grundrechtsträger gegen die verfassungsmäßige Ordnung oder das Sittengesetz verstößt (Art. 2 Abs. 1 2. Halbsatz GG). Beschränkungen der Wettbewerbsfreiheit durch Rechte anderer oder das Sittengesetz sind konkret nicht zu besorgen. Dagegen vermag die verfassungsmäßige Ordnung durch ein der Wettbewerbsfreiheit entgegengerichtetes Normprinzip eine Einschränkung zu begründen. Als solches läßt die im Begriff der verfassungsmäßigen Ordnung enthaltene Sozialentscheidung des Normgebers Maßnahmen der Wettbewerbsbeschränkung zu, die sich in wirtschaftslenkenden und wirtschaftsfördernden Eingriffen zeigen können[45]. Durch den Sozialauftrag des Grundgesetzes können diese im Einzelfall nicht nur gerechtfertigt, sondern sogar geboten sein[46]. Gegen rechtswidrige Beschränkungen der Wettbewerbsfreiheit gibt die Konkurrentenklage[47] dem Steuerpflichtigen die Möglichkeit, Rechtsschutz zu erstreben.

E. Der Bestandsschutz des Eigentums

Abgabengesetze dienen der Deckung des staatlichen Finanzbedarfs. Sie sind nicht das öffentlich-rechtliche Instrumentarium zur durch das gemeine Wohl begründeten Einziehung bestimmter erkorener privater Vermögensgegenstände. Dem Steuerpflichtigen geben sie die Erbringung von Geldleistungen auf, nicht von Sachleistungen. Dessen Entscheidungsspielraum beschränkt sich auf den Liquiditätseinsatz. Ein Mittelverwendungsgebot bindet ihn nicht. Da der Steuerpflichtige eine partiell enteignende Steuer auch aus anderen, selbst aus steuerlich unbelasteten Quellen aufbringen kann, tritt ein möglicher Enteignungscharakter einer Steuererhebung nicht in jedem Falle offen zutage. Die Feststellung einer solchen Grundrechtsbeschränkung bedarf deshalb komplexer, dogmatisch abgesicherter Erwägungen. Der dogmatische

---

[43] *Tipke*, Steuerrecht (FN 12), S. 43.

[44] *Maunz / Dürig / Herzog / Scholz* (FN 3), Art. 2 Abs. I Rdnr. 5 m. w. N.

[45] Ebd., Art. 2 Abs. I Rdnr. 51.

[46] *Hildegard Niemöhlmann* in: Grundgesetz, Kommentar, Band 1, herausgegeben von Ingo von Münch, Frankfurt 1974, Art. 2 Rdnr. 33, Stichwort „Wettbewerbsfreiheit".

[47] Zur Abgrenzung von der sog. Neidklage siehe *Tipke / Kruse*, Abgabenordnung, Finanzgerichtsordnung, Kommentar zur AO 1977 und FGO, 9. Aufl., Köln 1965/78, § 40 Tz. 21 a. E.

Fundus ist jedoch rar. Vom Gebiet des Besteuerungsrechts des Staates aus betrachtet konnte der exakte Verlauf der Grenze zum Eigentumsrecht des Bürgers noch nicht erkannt werden. Lediglich besonders markante Stellen wurden gesichtet: Steuern sollen nur dann als enteignungsgleicher Eingriff gegen Art. 14 GG verstoßen können, wenn sie erdrosselnd bzw. konfiskatorisch wirken[48]. Eine Enteignung von Geldmitteln wäre nämlich wegen der Entschädigungsklausel des Art. 14 Abs. 3 GG in sich widersprüchlich[49], da „der Vorgang darin bestehen müsse, daß mit der anderen Hand zurückgewährt wird, was mit der einen genommen wurde"[50]. Zudem schließe die Sozialbindung des Eigentums die Verpflichtung, zum Wohle der Allgemeinheit Steuern zu zahlen, ein[51]. Die Gewährleistungsfunktion des Eigentums sei „auch dort wirksam, wo eine Enteignung begrifflich nicht in Frage kommen" könne[52]. Bei der steuerlichen Inanspruchnahme des finanziellen Nutzwertes bereits konsolidierten Vermögens könne man von technischen „Enteignungen" sprechen, wenn die Erträgnisse im Regelfall nicht mehr hinreichen, um aus ihnen die Steuerlast abzudecken, und die Betroffenen gezwungen sind, entweder die Substanz fremdnützig aufzuzehren oder andere Einkünfte in Anspruch zu nehmen[53].

Einen bemerkenswerten Lösungsansatz hat neuerdings *Schulte*[54] entwickelt. Da literarisches und judikatives Bemühen, Art. 14 GG dogmatisch zu durchdringen, bislang kein umfassendes Ergebnis hervorgebracht haben[55], geht *Schulte* die Problematik der Eingriffe in das Eigentum vorwiegend begrifflich-systematisch[56] neu an. Die Richtigkeit der gängigen Praxis, die Frage der Entschädigung nur vom *Erfolg* für den Betroffenen, nicht vom Eingriffs*zweck* her zu beantworten, zieht er in Zweifel[57]. Anhand verschiedener Belege in der Rechtsprechung weist er nach, „daß nicht die Folgen einer Maßnahme diese Maßnahme als Enteignung charakterisieren, sondern daß der Zweck der Maßnahme für die Einordnung maßgebend ist"[58]. Damit schafft *Schulte* die Grund-

---

[48] *v. Münch* (FN 46), Art. 14 Rdnr. 73, Stichwort „Abgaben". Weitere Nachweise bei *Friauf*, Verfassungsrechtliche Grenzen der Wirtschaftslenkung und Sozialgestaltung durch Steuergesetze, Tübingen 1966, S. 41/42, FN 124, der eine dogmatisch überzeugende Begründung indes vermißt.

[49] BVerfG v. 7. Okt. 1969, BVerfGE Bd. 27 S. 111 ff. (131).

[50] *Forsthoff*, Zur verfassungsrechtlichen Problematik der Investitionshilfe, BB 1953 S. 421 ff. (422).

[51] *Tipke*, Steuerrecht (FN 12), S. 47.

[52] *Friauf* (FN 48), S. 44.

[53] *Selmer*, Steuerinterventionismus und Verfassungsrecht, Frankfurt 1972, S. 324.

[54] Zur Dogmatik des Art. 14 GG, Heidelberg/Karlsruhe 1979.

[55] Ebd., S. 8.

[56] Ebd., S. 49.

[57] Ebd., S. 39.

lage, Art. 14 GG auch im Abgabenrecht in neuem Lichte erscheinen zu lassen. Richtigerweise müsse man anerkennen, daß auch das Vermögen von Art. 14 GG geschützt werde. Die Rechtmäßigkeit des Entschädigungsausschlusses sei dann nur mit dem *Zweck* der Besteuerung zu erklären. Unzulässig sei folglich die Zwecküberschreitung[59]. Die Gedanken von *Schulte* sind meines Erachtens in der Tat geeignet, den festgefahrenen Karren der Dogmatik wieder frei zu bekommen und — um im Bild zu bleiben — ihn erneut auf die Strecke zu schicken. Die „Pistenabschnitte" Wertzuwachs- und Nominalwertbesteuerung sind präpariert.

Zweiter Abschnitt

Besondere steuerrechtliche Wertungen

A. Finalprinzipien

I. Fiskalischer Zweck

Den Steuerbegriff definiert § 3 Abs. 1 AO. Die Steuer ist eine Geldleistung. Sie dient der allgemeinen Deckung des öffentlichen Finanzbedarfs, der Erfüllung öffentlicher Aufgaben. Sie ist keine Gegenleistung für eine besondere Leistung einer öffentlich-rechtlichen Körperschaft; sie ist nicht auf individuelle Äquivalenz angelegt[1].

II. Wirtschaftslenkende Nebenzwecke

Obgleich im modernen Schrifttum bereits zahlreiche Stimmen die immer üblicher werdende Beladung der Steuergesetze mit Tatbeständen außerfiskalischer Herkunft und Zielsetzung zum Teil energisch bemängeln[2], leitet die rechtswissenschaftliche Kritik ihre Problemerörterung

[58] Ebd., S. 42. In ähnlichem Sinne bereits *Friauf* (FN 48), S. 44, der die „Zielrichtung des staatlichen Vorgehens" als maßgeblich erkennt.

[59] *Schulte*, ebd., S. 44.

[1] *Tipke*, Steuerrecht, Ein systematischer Grundriß, 7. Aufl., Köln 1979, S. 50.

[2] Gutachten zur Reform der direkten Steuern, erstattet vom Wissenschaftlichen Beirat beim BdF, Schriftenreihe des BdF Heft 9, Bad Godesberg 1967, S. 15 f.; *Hartz*, Möglichkeiten und Grenzen der Vereinfachung des Steuerrechts — Überlegungen zur Denkschrift einer Sachverständigenkommission, Steuer-Kongreß-Report 1964 S. 98 ff. (110/112); *Blümich / Falk / Uelner / Haas*, Einkommensteuergesetz, Kommentar, Vorwort zur 11. Aufl., München 1977; *Mösbauer*, Steuergesetzgebung und Investition, BB 1976 S. 193 ff. (195). *Strickrodt*, Das Subventionsthema in der Steuerpolitik unter besonderer Berück-

nicht so sehr mit der Fragestellung ein, *ob*[3] dem Gesetzgeber im Gewande des Steuergesetzes verborgene interventionistische Maßnahmen überhaupt erlaubt seien, als vielmehr unter dem Gesichtspunkt, *inwieweit*[4] ihm wirtschaftslenkende Eingriffe in das Steuerrecht gestattet sind. Ausgehend von dem Begriffsinhalt des § 1 RAO[5] hat *Friauf* die Grenze zur verfassungsrechtlichen Unzulässigkeit dort gezogen, wo „der finanzielle Zweck von dem wirtschafts- oder sozialpolitischen vollständig überlagert wird und sich bei objektiver Betrachtung als reine Scheinmotivation erweist“[6]. Im übrigen richtet sich das Hauptaugenmerk der verfassungsrechtlichen Kontrolle auf die Vorschriften des Grundgesetzes über die Verteilung der allgemeinen Gesetzgebungskompetenzen zwischen Bund und Ländern[7], wegen der Gefahr der Unschärfe des Eingriffs auf Verhältnismäßigkeitsprinzip und Übermaßverbot[8], auf den Gleichheitssatz[9] sowie auf die Grundrechte der Berufsfreiheit[10] und des Eigentums[11].

---

sichtigung der Stellung der Landwirtschaft, Berlin 1960, S. 11, thematisiert die Einleitung mit „Subventionen als politisches Ärgernis“. Siehe auch die Schriften des Karl-Bräuer-Instituts des Bundes der Steuerzahler, „Mit Steuern steuern?“, Heft Nr. 12 der Schriftenreihe, Wiesbaden 1968, S. 29 f.; „Der Weg zu einem zeitgemäßen Steuersystem, Diskussionsbeiträge zur Reform des materiellen Steuerrechts“, bearbeitet von *Schelle / v. Arnim / Borell / Lau / Meng*, Heft Nr. 20 der Schriftenreihe, Wiesbaden 1971, S. 49 ff.; „Der manipulierte Steuerzahler“, bearbeitet von *Schmölders* und *Schelle*, Heft Nr. 39 der Schriftenreihe, Wiesbaden 1978.

[3] *Schneider*, Sieben Thesen zum Verhältnis von Handels- und Steuerbilanz — Ein Beitrag zur Reform der steuerlichen Gewinnermittlung, DB 1970 S. 1697 ff. (1705), führt allerdings aus, „es wäre an der Zeit, daß der Gesetzgeber bei der Steuerreform jede Änderung der Bemessungsgrundlagen aufgrund wirtschaftspolitischer Lenkungswünsche verbietet“. Auch *Strickrodt*, Steuergesetze als Instrumente staatspolitischer Maßnahmen, FR 1958 S. 448 ff. (450), dachte „an ein dem Haushaltsrecht nachgebildetes Verbot der Bepackung von steuergesetzlichen Regelungen zu sachfremden Zwecken“.

[4] Untersuchungen zum Einkommensteuerrecht — Bericht der Einkommensteuerkommission —, Schriftenreihe des BdF Heft 7, Bonn 1964, S. 32. *Klaus Vogel*, Steuerrecht und Wirtschaftslenkung, Ein Überblick, Jahrbuch der Fachanwälte für Steuerrecht 1968/69 S. 225 ff.; *Spanner*, Die Steuer als Instrument der Wirtschaftslenkung, StuW 1970 Sp. 377 ff.

[5] Entschiedener drückt dies § 3 Abs. 1 Satz 1 AO aus: „... die Erzielung von Einnahmen kann *Nebenzweck* sein.“

[6] Verfassungsrechtliche Grenzen der Wirtschaftslenkung und Sozialgestaltung durch Steuergesetze, Tübingen 1966, S. 17.

[7] Ebd., S. 25/32.

[8] Ebd., S. 32/36.

[9] Ebd., S. 37/38; *Bellstedt*, Verfassungsrechtliche Grenzen der Wirtschaftslenkung durch Steuern (dargestellt am Berlin-Hilfe-Gesetz), Schwetzingen, S. 101 ff.

[10] *Selmer*, Steuerinterventionsmus und Verfassungsrecht, Frankfurt 1972, S. 244 ff.; *Framheim*, Die verfassungsrechtliche Zulässigkeit interventionistischer Steuergesetze im Hinblick auf Art. 12 Abs. 1 des Grundgesetzes, Diss. iur. Köln 1971.

[11] *Selmer*, ebd., S. 295 ff.; *Bellstedt* (FN 9), S. 123 ff.

Dem Gleichheitssatz entspringe auch das Erfordernis der Grenzziehung unter der Bedingung der gerechten Teilhabe aller in Frage kommenden Wirtschaftsunternehmen. Dabei sei insbesondere auf die Förderungswürdigkeit abzustellen, die die Kriterien der Bedürftigkeit sowie der Einhaltung sparsamer Haushaltsführung einschließe. Weiterhin habe die geplante Wirtschaftssubvention eine Bereicherung des Gemeinwohls zu bewirken[12]. Eine verfassungsrechtliche Kontrolle des gesetzlichen Tatbestandes anhand der für wirtschaftslenkende und sozialgestaltende Steuergesetze als rechtlich bedeutsam erkannten Maßstäbe setzt allerdings eine eindeutige legislatorische Subventionsentscheidung zugunsten eines bestimmten steuerpflichtigen Personenkreises voraus[13].

B. Strukturprinzipien

Neben den Finalwertungen stehen bestimmte Strukturprinzipien, die das Einkommensteuerrecht gestalten. Als Oberprinzip ist der Grundsatz der Besteuerung nach der Leistungsfähigkeit zu nennen. Er wird durch Unterprinzipien konkretisiert. Die Praktikabilitätsregel sichert die Durchführbarkeit des Gesetzes allgemein, das Nominalwertprinzip überwacht sie unter einem speziellen Blickwinkel.

I. Das Leistungsfähigkeitsprinzip

Die Rechtswissenschaft erkennt heute allgemein an, daß sich die Besteuerung an der (individuellen) Leistungsfähigkeit orientieren sollte[14]. Dem entspricht die deutsche Einkommensteuer dadurch, daß auch sie vom Leistungsfähigkeitsprinzip getragen ist[15]. Zum Ausdruck gelangt diese Grundentscheidung beispielsweise in § 25 Abs. 1 EStG. Danach bemißt sich die Einkommensteuer nach dem Einkommen, das der Steu-

---

[12] *Eichner*, Wirtschaftssubventionen unter besonderer Berücksichtigung des Sozialstaatsprinzips, des Gleichheitssatzes, des Gesetzmäßigkeitsprinzips und der Rechtsformen, Diss. iur. Mainz 1972, S. 63.

[13] *Bühler / Strickrodt*, Steuerrecht, Grundriß in zwei Bänden, Band I Allgemeines Steuerrecht, 1. Halbband, 3. Aufl., Wiesbaden 1959, S. 206; BFH v. 5. Nov. 1964, BStBl. 1964 III S. 602 ff. (604).

[14] *Bühler / Strickrodt*, ebd., S. 205/207; *Tipke*, Steuerrecht (FN 1), S. 25 f., Gutachten der Steuerreformkommission 1971, Schriftenreihe des BdF Heft 17, Bonn 1971, Tz. I/39. Dagegen gibt es Vertreter der Finanzwissenschaft, die das Leistungsfähigkeitsprinzip als überholt ansehen. Vgl. *Konrad Littmann*, Ein Valet dem Leistungsfähigkeitsprinzip, in: Theorie und Praxis des finanzpolitischen Interventionismus, Fritz Neumark zum 70. Geburtstag, herausgegeben von Heinz Haller u. a., Tübingen 1970, S. 113 ff.

[15] *Tipke*, Steuerrechtswissenschaft und Steuersystem, in: Verfassung, Verwaltung, Finanzen, Festschrift für Gerhard Wacke zum 70. Geburtstag, herausgegeben von Klaus Vogel und Klaus Tipke, Köln 1972, S. 215.

erpflichtige innerhalb eines bestimmten Zeitraumes, des sogenannten Veranlagungszeitraumes, bezogen hat. Das Prinzip der Besteuerung nach der Leistungsfähigkeit ist als ein Fundamentalprinzip[16] eines der Träger des *inneren* Systems der Einkommensbesteuerung[17]. Bei Anwendung des Gleichheitssatzes vermag es sich als sinnausfüllendes Element des verfassungsrechtlichen Vergleiches zu behaupten.

II. Die Subprinzipien des Leistungsfähigkeitsprinzips

Daneben kennt das Einkommensteuerrecht weitere, die Grundentscheidung verfeinernde Normorientierungen, die eng miteinander verknüpft sind: das Universalitätsprinzip, das Nettoprinzip und das Ist-Prinzip. Diese Grundsätze sind lediglich Folgewirkungen (Unterregeln) des Leistungsfähigkeitsprinzips.

1. Das Universalitätsprinzip

Aufgrund des Universalitätsprinzips, das durch die Enumerationsmechanik eine Einschränkung erfährt, sind sämtliche Einkünfte zu erfassen, von denen eine Steigerung der wirtschaftlichen Leistungsfähigkeit ausgeht. Subjektive Steuerbefreiungen sind dem Einkommensteuergesetz fremd. Steuersubjekte sind demnach alle natürlichen Personen[18].

2. Das Nettoprinzip

Die Einkünftedefinition des § 2 Abs. 2 EStG beinhaltet das Nettoprinzip[19]. Es stellt eine meines Erachtens selbstverständliche legislatorische

[16] *Haller*, Die Steuern, Grundlinien eines rationalen Systems öffentlicher Abgaben, 2. Aufl., Tübingen 1971, S. 14 ff. (Kapitelüberschrift); *ders.*, Zur Diskussion über das Leistungsfähigkeitsprinzip, Finanzarchiv N. F., Bd. 31 (1973), S. 461.

[17] *Tipke*, Steuerrecht (FN 1), S. 15 f.

[18] Siehe dazu *Tipke*, Steuerrecht — Chaos, Konglomerat oder System?, StuW 1971 S. 2 ff. (7).

[19] Zum Nettoprinzip und dessen Durchbrechungen siehe: *Bauer*, Der Dualismus Betriebsausgaben — Werbungskosten, München 1974, S. 43 f.; *Doralt / Ruppe*, Grundriß des österreichischen Steuerrechts, Band I, Wien 1978, S. 3, 118; *Friauf*, Zur Frage der Nichtabzugsfähigkeit von Aufsichtsratsvergütungen im Körperschaftsteuerrecht, StuW 1973 S. 97 ff. (104/105); *Lang*, Das Einkommensteuergesetz 1975 — Gewinn an Steuergerechtigkeit und Steuervereinfachung?, StuW 1974 S. 293 ff. (298, 310, 312); *ders.*, Das neue Lohnsteuerrecht, StuW 1975 S. 113 ff. (119); *Mennel*, Steuerrecht und Steuersysteme im internationalen Vergleich, StuW 1973 S. 1 ff. (6); *Meyer-Arndt*, Kann eine Körperschaft ihre Vermögensteuer bei der Ermittlung des steuerpflichtigen Einkommens trotz § 12 KStG abziehen?, DB 1965 S. 159 ff. (159); *Tipke*, StuW 1971 S. 2 ff. (7, 14, 15); *ders.*, Das Bundesverfassungsgericht zum Nettoprinzip, Zum BVerfG-Beschluß vom 7. 11. 1972, StuW 1974 S. 84 ff.; *ders.*, Zu Einkommensteuerfragen, StuW 1976 S. 157 ff. (159); *ders.*, Steuerrecht (FN 1),

Grundwertung dar, die den Betriebsausgaben und Werbungskosten spezifisch zuordbare Einschränkung der wirtschaftlichen Leistungsfähigkeit steuerlich nicht zu negieren[20], wobei Prinzipiendurchbrechungen (zum Beispiel durch § 4 Abs. 5 EStG) der allgemeinen verfassungsrechtlichen Kontrolle bedürfen.

3. Das Ist-Prinzip

Eine Einkommensbesteuerung, die sich als leistungsbezogen auszuweisen gedenkt, setzt eine exakte, individuelle Einkommensermittlung voraus. Besteuerungsgrundlage ist das Einkommen, das der Steuerpflichtige real erzielt hat. Zwar ist das Einkommensteuerrecht nicht ausschließlich wirklichkeitsbezogen. Neben den Ist- kennt es auch Soll-Anknüpfungen, zum Beispiel die Ermittlung des Gewinns aus Land- und Forstwirtschaft nach Durchschnittsätzen (§ 13 a EStG), den Nutzungswert der selbstgenutzten Wohnung im eigenen Einfamilienhaus (§ 21 a EStG) sowie durch Rechtsverordnung aufzustellende Durchschnittsätze (§ 29 EStG). Die Abweichungen vom Ist-Prinzip erfordern jedoch eine kritische verfassungsrechtliche Überprüfung[21].

III. Das Praktikabilitätsprinzip

Wissenschaftstheoretisch ideale Grundlagen einer Rechtsnorm sind, für sich allein betrachtet, noch kein Garant erfolgreicher praktischer Rechtsanwendung. Hinzu kommen muß noch die sich in täglicher Arbeit zu beweisende Vollzugsfähigkeit des Gesetzes. Dies gilt insbesondere für das Steuerrecht als Teilbereich staatlicher Eingriffsverwaltung, der den Beteiligten ein unerwünschte Rechtsfolgen korrigierendes Verhandeln grundsätzlich verwehrt[22]. Daraus resultiert das Erfordernis von Normen, die eine Anpassung des Steuertatbestandes an die unterschiedlichen Gegebenheiten in Wirtschaft und Verwaltung, von Bürger und Staat technisch ermöglichen[23]. Solche adaptiven[24] Steuervergünstigungen

S. 140 f., 225. Vgl. auch *Enno Becker*, Handkommentar der Reichssteuergesetze II, 1. Teil, Das Einkommensteuergesetz vom 10. Aug. 1925, Stuttgart 1928, S. 163. Zur Verminderung des Einkommens durch sog. „organische Abzüge" siehe *Ernst Blumenstein*, System des Steuerrechts, bearbeitet von Irene Blumenstein, 3. Aufl., Zürich 1971, S. 210 ff.

[20] Das BVerfG ließ es dagegen zunächst noch vorsichtig dahinstehen, ob dem Einkommensteuerrecht ein Nettoprinzip innewohne (BVerfG v. 2. Okt. 1969, BVerfGE Bd. 27 S. 58 ff. [65]), bevor es dessen Existenz schließlich gänzlich leugnete (BVerfG v. 7. Nov. 1972, BVerfGE Bd. 34 S. 103 ff. [115]).

[21] Zum Ist-Prinzip siehe auch *Tipke*, Steuerrechtswissenschaft und Steuersystem (FN 15), S. 215.

[22] *Tipke / Kruse*, Reichsabgabenordnung, 7. Aufl., Köln 1965/75, § 2 A 17 m. w. N.

[23] *Blumenstein* (FN 19), S. 189 f.; *Lang*, Systematisierung der Steuervergünstigungen, Berlin 1974, S. 124, 150.

als Mittel der Praktikabilität können zum einen darin bestehen, daß der Gesetzgeber von vornherein auf die systematisch an sich gebotene Normierung eines Tatbestandes verzichtet, zum anderen, daß zur Wahrung bestimmter fundamentaler Prinzipien andere vernachlässigt werden. Als realitätsorientierte steuertechnische Richtschnüre sind insbesondere die Grundsätze der Praktikabilität steuerlicher Maßnahmen[25], der Wohlfeilheit[26] sowie der Bequemlichkeit der Besteuerung[27] anzuführen.

Die einkommensteuerlichen Ermittlungstechniken erstreben grundsätzlich eine individuelle Gleichmäßigkeit. Die Soll-Orientierung der Sonderformen setzt sich das Ziel der Verwirklichung einer „generellen Gleichmäßigkeit"[28], wobei die individuelle hinter der generellen Gleichmäßigkeit zurücktritt[29]. Die grundsätzliche Berechtigung des Gesetzgebers, Typisierungen und Pauschalierungen auszusprechen, dürfte unbestritten sein[30, 31]. Schließlich beinhaltet jede Tatbestandsbildung einen typisierenden Effekt[32]. Zur Vermeidung kasuistischen Vorgehens ist die abstrakte, gleichmacherische, schlicht: typisierende Zusammenfassung verschiedener relevanter Erscheinungsformen erforderlich[33].

Die Bedenken gegen die Typisierung richten sich folglich nicht so sehr gegen den Grundsatz als vielmehr gegen deren Grenzen[34]. Jede Form der

---

[24] *Lang*, ebd., S. 117 f., spricht von „aptiven Steuervergünstigungen".

[25] *Neumark*, Grundsätze gerechter und ökonomisch rationaler Steuerpolitik, Tübingen 1970, S. 357 ff.

[26] Ebd., S. 368 ff.

[27] Ebd., S. 378 ff.

[28] *Wacke*, Gesetzmäßigkeit und Gleichmäßigkeit. Die drei Arten der Gleichmäßigkeit als Auflösung des gesetzlichen Tatbestandes., StuW 1947 Sp. 21 ff. (56/57).

[29] BVerfG v. 3. Dez. 1958, BVerfGE Bd. 9 S. 3 ff. (13).

[30] Aus dem Schrifttum: *Hartz*, Steuer-Kongreß-Report 1964 S. 98 ff. (115/116); *Tipke / Kruse*, Abgabenordnung, Finanzgerichtsordnung, Kommentar zur AO 1977 und FGO, 9. Aufl., Köln 1965/78, § 3 Tz. 34; *Wennrich*, Die typisierende Betrachtungsweise im Steuerrecht, Düsseldorf 1963, S. 118 f.

[31] Aus der Rechtsprechung: BVerfG v. 24. Jan. 1962, BVerfGE Bd. 13 S. 331 ff. (341); BVerfG v. 2. Okt. 1969, BVerfGE Bd. 27 S. 58 ff. (66); BFH v. 20. Okt. 1972, BStBl. 1973 II S. 98 f.; FG Münster v. 16. Nov. 1972, EFG 1973 S. 138 f.

[32] Der terminologischen Klarheit halber ist anzumerken, daß nicht jede gesetzliche Tatbestandsbildung „Typisierung" genannt wird, sondern die gleichartige Behandlung verschiedener Sachverhalte, die bei Beschreitung der an sich systematisch zutreffenden Lösungswege zu verschiedenen Rechtsfolgen gelangen würden. Siehe hierzu: *Kaiser*, Über die pseudowirtschaftliche Betrachtungsweise durch die Typisierungslehre, StuW 1961 Sp. 269 ff. (275); *Sebiger*, Grenzen der Typisierung in der Einkommensbesteuerung, dargestellt am Beispiel des § 33 a EStG, Steuer-Kongreß-Report 1964 S. 120 ff. (121).

[33] Siehe dazu *Isensee*, Die typisierende Verwaltung, Berlin 1976, S. 96/97. Isensee beschreibt Pauschalierungen und Besteuerung nach Durchschnittsätzen als Fälle der *horizontalen* Typisierung.

[34] Vgl. *Hartz*, Steuer-Kongreß-Report 1964 S. 98 ff. (116).

Typisierung ist eine „Inkonsequenz gegenüber dem zu vollziehenden Normprogramm“[35], deren Verfassungsmäßigkeit einer sachlichen Grundlage bedarf[36]. Eine solche Sachgerechtigkeit sieht die Rechtsprechung in dem Gedanken der Praktikabilität[37]. Der Gleichheitssatz soll dann nicht verletzt sein, wenn sich eine gesetzliche Typisierung im Einzelfall für den einen Steuerpflichtigen etwas günstiger auswirkt als für den anderen[38].

Die Wirkung praktikabler Typisierung soll darin bestehen dürfen, geringfügige oder nur in besonderen Fällen auftretende Ungleichheiten in Kauf zu nehmen[39]. Es müsse sich — gemessen an der großen Zahl der Steuersachverhalte — um in ihrer Bedeutung und ihrer Auswirkung geringer zu veranschlagende Fälle handeln[40]. Eine typisierende Benachteiligung soll unbedenklich sein, wenn es sich um eine so geringe Zahl handelt, daß sie bei einer allgemeinen Betrachtung vernachlässigt werden kann, zumal Härtefällen durch die Billigkeitsmaßnahme des § 131 RAO (heute: § 227 AO) Rechnung getragen werden könne[41]. Wirke sich jedoch ein Steuergesetz, das durch eine besonders weite Fassung des typischen Sachverhalts äußerlich eine ungleiche Behandlung vermeidet, praktisch dahin aus, daß ganze Gruppen von Steuerpflichtigen wesentlich stärker belastet sind als andere und dadurch in eine empfindlich ungünstigere Wettbewerbslage geraten, so könnten diese ungleichen Folgen in einem Mißverhältnis zu den mit der Typisierung verbundenen Vorteilen stehen. Ein solches Steuergesetz kann dem Art. 3 Abs. 1 GG widersprechen[42]. Weiterhin könne ein Abweichen von der vom Gesetz selbst gewählten Sachgesetzlichkeit vor dem Gleichheitssatz des Art. 3 Abs. 1 nur dann Bestand haben, wenn das Gewicht der für die Abweichung sprechenden Gründe der Intensität der getroffenen Ausnahmeregelung entspräche[43].

Das Bundesverfassungsgericht tendiert zur Abwägung der Gesichtspunkte von Praktikabilität und individueller Gleichmäßigkeit. Vorrang soll der Verwaltungsökonomie nur in Einzelfällen und auch nur dort zugestanden werden, wo die Wahrung des Prinzips individueller Gleichmäßigkeit nur eine *geringfügige* Abweichung vom Steuerbelastungsergebnis der Typisierung bedeuten würde. Damit wird das Verlangen

---

[35] *Isensee* (FN 33), S. 99.
[36] BVerfG v. 7. Nov. 1972, BVerfGE Bd. 34 S. 103 ff.
[37] BVerfG v. 2. Okt. 1968, BVerfGE Bd. 24 S. 174 ff. (183).
[38] FG Münster v. 16. Nov. 1972, EFG 1973 S. 138 f. (139).
[39] BVerfG v. 24. Jan. 1962, BVerfGE Bd. 13 S. 331 ff. (341).
[40] BVerfG v. 2. Okt. 1969, BVerfGE Bd. 27 S. 58 ff. (66).
[41] BVerfG v. 13. Okt. 1971, BVerfGE Bd. 32 S. 78 ff. (86).
[42] BVerfG v. 20. Dez. 1966, BVerfGE Bd. 21 S. 12 ff. (27/28).
[43] BVerfG v. 16. Febr. 1965, BVerfGE Bd. 18 S. 366 ff. (372/373).

offenbar, Mittel, die zur Erreichung eines bestimmten Zieles eingesetzt werden, in ein *ausgewogenes Verhältnis* zu dem erstrebten Zweck zu bringen.

IV. Das Nominalwertprinzip

Komplexe wirtschaftliche und rechtliche Vorgänge lassen sich nur mittels des Vergleichsmaßstabes einer einheitlichen Rechengröße fungibel abwickeln. Als Quantifizierungselemente können Geld (Nominalwertprinzip) oder Güter (Substanzwertprinzip) herangezogen werden. Das derzeitige Wirtschafts- und Rechtsleben beruht auf dem Nominalwertprinzip, das sich vereinfachend durch den Grundsatz „Mark gleich Mark" formulieren läßt.

Bei stabilem Geldwert ist die Stellung des Nominalwertprinzips unangefochten. Es wird jedoch dann zum Gegenstand der Kritik, wenn es dazu führt, daß auch rein nominelles Scheineinkommen ohne substantiellen Gegenwert zu versteuern ist. Jedoch würde ein generelles Abweichen im Steuerrecht eine Änderung der gesamten Rechtsordnung voraussetzen. Dies würde ein allgemeines System von Wertkorrekturen erforderlich machen, das Praktikabilität und Transparenz der Besteuerung entscheidend beeinträchtigen würde. Wissenschaftlicher Beirat und Steuerreformkommission haben deshalb bei der Entwicklung ihrer Reformvorstellungen davon abgesehen, eine Aushöhlung des Nominalprinzips zu erwägen[44].

---

[44] Gutachten zur Reform der direkten Steuern, erstattet vom Wissenschaftlichen Beirat beim BdF (FN 2), S. 18 f.; Gutachten der Steuerreformkommission 1971 (FN 14), Tz. I/78.

Viertes Kapitel

Die rechtliche Problematik der Einkünfteermittlung

Erster Abschnitt

Der Dualismus der Einkünfteermittlung

A. Problemableitung

Das Verhältnis der Einkünfteermittlung der betrieblichen Einkünfte[1] zu den anderen, den nichtbetrieblichen, nichtunternehmerischen oder privaten Einkünften[2] bestimmt § 2 Abs. 2 EStG:

„Einkünfte sind

1. bei Land- und Forstwirtschaft, Gewerbebetrieb und selbständiger Arbeit der *Gewinn* (§§ 4 bis 7 e),
2. bei den anderen Einkunftsarten der *Überschuß* der Einnahmen über die Werbungskosten (§§ 8 bis 9 a).“

Der Einkünftebegriff des Einkommensteuergesetzes ist demnach kein einheitlicher. Er ist vielmehr dualistisch aufgebaut[3].

Als betrieblicher Gewinn sind nicht nur die auf normaler unternehmerischer Tätigkeit beruhenden Umsatzgewinne, sondern darüber hinaus sämtliche Veräußerungsgewinne zu erfassen, die im Unternehmen innerhalb des Wirtschaftsjahres realisiert werden. Dies gilt nicht nur bei bestandsvergleichender Gewinnermittlung, sondern auch für sogenannte Überschußrechner. Gewinne, die anläßlich der Veräußerung oder der Aufgabe des gesamten Betriebs der Aufdeckung stiller Reserven entspringen, unterliegen ebenfalls der Einkommensteuer. Insoweit treffen die §§ 14, 16, 18 Abs. 3 EStG eine deklaratorische Aussage[4]. Von

---

[1] § 2 Abs. 1 Nr. 1 - 3 EStG.

[2] § 2 Abs. 1 Nr. 4 - 7 EStG.

[3] Eine Deskription der sich daraus für Betriebs- und Privatvermögen ergebenden normativen Konsequenzen liefert *Fasselt*, Wertsteigerungen und Veräußerungsgewinne als steuerpflichtiges Einkommen, Diss. iur. Köln 1948, insbesondere siehe S. 54/98.

rechtsbegründender Wirkung sind die Vorschriften lediglich hinsichtlich der Freibeträge[5]. Zur Milderung der Besteuerung betrieblicher Veräußerungsgewinne gewährt § 16 Abs. 4 EStG einen Freibetrag in Höhe von 30 000 DM, der sich insoweit ermäßigt, als der Veräußerungsgewinn 100 000 DM übersteigt. Bei gesetzlich näher umrissener alters- oder berufsunfähigkeitsbezogener Veräußerung oder Aufgabe verdoppeln sich die Freibeträge. Das Berechnungsverfahren des § 16 Abs. 4 EStG gilt für Veräußerungsgewinne nach §§ 14 und 18 Abs. 3 EStG entsprechend. Eine weitere Abschwächung der Besteuerung betrieblicher Veräußerungsgewinne kann in der Anwendung der §§ 6 b, 6 c EStG gesehen werden. Betriebliche Veräußerungsverluste[6] sind, soweit sie nicht innerhalb der gleichen Einkunftsart saldiert werden können, mit positiven Einkünften aus anderen Einkunftsarten im Veranlagungszeitraum der Entstehung ausgleichsfähig[7]. Darüber hinaus verpflichtet § 10 d EStG primär zum Verlustrücktrag („carry back"), sekundär zum Verlustvortrag.

Der Methode, im Bereich der privaten Einkünfte den Überschuß der Einnahmen über die Werbungskosten der Besteuerung zuzuführen, entspricht es, private Veräußerungsgewinne grundsätzlich nicht zu erfassen. Von diesem Grundsatz kennt das Einkommensteuergesetz zwei Ausnahmen: Die Veräußerung von im Privatvermögen gehaltenen Anteilen an Kapitalgesellschaften bei wesentlicher Beteiligung (§ 17 EStG) sowie die Spekulationsgeschäfte (§§ 22 Nr. 2; 23 EStG). Von Gewinnen, die aus der Veräußerung von Anteilen des Privatvermögens an Kapitalgesellschaften bei wesentlicher Beteiligung des Steuerpflichtigen resultieren, ist ein *Freibetrag* von 20 000 DM abzuziehen, der sich um den Betrag ermäßigt, um den der Veräußerungsgewinn den Teil von 80 000 DM übersteigt, der dem veräußerten Anteil an der Kapitalgesellschaft entspricht (§ 17 Abs. 3 EStG). Die Begünstigung des § 10 d EStG kommt nunmehr[8] auch Veräußerungsverlusten im Sinne des § 17 EStG zu. Bei

[4] RFH v. 31. Aug. 1938, RStBl. 1938 S. 975 f. (976); BFH v. 18. Febr. 1971, BStBl. 1971 II S. 485 ff. (488); *Herrmann / Heuer,* Kommentar zur Einkommensteuer und Körperschaftsteuer, 18. Aufl., Köln 1950/77, § 16 Anm. 2.

[5] *Eberhard Littmann,* Das Einkommensteuerrecht, Kommentar zum Einkommensteuergesetz, 11. Aufl., Stuttgart 1974, Rdnr. 2 zu § 14.

[6] Für Verluste aus gewerblicher Tierzucht oder gewerblicher Tierhaltung ist das Ausgleichs- und Abzugsverbot des § 15 Abs. 2 EStG zu beachten.

[7] *Herrmann / Heuer* (FN 4), § 2 Anm. 10.

[8] Durch das StÄndG v. 14. Mai 1965 fiel zunächst das Verlustausgleichsverbot des § 17 Abs. 5 EStG 1934/61. Der Verlustabzug gemäß § 10 d EStG war nach Rechtsprechung und h. M. wegen der Bindung an das Erfordernis ordnungsmäßiger Buchführung aber weiterhin zu versagen. Ein Teil der Literatur schlug die Anwendung des § 10 d EStG 1965/74 durch sog. Lückenausfüllung vor (vgl. *Herrmann / Heuer* [FN 4], § 17 Anm. 47 bis 50 m. w. N.). Das StÄndG v. 20. April 1976 (BGBl. 1976 I S. 1054 ff.) befreite § 10 d EStG ab dem Veranlagungszeitraum 1975 schließlich auch vom Ballast des Verlangens ordnungsmäßiger Buchführung.

der Besteuerung von Gewinnen aus privaten Spekulationsgeschäften ist zur Ausschaltung von Bagatellfällen[9] eine *Freigrenze* von 1 000 DM geschaffen worden (§ 23 Abs. 4 Satz 2 EStG). Ist der Spekulationsgewinn höher als 1 000 DM, so ist der gesamte Veräußerungsgewinn steuerpflichtig.

Verluste aus Spekulationsgeschäften dürfen nur bis zur Höhe des Spekulationsgewinns, den der Steuerpflichtige im gleichen Kalenderjahr erzielt hat, ausgeglichen werden; sie dürfen nicht nach § 10 d EStG abgezogen werden (§ 23 Abs. 4 Satz 2 EStG). Darüber hinaus sind Veräußerungsverluste von Wirtschaftsgütern des Privatvermögens nicht abzugsfähig. Für Vermögensgegenstände, die der Erzielung steuerfreier Einnahmen dienen, ergibt sich das aus § 3 c EStG. Dagegen wird die Verlustignoration bei den Wirtschaftsgütern, die zur Schaffung nichtbetrieblicher Einkünfte eingesetzt werden, durch den Verzicht auf Erwähnung realisierter Wertveränderungen im enumerativen Aufbau der §§ 19, 20, 21 und 22 EStG inszeniert. Das gleiche gilt für Verluste, die auf anderen Ereignissen als Veräußerungen beruhen. Dementsprechend kann zum Beispiel der sogenannte typische stille Gesellschafter, dessen Einlage in die Konkursmasse fällt, diesen Verlust steuerlich nicht absetzen. Bei dem am Vermögen des Unternehmens beteiligten sogenannten atypischen stillen Gesellschafter führt eine betriebsergebnisbedingte Vermögenseinbuße indes zu einem Verlust aus Gewerbebetrieb. Aus dem (klarstellenden) Gedanken des § 12 Nr. 1 Satz 1 EStG folgt, daß Verluste solcher privaten Gegenstände, die nicht zur Einkunftsgewinnung eingesetzt werden, gleichfalls nicht abzugsfähig sind[10, 11].

Dem Dualismus der Einkünfteermittlung entspringt auch der Dualismus Betriebsausgaben — Werbungskosten[12]. Das Nettoprinzip[13] zeichnet den Weg vor, Einnahmen um die mit ihnen zusammenhängenden Ausgaben zu mindern. Bei den unternehmerischen Einkünften erfolgt der Abzug durch Betriebsausgaben. Den nichtunternehmerischen Einkünften ist der Werbungskostenbegriff zugeordnet. Die Legaldefinitionen streben nicht nur verbal, sondern auch sachlich auseinander. Betriebsausgaben sind die Aufwendungen, die durch den Betrieb veranlaßt sind

---

9 *Herrmann / Heuer*, ebd., § 23 Anm. 82.

10 Ähnlich: *Herrmann / Heuer*, ebd., § 12 Anm. 2.

11 Beruht der Verlust auf einem unabwendbaren Ereignis, können Aufwendungen für die Wiederbeschaffung von Hausrat oder Kleidung dem Grunde nach eine außergewöhnliche Belastung i. S. d. § 33 EStG darstellen (vgl. Abschn. 189 EStR).

12 Zur Gesamtdarstellung siehe *Bauer*, Der Dualismus Betriebsausgaben — Werbungskosten, München 1974.

13 Zum Nettoprinzip siehe die Schrifttumsnachweise im Dritten Kapitel, Zweiter Abschnitt, FN 19.

(§ 4 Abs. 4 EStG). Sie sind folglich kausalitätsbezogen. Werbungskosten sind Aufwendungen zur Erwerbung, Sicherung und Erhaltung der Einnahmen (§ 9 Abs. 1 Satz 1 EStG), damit final geleitet. Die „aus der Quellentheorie übernommene Begriffsbestimmung der Werbungskosten" erwies sich schon frühzeitig als „zu eng"[14]. Zur Einebnung der Unterschiede interpretiert die Rechtsprechung deshalb zum Beispiel Werbungskosten bei den Einkünften aus nichtselbständiger Arbeit im Sinne des Veranlassungsprinzips[15].

B. Verfassungsrechtliche Kritik

§ 2 Abs. 2 Nr. 1 EStG selbst läßt offen, nach welcher Methode der betriebliche Gewinn zu ermitteln ist. Durch Verweis auf §§ 4 und 5 EStG kommen Betriebsvermögensvergleich und Überschußrechnung in Betracht. § 2 Abs. 2 Nr. 2 EStG zieht bei den nichtbetrieblichen Einkünften den Kreis enger und schreibt unmittelbar und ausschließlich eine Überschußrechnung vor.

Von einem in der Regel kaufmännisch und steuerrechtlich ungeschulten Privatmann eine Einkünfteermittlung durch Bestandsvergleich zu erwarten, wäre unverhältnismäßig und sozialstaatswidrig[16]. Da temporäre Verlagerungen von Forderungsentstehung und Anspruchsrealisation bei den Einnahmen sowie von Zahlungsverpflichtung und Schuldbegleichung bei den Werbungskosten von dem einen zum anderen Veranlagungszeitraum bei privaten Einkünften nur in generell unbedeutendem Maße anzutreffen sind, außerdem das zur Einkünfteerzielung eingesetzte Privatvermögen — von unregelmäßigen Zu- und Abgängen abgesehen — im allgemeinen sowohl der Substanz als auch der Höhe nach konstant zu bleiben pflegt, verlangt bei den nichtbetrieblichen Einkünften das Verhältnismäßigkeitsprinzip ein Festhalten an der Einnahmen-Überschußrechnung. Nicht die Form des § 2 Abs. 2 EStG ist somit verfassungsrechtlich beanstandenswert. Mögliche Bedenken können sich aus der materiellen Ausgestaltung ergeben.

---

[14] *Enno Becker*, Die Grundlagen der Einkommensteuer, München, Berlin 1940, § 201, S. 244.

[15] BFH v. 2. März 1962, BStBl. 1962 III S. 192 ff.

[16] Ähnlich: *Parczyk*, Zu den Gewinnermittlungsvorschriften des EStG-Referentenentwurfs, DB 1973 S. 1668 ff. (1673); *Schneider*, Eine Reform der steuerlichen Gewinnermittlung? Anmerkungen zum Teil „Gewinnermittlung" des Gutachtens der Steuerreformkommission 1971, StuW 1971 S. 326 ff. (330).

I. Die Leistungsfähigkeit als Maßstab qualitativer Gleichwertigkeit der sieben Einkunftsarten

Wie bereits im dritten Kapitel ausgeführt wurde[17], schließt ein beliebiges andersartiges Merkmal lediglich eine Identität, das heißt die völlige Übereinstimmung sämtlicher Vergleichsmomente, aus. Art. 3 Abs. 1 GG postuliert jedoch nicht die Gleichbehandlung von Identischem, sondern von wesentlich = wesensmäßig Gleichem.

Dem Wesen einer Steuer entspricht es, zu einer gerechten Repartierung der Gesamt-Steuerbelastung auf den einzelnen Bürger beizutragen. Bei der Einkommensteuer soll quotenbestimmende Funktion idealiter dem Maße individueller steuerlicher Leistungsfähigkeit zukommen. Da diese ein wesentliches Element der Einkommensbesteuerung verkörpert, kann sie als sachorientiertes Kriterium vergleichender Betrachtung herangezogen werden. Gradmesser steuerlicher Leistungsfähigkeit ist das zu versteuernde Einkommen, dessen Berechnungsvorstufe die Summe der Einkünfte. 30 000 DM Einkünfte aus Arbeitnehmertätigkeit indizieren die gleiche steuerliche Potenz wie 30 000 DM Einkünfte zum Beispiel aus Kapitalvermögen. Diese Gleichsetzung erfolgt nicht nur hinsichtlich nichtbetrieblicher, sondern auch bezüglich betrieblicher Einkünfte[18]. Auch das Bundesverfassungsgericht[19] hält unternehmerische und private Einkünfte für vergleichbar[20].

II. Postulat quantitativer Gleichwertigkeit der sieben Einkunftsarten aufgrund des Universalitätsprinzips

Eine weitere einkommensteuerliche Grundwertung ist das Universalitätsprinzip[21]. Es bedeutet, daß alle natürlichen Personen ihr gesamtes Einkommen zu versteuern haben. Das deutsche Einkommensteuerrecht besteht nicht aus einem Schedulensystem verschiedenartiger Spezialsteuern mit unterschiedlichen Steuersätzen[22]. Die Auffächerung in ver-

---

[17] Vgl. oben Drittes Kapitel, Erster Abschnitt, C.

[18] *Tipke*, Steuerrecht — Chaos, Konglomerat oder System?, StuW 1971 S. 2 ff. (10); *ders.*, Die dualistische Einkünfteermittlung nach dem Einkommensteuergesetz, in: Festschrift für Heinz Paulick zum 65. Geburtstag, herausgegeben von Kruse, Köln 1973, S. 391 ff.; *Altorfer*, Geschäftsvermögen und Privatvermögen im Einkommensteuerrecht, Zürich und St. Gallen 1959, S. 168, 175. Kritisch: *Schneider*, StuW 1971 S. 326 ff. (327).

[19] Urteil v. 9. Juli 1969, BVerfGE Bd. 26 S. 302 ff. (312).

[20] Anderenfalls wären auch bestimmte Annexvorschriften, die auf die Bedürftigkeit abstellen, in der derzeitigen Form unvertretbar, z. B. § 12 3. VermBG, § 1 a SparPG, § 2 a WoPG, § 21 BAFöG, § 10 USG, § 2 BVO.

[21] Siehe dazu oben Drittes Kapitel, Zweiter Abschnitt, B. II. 1.

[22] Zur Erläuterung der unterschiedlichen Einkommensteuersysteme siehe *Plasschaert*, First Prinziples about Schedular and Global Frames of Income Taxation, Bull. IFD Vol. XXX (1976) p. 99 ff.

schiedene Einkunftsarten nimmt das Einkommensteuergesetz aus praktischen Erwägungen vor[23]. Die Einkünfte werden global erfaßt (Globaleinkommensteuer[24]) und insgesamt (Gesamteinkommensteuer[25]) einem einheitlichen Tarif unterworfen. Dem Universalitätsgedanken entspricht es ferner, wenn es weder darauf ankommt, ob die der Einkünfteerzielung zugrunde liegenden Vermögenspositionen auf legalen, sittlich oder moralisch anspruchsvollen Wegen erlangt worden sind, noch ob die ihr dienenden Tätigkeiten gesetzlichen, philosophischen oder ethischen Maximen gerecht zu werden vermögen[26]. Selbst von den aufgezählten Einkünften folgen lediglich die unternehmerischen dem Grundsatz der Universalität der Besteuerung, indem nur dort Gewinne und Verluste aus der Veräußerung von Gegenständen des Anlagekapitals besteuert werden, entsprechende Vorgänge im Rahmen privater Einkünfte dagegen grundsätzlich unerfaßt bleiben.

Aus Art. 3 Abs. 1 GG ergeben sich gegen diese gesetzliche Praxis Bedenken, die das Bundesverfassungsgericht allerdings zu zerstreuen trachtet. Zwar seien Veräußerungsgewinne aus Kapitalanteilen im Privatvermögen solchen Gewinnen aus Anteilen im Betriebsvermögen, die immer und voll besteuert werden, wirtschaftlich und rechtlich voll vergleichbar. Der Gesetzgeber wäre auch nicht gehindert, Gewinne aus jeder Veräußerung von Gegenständen des Privatvermögens zu besteuern[27]. Auch sei er an den Grundsatz der Steuergerechtigkeit gebunden, der sich aus Art. 3 Abs. 1 GG ergebe. Die Anwendung dieser Grundrechtsnorm beruhe stets auf einem Vergleich von Lebensverhältnissen, die nie in allen, sondern stets nur in einzelnen Elementen gleich seien. Welche Elemente der zu ordnenden Lebensverhältnisse maßgebend dafür seien, sie rechtlich gleich oder ungleich zu behandeln, entscheide grundsätzlich der Gesetzgeber. Insbesondere bei der Erschließung von Steuerquellen habe er eine weitgehende Gestaltungsfreiheit. Sie ende erst dort, wo die gleiche oder ungleiche Behandlung der geregelten Sachverhalte nicht mehr mit einer am Gerechtigkeitsgedanken orientierten Betrachtungsweise vereinbar sei, wo also ein einleuchtender Grund für die Gleichbehandlung oder Ungleichbehandlung fehle[28]. Ein solcher Grund sei darin zu sehen, daß bei den betrieblichen Einkünften

---

[23] *Giloy*, Zur Symmetrie der Einkunftsarten, FR 1978 S. 205.

[24] *Mennel*, Steuerrecht und Steuersysteme im internationalen Vergleich, StuW 1973 S. 1 ff. (5).

[25] *Ernst Blumenstein*, System des Steuerrechts, bearbeitet von Irene Blumenstein, 3. Aufl., Zürich 1971, S. 154 f.

[26] *Herrmann / Heuer* (FN 4), § 2 Anm. 63 ff., § 15 Anm. 14 m. w. N.; *Tipke / Kruse*, Abgabenordnung, Finanzgerichtsordnung, Kommentar zur AO 1977 und FGO, 9. Aufl., Köln 1965/78, § 40 Tz. 1 ff.; vgl. ferner § 40 AO.

[27] BVerfG v. 9. Juli 1969, BVerfGE Bd. 26 S. 302 ff. (312); BVerfG v. 7. Okt. 1969, BVerfGE Bd. 27 S. 111 ff. (127).

[28] BVerfG v. 0. Juli 1969, BVerfGE Bd. 26 S. 302 ff. (310).

im Gegensatz zu den nichtbetrieblichen Einkünften das *Gewinndenken* vorherrsche[29]. Dies rechtfertige zum Beispiel die Entscheidung des Steuergesetzgebers zur Nichtheranziehung der Gewinne aus privaten Grundstücksveräußerungen zur Einkommensteuer.

Zugegebenermaßen sind unternehmerische und nichtunternehmerische Einkünfteerzielung nicht ohne Unterschiede. Der Unternehmer benötigt regelmäßig Betriebsvermögen, er nutzt Kapital. Der Nichtunternehmer kann auch vermögenslos, „mit seiner Hände Arbeit", seinen Lebensunterhalt verdienen. Indes entzieht sich der Produktionsfaktor „Arbeit" einer ausschließlichen Zuordnung zu den nichtbetrieblichen Einkünften ebenso wie betriebliche Einkünfte nicht eindeutig kapitalorientiert sind. Vielmehr sind die Einkünfte überwiegend das Ergebnis einer Mixtur aus dem Einsatz beider Faktoren. Landwirtschaftliche Erzeugnisse bringt zwar der Boden hervor, Höchsterträge sind aber nur durch intensive pflegerische Maßnahmen zu erreichen. Der freiberuflich Tätige kommt in der Regel mit einem geringen Kapitalaufwand aus, dagegen ist bei den privaten Einkünften aus Kapitalvermögen und aus Vermietung und Verpachtung der Arbeitseinsatz von untergeordneter Bedeutung.

Gegen die Auffassung des Bundesverfassungsgerichts, das Gewinndenken bei den betrieblichen Einkünften gestatte die Nichterfassung der Gewinne aus privaten Grundstücksveräußerungen[30], bestehen Bedenken. Es wurde bereits ausgeführt, daß der Gleichheitssatz dem Gesetzgeber aufgibt, wesentlich Gleiches gleich und wesentlich Ungleiches ungleich zu behandeln[31]. Die Differenzierung setzt demnach hinsichtlich des Gewinndenkens einen *wesensmäßigen* Unterschied zwischen betrieblichen und nichtbetrieblichen Einkünften voraus. Betriebliche Einkünfte bezeichnet das Gesetz als Gewinn (§§ 4 bis 7 e EStG), nichtbetriebliche Einkünfte als Überschuß der Einnahmen über die Werbungskosten (§§ 8 bis 9 a EStG). Ein Gewinndenken kann es begrifflich somit nur bei den betrieblichen Einkünften geben. Eine Abgrenzung, die lediglich Begriffe vergleicht, nicht aber nach dem Begriffs*inhalt* fragt, wird indes der Wesensmäßigkeitskomponente des Gleichheitssatzes nicht gerecht. Diese erfordert es nämlich, gleiche oder unterschiedliche Rechtsfolgen nicht an die nominelle, sondern an die materielle Gleichheit oder Verschiedenheit der Vergleichsobjekte zu knüpfen. Das Bundesverfassungsgericht hätte deshalb zunächst herausstellen sollen, daß das unternehmerische Gewinndenken nur ein Unterfall der (unternehmerischen und nichtunternehmerischen) Einkünfteerzielungsabsicht ist und daß auch die nichtunternehmerischen Einkünfte kein Produkt einer altruisti-

---

[29] BVerfG v. 11. Mai 1970, BVerfGE Bd. 28 S. 227 ff. (237).

[30] Ebd.

[31] Siehe Drittes Kapitel, Erster Abschnitt, C.

schen Tätigkeit oder Vermögensnutzung sind. Daraufhin wäre auszuführen gewesen, daß die lediglich terminologische Unterscheidung zwischen unternehmerischem Gewinndenken und nichtunternehmerischer Einkünfteerzielungsabsicht keine materielle Rechtfertigung gibt, Veräußerungsgewinne aus privaten Grundstücksveräußerungen nicht zur Einkommensteuer heranzuziehen[32].

Auch die Einwände, die *Leisner*[33] gegen eine Besteuerung privater Kapitalgewinne erhebt, überzeugen nicht. *Leisner* bemüht die Substanzgarantie des Eigentums[34]. Er unterstellt, für die Wertzuwachsbesteuerung[35], insbesondere des Grund und Bodens, „dürfe wohl in keinem Fall anzunehmen sein, daß sie allein der Einkommenserzielung diene“[36], sie sei „ja in jedem Falle wesentlich sozialgestaltend, bodenordnend oder allgemein redistributiv angelegt“[37]. *Leisner* belegt seine Mutmaßungen nicht. Ihm kann nicht beigepflichtet werden. Eine Besteuerung der Gewinne aus der Veräußerung privater Wirtschaftsgüter, die der Einkünfteerzielung dienen, bedarf weder einer sozialpolitischen noch einer ordnungspolitischen Stütze. Sie wäre allein ein Gebot der Gleichmäßigkeit der Besteuerung. Der Einkommensbesteuerung von Veräußerungsgewinnen bestreitet *Leisner* die Analogiefähigkeit zu einer Wertzuwachssteuer[38] .Infolge der verschwommenen Terminologie wird jedoch nicht klar, worin der nach seiner Auffassung bedeutsame begriffliche Unterschied zwischen einer Besteuerung des Gewinns und des (auch realisierten) Mehr-Wertes besteht. Art. 14 GG gehe von der unbedingten Trennung von Ertrag und Substanz aus. Substanz sei zunächst das, „was im Ergebnis schon einmal den Kanal der Besteuerung passiert“ habe. Sie bleibe nunmehr grundsätzlich abgabenfrei. Es gebe insoweit etwas wie ein „Verbot der Doppelbesteuerung in der Zeit“ gegenüber demselben Vermögensgegenstand[39]. Da auch Wertzuwachs stets Substanz, nicht Ertrag sei[40], sei eine Besteuerung mit Art. 14 GG nicht vereinbar[41]. Nicht das Wirtschaftsgut selbst, die Substanz in ihrem

---

[32] Auch nach der Ansicht *Schreiners*, Der Gewerbebetrieb des Gewerbesteuerrechts, Diss. iur. Köln 1958 (maschinenschriftlich), S. 63, bringt das Merkmal der Gewinnerzielungsabsicht keine Unterscheidung zwischen einer privaten und einer gewerblichen Tätigkeit.

[33] Wertzuwachsbesteuerung und Eigentum, Berlin 1978.

[34] Ebd., S. 139/150.

[35] Der terminologisch nicht immer eindeutige Gebrauch der Begriffe „Wertzuwachssteuer“, „Wertzuwachsabgabe“, „Wertzuwachsabschöpfung“ erschwert dem Leser der Schrift den stofflichen Zugang. Dies bringt auch *Böckli* in seiner Rezension, StuW 1978 S. 182 ff. (184), zum Ausdruck.

[36] Ebd., S. 123.

[37] Ebd., S. 125.

[38] Ebd., S. 144.

[39] Ebd., S. 145.

[40] Ebd., S. 149.

[41] Ebd., S. 150.

derzeitigen Wert, hat bereits einmal den „Kanal der Besteuerung" passiert. Der Besteuerung kann nur ein Betrag in Höhe der Anschaffungskosten des Wirtschaftsgutes unterlegen haben. Da als Gewinn lediglich die Differenz zwischen Veräußerungserlös und (fortgeführten) Anschaffungskosten erfaßt werden kann, besteht kein Grund, insoweit eine Doppelbesteuerung zu besorgen.

Der Dualismus ist pragmatischer Herkunft[42]. War das Universalitätsprinzip noch uneingeschränkte Richtschnur des EStG 1920, so reduzierte das EStG 1925 dessen Einfluß auf den Sektor der betrieblichen Einkünfte. Bei der die Universalität beschränkenden Wertung hat das Praktikabilitätsprinzip Pate gestanden. Es ist unbestritten, daß auch technische Erwägungen die gradlinige Durchsetzung normativer Grundwertungen zulässigerweise beeinflussen können[43]. Zuzustimmen ist *Tipke*, wenn er ausführlich darlegt, das Bundesverfassungsgericht hätte den Dualismus Gewinneinkünfte/Überschußeinkünfte nicht, indem es von zwei Systemen ausging, als apriorisch hinnehmen dürfen, sondern statt dessen die Realisierung des Universalitätsprinzips sowie den Umfang der Prinzipdurchbrechung hinterfragen müssen.

Schließlich handele es sich um „Fragen der Technik, nicht Fragen der Wertung"[44]. Technische Beschränkungen können allerdings nur insoweit rechtlich zulässig sein, als sie tatsächlich erforderlich sind, um eine annähernd gleichmäßige Besteuerung ökonomisch zu bewältigen. Dabei kann man nicht daran vorbeisehen, daß die Besteuerung sich heute zu einem Massenverfahren entwickelt hat, das die Funktionsfähigkeit der Finanzverwaltung arg strapaziert[45]. Zum anderen sind auch der Belastbarkeit des Steuerzahlers Grenzen gesteckt. Sie macht es unzumutbar, für sämtliche Sachgüter, die irgendwann einmal veräußert werden könnten, aussagekräftige Unterlagen zu fertigen, in denen die Höhe der Anschaffungskosten festgehalten wird. Somit erweist es sich als praktisch unmöglich, zum Beispiel sämtliche die persönliche Leistungsfähigkeit erweiternden Veräußerungsgewinne der Einkommensbesteuerung zu unterwerfen[46].

So angreifbar die Vorschriften über die Besteuerung der Gewinne aus der Veräußerung von Anteilen an Kapitalgesellschaften bei wesent-

---

[42] Siehe dazu Zweites Kapitel.

[43] Siehe dazu Drittes Kapitel, Zweiter Abschnitt, B. III.

[44] StuW 1971 S. 2 ff. (10/11).

[45] Vgl. z. B. „Die Arroganz der Finanzminister", HB Nr. 4 v. 5. Jan. 1978 S. 1.

[46] Gleicher Ansicht: Karl-Bräuer-Institut des Bundes der Steuerzahler, Der Weg zu einem zeitgemäßen Steuersystem, Diskussionsbeiträge zur Reform des materiellen Steuerrechts, bearbeitet von *Schelle, v. Arnim, Borell, Lau, Meng*, Heft Nr. 20 der Schriftenreihe, Wiesbaden 1971, S. 159; Gutachten der Steuerreformkommission 1971, Schriftenreihe des BdF Heft 17, Bonn 1971, Tz. II/47.

licher Beteiligung (§ 17 EStG[47]) und der Besteuerung der Spekulationsgewinne (§ 23 EStG[48])im Detail sein mögen, dem Universalitätsprinzip und damit dem Grundsatz der Besteuerung nach der Leistungsfähigkeit werden sie zumindest tendenziell gerecht[49]. Ein weiterer, allerdings nicht so gravierender Einbruch in die steuerliche Tabuisierung privater Einkunftsquellen ist die steuermindernde Anerkennung des Wertverzehrs durch Absetzung für Abnutzung und für Substanzverringerung (§ 9 Abs. 1 Nr. 7 i. V. m. § 7 Abs. 1, 4, 5 und 6; §§ 7 b, 54 EStG).

Die völlige Freistellung sämtlicher privaten Veräußerungsgewinne ist nun nicht mit technischen Problemen zu rechtfertigen. Der steuerlichen Erfassung von Gewinnen aus Grundstücksveräußerungen und Wertpapiergeschäften beispielsweise über längere als die in § 23 EStG bestimmten Zeiträume hinaus stellen sich keine unüberwindbaren Hindernisse entgegen[50]. Diese Ansicht wird durch die Praxis einiger ausländischer Staaten bestätigt, die auch die privaten Kapitalgewinne besteuern[51]. Eine allgemeine Kapitalgewinnsteuer gibt es bereits in den *USA*[52], in denen nicht zwischen Betriebs- und Privatvermögen differenziert wird[53]. In *Frankreich* führte das Gesetz vom 19. Juli 1976[54] die

---

[47] Gutachten der Steuerreformkommission 1971, ebd., Tz. II/111 ff.; *Herrmann / Heuer* (FN 4), § 17 Anm. 5; Karl-Bräuer-Institut des Bundes der Steuerzahler, Die Veräußerung wesentlicher Beteiligungen — Zur Problematik des § 17 EStG, Heft 9 der Schriftenreihe, Wiesbaden 1967; *Tipke*, StuW 1971 S. 2 ff. (8/11); *Wacke*, Verfassungsrechtliche Prüfung des § 17 EStG, Besteuerung von Gewinnen aus der Veräußerung wesentlicher Beteiligungen, StuW 1964 Sp. 193 ff.; *Züll*, Die Einkommensteuer bei der Veräußerung wesentlicher Beteiligungen, Herne/Berlin 1959, S. 88.

[48] *Hecht*, Zur Abzugsfähigkeit von Schuldzinsen bei privatem Aktienerwerb im Einkommensteuerrecht — Zugleich eine Analyse der einschlägigen Vorschriften —, Die AG 1975 S. 70 ff. (75/76); *Kamprad*, Widersprüchliche Erlaßregelungen zur Besteuerung von Veräußerungsgewinnen bei Wertpapieren, FR 1971 S. 19 ff.; *Wüst*, Die unterschiedliche einkommensteuerliche Behandlung von notierten Aktien bei ihrer Zugehörigkeit zum Privat- oder zum Betriebsvermögen, Diss. rer. pol. München 1964.

[49] *Tipke*, StuW 1971 S. 2 ff. (10).

[50] Ebd., S. 11.

[51] Eine konzise Darstellung gibt *Hauser*, Internationaler Vergleich der Besteuerung von Veräußerungsgewinnen, IWB Nr. 19 vom 10. Okt. 1979, Fach 10 Gruppe 2 S. 453 ff. Nachweise zu einschlägigem internationalen Schrifttum in Bull. IFA Vol. XXXII (1978), p. 72 ff.

[52] Siehe dazu *Krause-Nehring*, Die steuerliche Behandlung der langfristigen capital gains and losses im Bundessteuerrecht der USA, Diss. iur. Berlin 1972. Zur leichten Einführung in die nordamerikanische Capital Gains Tax eignet sich *McNulty*, Federal Income Taxation of Individuals (in a Nutshell), St. Paul, Minn. 4 th Reprint-1975, p. 256 ff.

[53] Gutachten der Steuerreformkommission 1971 (FN 46), Anlage 1 Nr. 11; *Mennel*, Steuerreformen im internationalen Vergleich, DStZ/A 1970 S. 167 ff.; *dies.*, Die Steuersysteme in EWG-Staaten, EFTA-Staaten und den USA, 2. Aufl., Herne/Berlin 1974, S. 79; *dies.*, Die Besteuerung von Veräußerungsgewinnen im internationalen Vergleich, DStZ/A 1973 S. 89 ff. (91).

[54] Loi nº 76-660 du 19 juillet 1976 portant imposition des plus-values et création d'une taxe forfaitaire sur les métaux précieux, les bijoux, les objets

Besteuerung der Veräußerungsgewinne („Plus-values") von Grundstükken und Wertpapieren und eine entsprechende Pauschalabgabe auf Edelmetalle, Schmuck, Kunst- und Sammlungsgegenstände sowie Antiquitäten ein[55]. In *Großbritannien* unterliegen sämtliche Gewinne aus der Veräußerung oder anderweitigen Nutzbarmachung von Anlagegütern, einschließlich der Finanzanlagen, einer Wertzuwachssteuer (Capital Gains Tax)[56]. Auch in *Dänemark* und *Schweden* gilt der Grundsatz der gleichartigen Erfassung von privaten und betrieblichen Veräußerungsgewinnen[57]. Aus den europäischen Regelungen ragt lediglich die vollständige und unbedingte Einkommensteuerfreiheit der Veräußerungsgewinne von Wirtschaftsgütern des Privatvermögens in den *Niederlanden* aus den übrigen Regelungen heraus[58].

Der Grundsatz der universalen Besteuerung nach der Leistungsfähigkeit ist einer der normativen Prinzipien der Einkommensbesteuerung. Abweichungen berühren indiziell das Gleichheitsgebot. Sie sind gleichheitssatzwidrig, soweit sie nicht durch ein anderes normgebendes Prinzip vorgezeichnet sind. Auch technische Probleme vermögen eine Einschränkung zu rechtfertigen. Die Privilegierung privater Veräußerungsgewinne entspricht nicht dem Universalitätsprinzip. Da darüber hinaus unternehmerische Kapitalgewinne zu versteuern sind, ohne daß eine gesetzesimmanente Begründung für die Differenzierung ausgemacht werden kann, die Übung in einigen ausländischen Staaten eine unterschiedliche steuerliche Behandlung zudem als nicht zwingend erweist, ist der Grundsatz der Gleichmäßigkeit der Besteuerung durchbrochen[59].

---

d'art, de collection et d'antiquité, Journal Officiel de la Republique Française, p. 4315.

[55] Einen kurzen Überblick über die ab 1977 bzw. 1978 gültigen Regelungen verschaffen *Lefebvre / Pöllath / Rädler,* Steuern in Frankreich, Köln 1976, Anlage 1, sowie die deutsche Übersetzung einer Veröffentlichung des Informationsdienstes des französischen Wirtschafts- und Finanzministeriums in: Intertax 1976 S. 384 ff., Frankreich: Das neue Gesetz über die Besteuerung der Veräußerungsgewinne („Plus-values").

[56] Vgl. dazu *Barnick,* Die Besteuerung des Wertzuwachses in Großbritannien, RIW/AWD 1975 S. 211 ff.

[57] Gutachten der Steuerreformkommission 1971 (FN 46), Anlage 1 Nr. 9 und 10; *Mennel,* DStZ/A 1973 S. 89 ff. (91).

[58] *Kirchner,* Objektive Befreiungen von der Einkommensteuer in den EG-Ländern Deutschland, Frankreich, Italien, Belgien, Niederlande und Luxemburg, Diss. iur. Köln 1974, S. 201 f.

[59] Gleicher Ansicht: Gutachten zur Reform der direkten Steuern, erstattet vom Wissenschaftlichen Beirat beim BdF, Schriftenreihe des BdF Heft 9, Bad Godesberg 1967, S. 23 ff.; *Altorfer* (FN 18), S. 168 ff.; *Oesch,* Die steuerliche Behandlung der Wertzuwachsgewinne auf dem beweglichen Privatvermögen, Bern 1975, S. 17 f., 88 ff.; *Höhn,* Die Besteuerung der privaten Gewinne (Kapitalgewinnbesteuerung), Winterthur 1955, S. 261 ff., 275; *Krause-Nehring* (FN 52), S. 202; *Joachim Lang,* Systematisierung der Steuervergünstigungen, Ber-

III. Ergebnis

Soweit ein duales Verfahren zur Ermittlung der Einkünfte lediglich unterschiedliche formale Regelungen vorsieht, kann es nicht beanstandet werden. Betriebliche Gewinne, die in einem umfänglichen Unternehmen erwirtschaftet werden, können nur mit einer gleichfalls umfassenden Gewinnermittlungsmethode sachgerecht festgestellt werden. Bei Klein-Unternehmern, die nur eines geringen Betriebsvermögens bedürfen, ist von einem Bestandsvergleich abzusehen und an den Überschuß der Einnahmen über die Ausgaben anzuknüpfen. Entsprechendes gilt für Nicht-Unternehmer, die als Einkünfte den Überschuß der Einnahmen über die Werbungskosten anzusetzen haben.

Den Gleichheitssatz des Art. 3 Abs. 1 GG verletzt das dualistische System allerdings insofern, als lediglich Gewinne aus betrieblichen Veräußerungen der Einkommensteuer unterliegen, private Veräußerungsgewinne dagegen grundsätzlich nicht in die Steuerbemessungsgrundlage eingehen. Der Verzicht auf die Besteuerung ist weder die Folge einer Prinzipienkollision noch eines Funktionszwanges. Zwar bestehen praktische Schwierigkeiten, sämtliche nichtbetrieblichen Veräußerungsgewinne zu erfassen. Einige ausländische Staaten haben sich davon nicht schrecken lassen und Wege aufgezeigt, nach denen verfahren werden kann.

C. Der Versuch einer systemgerechten Neuordnung

Im weiteren Verlauf der Untersuchung sind Überlegungen angebracht, wie die verfassungsrechtlich gebotene Gleichbehandlung unternehmerischer und privater Veräußerungsgewinne verwirklicht werden kann. Ein Lösungsvorschlag könnte vorsehen, auch betriebliche Veräußerungsgewinne nicht zu besteuern. Eine so geartete Gleichsetzung hätte laufende Umsatzgewinne und einmalige Kapitalgewinne als wesensverschiedene Steuersubstrate zu definieren. Zur wesensmäßigen Beschreibung beider kann auf die Überlegungen zurückgegriffen werden, mit denen in die verfassungsrechtliche Kritik an der materiellen Untersuchung von privaten und betrieblichen Veräußerungsgewinnen eingestimmt wurde. Dabei erwiesen sich Leistungsfähigkeits- und Universalitätsprinzip als Komponenten systemadäquater Differenzierung[60]. Die

lin 1974, S. 152 ff.; *Tipke*, StuW 1971 S. 2 ff. (8/11); *ders.*, Die dualistische Einkünfteermittlung nach dem Einkommensteuergesetz (FN 18), S. 391 ff. Zur Problembetrachtung aus finanzwissenschaftlicher Sicht siehe: *Zink / Liedschulte*, Die Erfassung und Besteuerung der Wertzuwächse im derzeitigen Steuersystem der Bundesrepublik Deutschland, StuW 1971 S. 45 ff.; *Zink*, Die Probleme einer Wertzuwachsbesteuerung, StuW 1973 S. 150 ff.

[60] Vgl. in diesem Abschnitt oben B. II.

steuerliche Leistungsfähigkeit, die einem Veräußerungsgewinn anhaftet, läßt sich nicht nach der Art des Veräußerungsgeschäftes relativieren, insbesondere nicht danach, ob der Veräußerungsgegenstand vor der Veräußerung nach handelsbilanziellen Grundsätzen dem Anlage- oder dem Umlaufvermögen des Betriebes zuzuordnen war. Wenn sich sowohl Veräußerungserlöse als auch die gegebenenfalls um die Absetzung für Abnutzung verminderten Anschaffungskosten zweier Wirtschaftsgüter decken, besteht eine partielle Leistungsfähigkeitsidentität, die nicht dadurch beeinträchtigt wird, daß der eine Steuerzahler mit dem veräußerten Produkt ständig handelt, der andere dagegen lediglich eine außerordentliche Maßnahme getätigt hat. Somit wäre auch eine völlige Freistellung einmaliger Kapitalgewinne eine gleichheitssatzbeeinträchtigende gesetzgeberische Entscheidung[61]. Als Orientierungsrichtlinie eines Neugestaltungsvorschlages verbleibt somit nur, die Besteuerung auch der privaten Veräußerungsgewinne ins Auge zu fassen.

I. Die Generalproblematik

1. Die Merkmale „Einkünfteerzielung" und „Einkommensverwendung" als Kriterien rationaler Differenzierung

Nach Auffassung der Steuerreformkommission 1971 entspräche es dem Leistungsfähigkeitsprinzip, auch im privaten Bereich sämtliche Veräußerungsgewinne der Einkommensteuer zu unterwerfen, zumal wenn diese mühelos erzielt seien[62]. Im geltenden Recht kommen Leichtigkeit oder Schwere einer Einkünfteerzielung nicht zum Ausdruck. Sie sind insbesondere keine Tatbestandsmerkmale der Einkommensbesteuerung. Besteuerungsgut ist ausschließlich das Ergebnis der Einkünfteerzielung, nicht der Weg dorthin, der sich für den einen Steuerpflichtigen als beschwerlich, für den anderen als leicht begehbar zeigt. Das Maß der persönlichen Mühewaltung kann sich in der Höhe des Einkommens widerspiegeln, muß dies aber nicht. Es ist weder objektiv annähernd bestimmbar noch mag es von verschiedenen Steuerpflichtigen — selbst bei im übrigen gleichen Verhältnissen — subjektiv als gleich empfunden werden. Als einkommensteuerrechtliches Tatbestandsmerkmal ist es nicht verwertbar. Für eine Abkehr von dem Prinzip, die Einkommensbesteuerung ausschließlich an den Leistungs*erfolg* anzukoppeln, besteht auch bereits aus technischen Gründen keine Veranlassung.

Die Formel, das Leistungsfähigkeitsprinzip rechtfertige es, sämtliche privaten Veräußerungsgewinne einkommensteuerlich zu erfassen, klingt prima facie plausibel. Nachvollziehbar ist sie indes nicht. Vielmehr steht

---

[61] Gleicher Ansicht: *Altorfer* (FN 18), S. 184 ff.; *Höhn* (FN 59), S. 275.

[62] Gutachten der Steuerreformkommission 1971 (FN 46), Tz. II/96.

gerade das Prinzip der Besteuerung nach der Leistungsfähigkeit einer umfassenden Kapitalgewinnbesteuerung entgegen. Deutlich wird das zunächst anhand des Nettoprinzips. Im dritten Kapitel wurde das Nettoprinzip als Unterfall (Subprinzip) des Leistungsfähigkeitsprinzips genannt[63]. Es ist Ausdruck der Wertung, die durch Einkünfteerzielung veranlaßten Aufwendungen bei der Einkünfteermittlung zum Abzug zu bringen. Diese Normorientierung wäre auch bei einer Besteuerung privater Veräußerungsgewinne zu beachten. Veräußerungsgewinn ist der Veräußerungserlös abzüglich der Anschaffungs- oder Herstellungskosten. Neben diesen Kosten erwachsen dem Steuerpflichtigen nicht selten Aufwendungen auf das privat genutzte Wirtschaftsgut, die zum Beispiel dessen Lebensdauer verlängern, dessen Wert erhöhen, dessen Substanz erhalten, die sich schließlich auch in der Höhe des Veräußerungserlöses niederschlagen. Bei betrieblich genutzten Wirtschaftsgütern sind solche Aufwendungen, soweit sie nicht als nachträgliche Anschaffungs- oder Herstellungskosten angesehen werden, in Anwendung des Nettoprinzips als Betriebsausgaben abzugsfähig. Im Falle der privaten Kapitalgewinnbesteuerung hätte diese Rechtsfolge für privat genutzte Wirtschaftsgüter entsprechend zu gelten, soweit nicht gerade die private Verwendung zu einer Einschränkung dieses Grundsatzes nötigt. Damit ist die Frage vorgegeben, inwieweit Aufwendungen auf Wirtschaftsgüter der privaten Lebensführung Einkommensverwendung darstellen und inwieweit sie durch eine spätere Veräußerung vorweg veranlaßt sein können. Das Nettoprinzip würde hier nur den Abzug von Aufwendungen der zweiten Art vorsehen. Eine Minderung um konsumtive Aufwendungen hat es nicht im Sinn. Auf die Fragestellung nach der jeweiligen Zuordnung privater Aufwendungen wäre aber wohl schwerlich eine theoretisch ableitbare und praktisch verwertbare Lösung zu erwarten[64]. Da es hierbei nicht erst um Quantitäten geht, sondern bereits der Charakter einer Aufwendung nur unvollkommen erkannt werden kann, käme auch eine Anwendung des § 162 AO nicht in Betracht. Daraus folgt, daß sich das Nettoprinzip bei einer durchgängigen Besteuerung privater Kapitalgewinne nicht verwirklichen ließe, somit auch nicht das Leistungsfähigkeitsprinzip, denn ein Verstoß gegen das Unterprinzip bedeutet einen Verstoß gegen das Oberprinzip.

Auch ein anderer Aspekt macht sichtbar, daß eine Besteuerung sämtlicher privaten Veräußerungsgewinne dem Prinzip der Besteuerung nach

---

[63] Drittes Kapitel, Zweiter Abschnitt, B. II. 2.

[64] Selbst wenn es gelänge, den Teil der Aufwendungen zu isolieren, der einen (späteren) Veräußerungserlös beeinflussen kann, so wären die Schwierigkeiten noch nicht ausgemerzt. Nach § 11 Abs. 2 EStG richtet sich die Abzugsfähigkeit von Aufwendungen nach dem Abflußprinzip. Im Zeitpunkt der Ausgabe wird sich eine Veräußerung in der Regel aber noch als zukünftiges, ungewisses Ereignis darstellen. Klarheit herrscht erst ex tunc.

der Leistungsfähigkeit zuwiderlaufen würde. Das Einkommensteuergesetz besteuert das Einkommen natürlicher Personen. Die Besteuerung der Einkommensverwendung obliegt dagegen den Verkehrsteuern und den Verbrauchsteuern[65]. Diese Unterscheidung bestimmt nicht nur die externe Beziehung der Einkommensteuer zu den Steuern auf die Einkommensverwendung. Sie prägt ebenso den internen einkommensteuergesetzlichen Aufbau. Aufgrund des daraus abgeleiteten sogenannten Separierungsprinzips[66] bleiben persönliche Verhältnisse und individuelle Belastungen des Steuerpflichtigen bei der Ermittlung der Bemessungsgrundlage grundsätzlich unberücksichtigt[67]. Steuerliche Leistungsfähigkeit bemißt sich nach dem Einkommen. Ob und wie der Steuerpflichtige Einkommen verwendet, soll seine Leistungsfähigkeit unberührt lassen. (Objektive) Leistungsfähigkeit[68] ist demnach ein Begriff aus dem Bereich der Einkünfteerzielung. Im Bereich der Einkommensverwendung ist er ohne Bedeutung. Die Anschaffung eines Wirtschaftsgutes zur privaten Lebensführung ist Einkommensverwendung, mindert folglich die steuerliche Leistungsfähigkeit des Steuerpflichtigen nicht. Einkommensverwendung ist also ein Tatbestand der privaten Lebensführung, des privaten Konsums. Ausgaben sind in diesem Bereich die Regel. Das schließt aber nicht aus, daß auch hier Zuflüsse vorliegen können. Verschenkt der Steuerpflichtige aus privaten Gründen ein Wirtschaftsgut, so setzt der Vermögensabfluß seine steuerliche Leistungsfähigkeit nicht herab. Ein Wirtschaftsgut, das dem Steuerpflichtigen privat geschenkt wird, bewirkt einen Vermögenszufluß, der konsequenterweise die steuerliche Leistungsfähigkeit ebensowenig beeinflussen, damit auch nicht erhöhen kann. Die Ebene der privaten Lebensführung umschließt folglich nicht nur Ausgaben, sondern auch Einnahmen. Für eine systematisch korrekte Ableitung der einkommensteuerlichen Rechtsfolgen von Gewinnen, die bei der Veräußerung von Wirtschaftsgütern der privaten Lebensführung anfallen, ist diese Erkenntnis von entscheidendem Gewicht. Die terminologische Verschleierung des Begriffs „Einkünfteverwendung" kann nun nicht mehr darüber hinwegtäuschen, daß solche privaten Veräußerungsgewinne nicht auf der Ebene der Einkünfteerzielung, sondern auf der Ebene der Einkommensverwendung entstehen. Die — teleologisch richtig verstandene — steuerliche Leistungsfähig-

[65] Daran schließt die Einteilung *Tipkes* an, der in Steuern auf das Einkommen und Steuern auf die Einkommensverwendung gliedert (Steuerrecht, Ein systematischer Grundriß, 7. Aufl., Köln 1979, S. 56).

[66] *Wacker*, Steuerlexikon, München 1975, Stichwort „Separierungsprinzip".

[67] Sonderausgaben (§§ 10 bis 10 c EStG) und außergewöhnliche Belastungen (§§ 33 bis 33 b EStG) sind Ausnahmen von diesem Grundsatz. Aus sozialpolitischen Gründen wird ihnen gleichwohl ein steuersenkender Effekt zugestanden. Vgl. *Littmann* (FN 5), RdNr. 6 zu § 2.

[68] Zur Unterscheidung von objektiver und subjektiver Leistungsfähigkeit siehe *Tipke*, Steuerrecht (FN 65), S. 143.

keit fördern diese Gewinne nicht, deren Besteuerung folglich mit dem Leistungsfähigkeitsprinzip unvereinbar wäre.

Die uneingeschränkte Steuerpflicht mit Veräußerungsgewinnen des Privatvermögens wäre auch mit dem Grundsatz der Gleichmäßigkeit der Besteuerung nicht in Einklang zu bringen. Eine auch nur annähernd vollständige Erfassung aller Veräußerungsvorgänge, die sich unter Privaten abspielen, wäre nicht zu erreichen. Die ursprünglichen Anschaffungskosten des veräußerten Gegenstandes, als Basis für eine exakte Gewinnberechnung unumgänglich, wären vielfach, insbesondere bei langjährigem Besitz, nicht mehr feststellbar[69]. Die Richtigkeit und Vollständigkeit der Besteuerung hinge von der individuellen Sorgfalt ab, Rechnungen und Quittungen abzulegen. Solche auf ein „Penibilitätsprinzip" abgestellte Besteuerung ließe die steuerliche Rechtsfolge aus dem Bereich objektiver Tatbestandlichkeit in den der subjektiven Ordnungsliebe abgleiten. Damit wäre die Gleichmäßigkeit der Besteuerung privater Gewinne de facto in Frage gestellt.

Dem mentalen Resümee aus der Kritik folgt die Einsicht, weder eine umfassende Besteuerung noch eine durchgängige Nichtbesteuerung sämtlicher privaten Veräußerungsgewinne als Rechtsfolgen einkommensteuerlicher Grundwertungen anzuregen. Die Systematik des Einkommensteuergesetzes zeichnet vielmehr als Lösung vor, nur die Gewinne zu besteuern, die bei der Veräußerung solcher Wirtschaftsgüter realisiert werden, die der Einkünfteerzielung dienen. Das Einkommensteuergesetz geht von einem pragmatisch-enumerativen Einkommensbegriff aus (§ 2 Abs. 1 Nr. 1 bis 7 EStG). Summe der Einkünfte (§ 2 Abs. 3 EStG) sind die Gewinne bzw. Überschüsse aus den sieben Einkunftsarten. In seiner Abgrenzung der Bereiche Einkünfteerzielung und Einkommensverwendung ist das geltende Recht nicht strikt. Einerseits fingiert es das Bewohnen des eigenen Hauses, unbezweifelbar ein Vorgang der privaten Lebensführung, als Einkünfteerzielung (§§ 13 Abs. 2 Nr. 2; 13 a Abs. 2 Nr. 5; 21 Abs. 2; 21 a EStG). Andererseits erfaßt es keine Gewinne aus der Veräußerung von Wirtschaftsgütern, die der Erzielung von Einkünften aus nichtselbständiger Arbeit, aus Kapitalvermögen, aus Vermietung und Verpachtung sowie von sonstigen Einkünften im Sinne des § 22 EStG dienen. Beides ist nicht folgerichtig. De lege ferenda bedürfen diese Systemwidrigkeiten der Korrektur. Die Kritik gilt nun nicht dem Enumerationsprinzip. Es hat sich in der praktischen Rechtsanwendung bewährt. Auch die Einteilung der Einkunftsarten reizt nicht zum Widerspruch. Lediglich der Umfang der Besteuerung bedarf einer neuen, einer wertungsgerechten Markierung. Das beinhaltet sowohl den Verzicht auf systemwidrige Tatbestände als auch die Erfassung besteue-

[69] Gutachten der Steuerreformkommission 1971 (FN 46), Tz. II/98.

rungswürdiger, bislang aber nicht ausgeschöpfter Substrate. Maßgebliches Merkmal der Umsetzung eines steuerwürdigen, ideellen Sachverhaltes in den normativen Tatbestand hat zu sein, ob das Geschehen der Sphäre der Einkünfteerzielung oder der Sphäre der Einkommensverwendung, terminologisch klarer: der Sphäre der privaten Lebensführung, zuzuordnen ist. Ähnlich liegt die Problematik bei den sog. Liebhabereieinkünften[70]. Formal stellen sich diese als Ergebnis der Einkünfteerzielung dar. Materiell geht es dem Steuerpflichtigen jedoch um Befriedigung privater Bedürfnisse, um Konsum, um Einkommensverwendung. Hier wird wiederum sichtbar, daß im Bereich der privaten Lebensführung durchaus auch Einnahmen erzielt werden können. Dies bestätigt ein weiterer gedanklicher Ansatz. Einnahmen bzw. Betriebseinnahmen und Werbungskosten bzw. Betriebsausgaben sind arithmetische Größen der Einkünfteerzielung mit verschiedenen Vorzeichen. In der Sphäre der Einkünfteerzielung überwiegt in der Regel die positive Größe. Umgekehrt verhält es sich in der Sphäre der Einkommensverwendung. Dort lastet das Gewicht auf den Kosten der allgemeinen Lebensführung, die ihrer Art nach Ausgaben zur Verwendung des erzielten Einkommens sind[71]. Die bloße Gewichtigkeit der negativen Seite schließt die Existenz auch einer positiven aber nicht generell aus. Einnahmen sind folglich auch hier denkbar.

Bestimmte Gegenstände des privaten Gebrauchs eignen sich zur *Kapitalanlage*. Sie bedürfen einer besonderen Betrachtung. Sie sind fungibel. Für sie besteht ein Markt. Sie besitzen einen Marktwert. Einem Wertverzehr unterliegen sie im allgemeinen nicht. Der Investor erwartet vielmehr langfristig einen Preisauftrieb. Die Anschaffung dieser Wirtschaftsgüter, zum Beispiel Kunstgegenstände, Gebrauchsgüter aus Edelmetallen, Schmuck, Antiquitäten, wird regelmäßig von dem Gedanken mitgetragen, diese — zumindest in einer Zeit der Not — veräußern zu können. Erwerbs- und Halteabsicht des Steuerpflichtigen richten sich insoweit auch auf die Erzielung von Einkünften. Ökonomische Anlagestrategien fußen auf der Einschätzung einer Vielzahl objektiver Daten. In Anlageentscheidungen zugunsten hochwertiger Gebrauchsgegenstände treten persönliche Neigungen und Wertschätzungen hinzu. Das macht jene unteilbar. Eine Grenzziehung zwischen der Absicht privater Verwendung und der Absicht, durch eine Veräußerung Gewinn zu erzielen, ist bei solchen Kapitalanlagen verwehrt. Da der Anteil der privaten Nutzung im Regelfall überwiegt, tritt der Veräußerungswille zurück. Eine Besteuerung dieser Veräußerungsgewinne käme dementsprechend nicht in Betracht.

---

[70] Zur Liebhaberei siehe *Littmann* (FN 5), RdNr. 16 ff. zu § 2.

[71] BFH v. 2. März 1962, BStBl. 1962 III S. 192 ff. (194).

Als zu empfehlende Bestandteile einer nach konventionellen Gesichtspunkten gestreuten privaten Vermögenspalette gelten auch *Barren und Münzen aus Edelmetallen* sowie *ungefaßte Edelsteine*. Deren Substanzwert[72] bestimmt ein weltweiter Markt. Zum privaten Gebrauch eignen sie sich nicht. Bei diesen Vermögensgegenständen ist das Interesse des Anlegers von vornherein darauf gelenkt, sie im Bedarfsfalle oder zur Gewinnmitnahme bei steigender Preisentwicklung wieder abzustoßen. Eine Anwendung der für gebrauchsbezogene Kapitalanlagen abgeleiteten Praktikabilitätsregel ginge hier fehl. Eine systemadäquate Normgestaltung hätte der Gewinnerzielungsabsicht durch Besteuerung dieser Gewinne Rechnung zu tragen.

Auch auf die Frage der Steuerwürdigkeit von *Lotterie-, Wett- und Spielgewinnen* kann mit Hilfe der Unterscheidungsmerkmale „Einkünfteerzielung" und „Einkommensverwendung" eine Antwort gefunden werden. Einer Einbeziehung in die Einkommensteuer stünde meines Erachtens nicht entgegen, daß sie nicht periodischer Natur sind. Schließlich versagt sich die Periodizität auch Gewinnen aus der Veräußerung von Anlagegegenständen. Gegen eine Besteuerung richten sich jedoch die gleichen Bedenken, die wider eine allgemeine steuerliche Erfassung sämtlicher Wirtschaftsgüter des Privatvermögens erhoben wurden. Lotterie-, Wett- und Spieleinsätze sind nur scheinbar auf Einkünfteerzielung hin angelegt. Per saldo übersteigen sie die Gewinne. Damit sind sie Aufwendungen der privaten Bedürfnisbefriedigung, der privaten Lebensführung, die die steuerliche Leistungsfähigkeit nicht berühren, das Einkommen nicht mindern. Gewinne der genannten Art sind Einnahmen im Rahmen der privaten Lebensführung. Die einkommensteuerliche Leistungsfähigkeit steigern sie nicht. Ihre Besteuerung wäre deshalb nicht gerechtfertigt. Zudem würde ein Verfahren, das Gewinne erfaßte, Einsätze aber nicht zum Abzug brächte, gegen das Nettoprinzip verstoßen.

Die jeweilige Zurechnung von Veräußerungsgewinnen zum (steuerpflichtigen) Bereich der Einkünfteerzielung oder zum (nichtsteuerbaren) Bereich der Einkommensverwendung wäre folglich ein Ausbau des Einkommensteuergesetzes im Rahmen der geltenden Systematik. Weder würde der Einkommensbegriff zugunsten der Vermögenszugangstheorie erweitert noch wäre die von der Steuerreformkommission 1971[73] als erforderlich angesehene Geschlossenheit der gegenwärtigen Einkunftsarten in Frage gestellt.

---

[72] Man kann ihn auch als Scheinwert verstehen.

[73] Gutachten der Steuerreformkommission 1971 (FN 46), Tz. II/46.

2. Fallgruppendifferenzierungen

Bevor in die Detailuntersuchungen eingestiegen werden kann, welche Vermögensänderungen bei den nichtbetrieblichen Einkünften im einzelnen eintreten und welche Probleme sich daraus jeweils ergeben können, empfiehlt es sich, der Übersichtlichkeit der Darstellung halber zunächst die denkbaren Varianten abstrakt abzuhandeln. Dabei ist es unumgänglich, gerade dem Sektor erhöhte Aufmerksamkeit zuzuwenden, in dem die Absichten des Steuerpflichtigen, entweder Einkommen zu erzielen oder das bereits erzielte Einkommen zu verwenden, sich nicht, wie generell, diametral verhalten, sondern sich zu überlagern scheinen.

a) Die steuerliche Behandlung von Wirtschaftsgütern, die der Einkünfteerzielung dienen

aa) Tatbestände der Werterhöhung

α) *Gewinnrealisierung aufgrund eines Veräußerungsgeschäftes*

Wird ein Wirtschaftsgut, das Grundlage der Einkünfteerzielung ist, mit Gewinn veräußert, so dürfte die einkommensteuerliche Rechtsfolge nicht davon abhängig gemacht werden, welche Einkunftsart betroffen ist. Diese Forderung nach steuerjuristischer Adäquanz beantwortet indes noch nicht die Frage, wie eine Gleichbehandlung zu konkretisieren ist. Folgende Möglichkeiten sind denkbar: Aus den betrieblichen Einkünften werden die Veräußerungsgewinne der angesprochenen Wirtschaftsgüter abgespalten und mit den de lege ferenda zu besteuernden privaten Veräußerungsgewinnen zu einer achten Einkunftsart[74] zusammengefaßt. Weiterhin kann die Umformulierung des § 22 Nr. 2 EStG in „Einkünfte aus Veräußerungsgeschäften im Sinne des § 23 EStG" erwogen werden. Schließlich könnten auch die nichtbetrieblichen Veräußerungsgewinne innerhalb der jeweiligen Einkunftsart ausgewiesen werden.

Der erste Gedanke hat den Vorzug, daß er einem einheitlichen System steuerlicher Milderungsmaßnahmen am ehesten den Weg zu ebnen imstande sein dürfte. Nachteilig wirkte jedoch die mit der Herausnahme der Veräußerungsgewinne betrieblicher Anlagegüter einhergehende weitere Trennung der Steuerbilanz von der Handelsbilanz. Die Umformulierung des § 22 Nr. 2 EStG wäre zwar eine technisch unproblematische Lösung. Sie wäre aber, zumindest im Formalen, als eine erneute Sonderbehandlung der nichtunternehmerischen Veräußerungsgewinne

---

[74] *Figel,* Die Problematik einer Bodenwertzuwachssteuer in steuerrechtlicher und verfassungsrechtlicher Sicht, Diss. iur. Würzburg 1975, S. 138, regt an, Gewinne, die bei der Veräußerung privaten Grundbesitzes entstehen, zeitlich unbegrenzt als achte Einkunftsart zu erfassen.

anzusehen. Der Gedanke einer vollständigen Nichtbesteuerung wurde bereits als gleichheitswidrig verworfen[75]. Nur eine materielle Gleichsetzung außerordentlicher und periodischer Veräußerungsgewinne entspräche dem Grundsatz der Gleichmäßigkeit der Besteuerung. Soll das Gleichheitspostulat den Einkünftekatalog daneben auch formal umfassend durchdringen, ist der Primat der dritten Methode herauszustellen, die einen Veräußerungsgewinn der entsprechenden Einkunftsart zurechnet.

Bei der Gewinnermittlung durch Betriebsvermögensvergleich ist als Veräußerungsgewinn der Betrag auszuweisen, um den der Veräußerungserlös den Buchwert des Wirtschaftsgutes übersteigt. Buchwert ist der Wert, mit dem die aktivierten Vermögensteile in der Bilanz ausgewiesen sind, das heißt „noch zu Buche stehen“[76]. Werden die Einkünfte nicht bilanziell, sondern durch Überschuß der Einnahmen über die Ausgaben festgestellt, so ist der Buchwertbegriff nicht verwendbar und durch den Begriff der sogenannten *fortgeführten Anschaffungs- oder Herstellungskosten*[77] zu ersetzen.

Wird ein Wirtschaftsgut gegen Gewährung einer Leibrente veräußert, so ist ein Veräußerungsüberschuß erst dann feststellbar, wenn die Rentenzahlungen die fortgeführten Anschaffungskosten übersteigen. Der Überschuß würde zu nachträglichen Einkünften im Sinne des § 24 Nr. 2 EStG[78] führen.

β) *Gewinnrealisierung aufgrund einer Entnahmehandlung*

Mit einer Neugestaltung der Kapitalgewinnbesteuerung hätte die Erweiterung des Entnahmebegriffs einherzugehen. § 4 Abs. 1 Satz 2 EStG bezeichnet als Entnahmen alle Wirtschaftsgüter, die der Steuerpflichtige dem Betrieb für sich, für seinen Haushalt oder für andere betriebsfremde Zwecke im Laufe des Wirtschaftsjahres entnommen hat. Die allein betriebsbezogene Legaldefinition stellt sich de lege ferenda als zu eng

---

[75] Siehe in diesem Abschnitt oben C.

[76] *Bierle* in: Handwörterbuch des Steuerrechts, Erster und Zweiter Band, München 1972, herausgegeben von Hartz / Strickrodt / Wöhe / Felix / Sebiger, Stichwort „Buchwert“.

[77] Anschaffungs- oder Herstellungskosten vermindert um die Absetzungen für Abnutzung, erhöhte Absetzungen und Sonderabschreibungen.

[78] Entsprechendes gilt bereits derzeit für den Fall der betrieblichen Veräußerung gegen eine Leibrente, vgl. RFH v. 14. Mai 1930, RStBl. 1930 S. 580 f. Die Finanzverwaltung räumt dem Unternehmer ein Wahlrecht ein, statt dessen die sofortige Besteuerung des Veräußerungsgewinns (§§ 14, 16, 18 Abs. 3 i. V. m. § 34 Abs. 1, 2 EStG), verbunden mit einer laufenden Besteuerung des Ertragsanteils der Leibrente (§ 22 Nr. 1 a EStG), vorzunehmen (FinMin Niedersachsen — S 2242-7-31 — vom 11. Juni 1969, StEK EStG § 16 Nr. 20). Kritisch zum Wahlrecht *Wrede*, Ausgewählte Fragen der Rentenbesteuerung, Inf 1975 S. 145 ff. (148).

dar. Ihre Anpassung würde eine tatbestandliche Ausdehnung auf alle Wirtschaftsgüter, die der Steuerpflichtige der Sphäre der Einkünfteerzielung entzieht und der der Einkommensverwendung zuführt, erfordern.

Bewertungsmaßstab für Entnahmen ist der sogenannte *Teilwert* (§ 6 Abs. 1 Nr. 4 EStG). „Teilwert ist der Betrag, den ein Erwerber des ganzen Betriebs im Rahmen des Gesamtkaufpreises für das einzelne Wirtschaftsgut ansetzen würde; dabei ist davon auszugehen, daß der Erwerber den Betrieb fortführt" (§ 6 Abs. 1 Nr. 1 Satz 3 EStG[79]). Für die Ermittlung nichtbetrieblicher Einkünfte ist der Teilwertbegriff unbrauchbar. Als geeigneter Bewertungsmaßstab bietet sich an dessen Stelle der sogenannte *gemeine Wert* an. „Der gemeine Wert wird durch den Preis bestimmt, der im gewöhnlichen Geschäftsverkehr nach der Beschaffenheit des Wirtschaftsgutes bei einer Veräußerung zu erzielen wäre. Dabei sind alle Umstände, die den Preis beeinflussen, zu berücksichtigen. Ungewöhnliche oder persönliche Verhältnisse sind nicht zu berücksichtigen" (§ 9 Abs. 2 BewG[80]).

Ein nicht unbedeutender Teil der Kritiker bestreitet die Berechtigung und die Zweckmäßigkeit des Teilwertbegriffs. Teils wird dessen Beseitigung, teils dessen Änderung verlangt[81]. Trotz der abgesteckten Thematik dieser Arbeit, die einer umfassenden Inaugenscheinnahme jener Problematik entgegensteht, gebietet die Zielsetzung einer Darstellung generell, einen neu hinzutretenden Aspekt herauszustellen. Der vorgeschlagene erweiterte Entnahmebegriff läßt unberücksichtigt, ob ein Vermögensgegenstand zur unternehmerischen oder nichtunternehmerischen Einkünfteerzielung eingesetzt wurde. Ein Festhalten am Teilwertbegriff würde dazu führen, daß vergleichbare Vorgänge aufgrund unterschiedlicher Bewertungsmaßstäbe zu divergierenden einkommensteuerlichen Folgerungen führen könnten. Von diesem Standpunkt aus gesehen wäre eine Surrogation der Bewertung mit dem Teilwert durch die mit dem gemeinen Wert zu wünschen. Besteuerungsmaßstab der Entnahme eines Wirtschaftsgutes aus dem Bereich der Einkünfteerzielung heraus wäre dementsprechend der gemeine Wert abzüglich des Buchwertes beziehungsweise der fortgeführten Anschaffungs- oder Herstellungskosten.

---

[79] Inhaltlich entspricht die Definition der Begriffsbestimmung des § 10 BewG.

[80] Gemäß § 1 BewG gelten die allgemeinen Bewertungsvorschriften auch für die Einkommensteuer, soweit im EStG keine besonderen Bewertungsvorschriften enthalten sind.

[81] *Herrmann / Heuer* (FN 4), § 6 Anm. 62 b m. w. N.; *Littmann* (FN 5), RdNr. 100 ff. zu § 6.

γ) Gewinnrealisierung aufgrund der Aufgabe der Tätigkeit

Die Aufgabe der Tätigkeit kann sich in zwei Varianten vollziehen: durch Veräußerung der einzelnen der Einkünfteerzielung gewidmeten Wirtschaftsgüter oder durch Überführung in das Privatvermögen, das nicht zur Einkünfteerzielung eingesetzt wird[82]. Im ersten Fall sind die Grundsätze anzuwenden, die allgemein bei einer Gewinnrealisierung aufgrund eines Veräußerungsgeschäftes gelten[83]. Der zweite Fall unterscheidet sich von der Entnahme lediglich quantitativ. Der Terminus der Entnahme ist der Einsatzänderung einzelner Vermögensgegenstände vorbehalten. Von einer Aufgabe kann dagegen nur dann gesprochen werden, wenn sämtliche wesentlichen Grundlagen aus dem Prozeß der Einkünftebildung herausgenommen werden. Die Höhe des Aufgabegewinns ist im Falle der Aufgabe durch Veräußerung gegeben durch die Differenz zwischen Veräußerungserlös und Buchwert beziehungsweise fortgeführten Anschaffungs- oder Herstellungskosten, im Falle der Aufgabe durch Nichtveräußerung durch die Differenz zwischen gemeinem Wert und Buchwert beziehungsweise fortgeführten Anschaffungs- oder Herstellungskosten.

δ) Nichtverwirklichte reale Wertsteigerung

In der derzeitigen Einkommensbesteuerung bestimmt das *Realisationsprinzip* die Rechtsfolge von Werterhöhungen. Es besagt, daß Gewinne erst dann ausgewiesen werden dürfen, wenn sie durch einen Umsatzprozeß in Erscheinung getreten sind[84]. Gelegentlich der vor einiger Zeit in Gang gekommenen Diskussion um die Möglichkeiten und die Gestaltung einer *Bodenwertzuwachsbesteuerung* empfahlen einige Stimmen im Schrifttum sowie parteipolitische Beschlüsse, sich zumindest für den Bereich des Grund und Bodens von dem etablierten Realisationsprinzip abzuwenden und bereits noch nicht verwirklichte Wertsteigerungen abzuschöpfen.

In einer finanzwissenschaftlichen Forschungsarbeit gelangen *Liedschulte / Zink*[85] zu dem Ergebnis, daß es die ideale Form der Wertzuwachsbesteuerung nicht gebe. *Zink*[86] sieht eine Abkehr vom Realisationsprinzip als systematisch nicht gravierend an, da bereits das geltende Recht durch § 6 Abs. 1 Nr. 2 EStG, § 6 AStG, §§ 41 Abs. 4; 54 Abs. 3

---

[82] Entsprechend § 16 Abs. 3 EStG.

[83] Vgl. in diesem Abschnitt oben C. I. 2. a) und aa) *α*).

[84] *Wöhe* in: HwStR (FN 76), Stichwort „Bewertung".

[85] Die Erfassung von Wertzuwächsen im Rahmen der Einkommens- und Ertragsbesteuerung, Opladen 1973, S. 78. Siehe auch *Zink / Liedschulte*, StuW 1971 S. 45 ff.

[86] StuW 1973 S. 150 ff. (153).

und 4 StBauFG mehrere Prinzipiendurchbrechungen enthalte. Auch *Ulbrich*[87] sieht keinen Grund, auf die Besteuerung nichtrealisierter Capital Gains zu verzichten: „Würde das Vermögen durch Sparen aus dem laufenden Einkommen vermehrt werden, bezweifelte niemand, daß diese Verwendung den Zugriff durch die Einkommensteuer keinesfalls ausschließt[88].“ Die *SPD*[89] schlägt die Einführung einer Bodenwertzuwachssteuer auf alle Wertsteigerungen von bebauten und unbebauten Grundstücken vor, ungeachtet dessen, ob der Wertzuwachs durch Veräußerung realisiert ist oder nicht. *Von Trotha*[90] verteidigt den Verzicht auf das Realisationserfordernis mit dem Hinweis, eine Besteuerung nur realisierter Gewinne gehe „mit absoluter Sicherheit wegen der durch sie ausgelösten Angebotsverknappung (Verkaufsbestrafung) in die Bodenpreise ein und würde damit auch die Miete nach oben treiben“. Der Zugang zu Grund und Boden würde durch die Einkommensteuer außerordentlich erschwert[91].

Die *F.D.P.* empfiehlt, Veräußerungsgewinne beim Verkauf von bebautem und unbebautem Grundbesitz der Einkommensteuer zum halben Steuersatz zu unterwerfen und damit Veräußerungsgewinnen beim Verkauf gewerblicher oder landwirtschaftlicher Betriebe oder Teilbetriebe gleichzustellen[92]. Zur Verbesserung der Funktionsfähigkeit des Bodenmarktes sollte bei baureifen Grundstücken (Bauland) der Zuwachs des Wertes jährlich als Einkommen ebenso zum halben Steuersatz versteuert werden[93].

Die *CDU/CSU* tritt dafür ein, daß die realisierten Gewinne bei Bodenverkäufen der Erfassung durch die Einkommensteuer unterliegen sollen. Darüber hinaus hält es die Union für erforderlich, die Wertsteigerung bei Grund und Boden, die durch die erhebliche Verbesserung der Infrastruktur als Folge eines Bebauungsplanes entstanden ist, durch einen leistungsbezogenen Ausgleich zu erfassen, der für die öffentlichen Investitionen erhoben wird, die Wertsteigerungen bewirkt haben[94].

---

[87] Das Leistungsfähigkeitsprinzip der Besteuerung, Bern/Frankfurt a. M. 1975.

[88] Ebd., S. 48 f.

[89] Materialien Bodenreform, Vorlage „Bodenrechtsreform“ zum Parteitag Hamburg 1977, herausgegeben vom Vorstand der SPD, Bonn 1977.

[90] Grundzüge einer Neuordnung des Bodenrechts, DÖV 1973 S. 253 ff.

[91] Ebd., S. 257.

[92] Freiburger Thesen der F.D.P. zur Gesellschaftspolitik, herausgegeben vom Bundesvorstand der F.D.P., Bonn, Zweiter Abschnitt: Bodeneigentum, These 5.

[93] Ebd., These 6.

[94] CDU/CSU-Fraktion des Deutschen Bundestages — Pressereferat —, Mitteilung vom 31. Aug. 1972 einer Erklärung des Vorsitzenden des Arbeitskreises Wirtschaft und Ernährung *Müller-Hermann*, MdB.

Gewissen partiellen Vorteilen, die eine Erweiterung der Besteuerung auf nichtverwirklichte Wertsteigerungen mit sich bringen würde, die auch nicht verkannt werden sollen, steht die kompensatorische Fülle der Nachteile entgegen:

Die Ersetzung des Realisationsprinzips durch ein *Tagesbeschaffungswertprinzip*[95] machte zwar die Bildung stiller Reserven in erheblichem Umfang unwahrscheinlich. Indem die Unternehmer gehalten wären, sich bei der laufenden Neubewertung mehr Gedanken über die Rationalität ihres Produktionsmitteleinsatzes zu machen, würden Industrieanlagen eher aus den Zentren der Großstädte verlagert und der dadurch freie Grund und Boden wirtschaftlicher verwendet. Damit wäre aber auch eine ganz fundamentale Änderung von Bilanz- und Steuerrecht verbunden, deren Konsequenzen noch nicht im einzelnen überschaubar sind[96].

Auch nichtrealisierter Vermögenszuwachs steigere zwar die einkommensteuerliche Leistungsfähigkeit. Dies zeige sich zum Beispiel daran, daß die Beleihungsfähigkeit eines Wirtschaftsgutes sich nach dessen Tageswert und nicht nach dem Buchwert richte[97]. Zur Abdeckung der Steuerforderungen sei jedoch gegebenenfalls eine Substanzveräußerung vonnöten[98]. Auch werde in keiner anderen westlichen Industrienation nicht realisierter Vermögenszuwachs besteuert[99]. Dem stünden darüber hinaus erhebliche praktische Schwierigkeiten entgegen[100]. *Ebnet*[101] nimmt gleichfalls das Problem der Zumutbarkeit zum Anlaß, den Gesetzgeber auf die Möglichkeit des Verzichts auf die Besteuerung unrealisierter Wertzuwächse hinzuweisen[102]. Gegen die landläufige Ansicht, eine Besteuerung von Veräußerungsgewinnen bei Grundstücken, Wertpapieren und anderen Anlagegegenständen hindere die Eigentümer an einem Verkauf[103], bezieht *Schneider*[104] dezidiert Stellung.

---

[95] Siehe auch *Gadomski*, Zur beabsichtigten Einführung der Rechnungslegung auf der Basis von Zeitwerten in Großbritannien, WPg 1977 S. 266 ff.

[96] Stellungnahme zur Haushaltsrechtsreform und Stellungnahme zu dem Entwurf eines Gesetzes über Steuererleichterungen bei Änderung der Unternehmensform, erstattet vom Wissenschaftlichen Beirat beim BdF, Schriftenreihe des BdF Heft 11, Margarethenhöhe über Königswinter 1969, S. 43.

[97] Gutachten der Steuerreformkommission 1971 (FN 46), Tz. II/25.

[98] Ebd., Tz. II/27.

[99] Ebd., Tz. II/22.

[100] Ebd., Tz. II/28.

[101] Die Besteuerung des Wertzuwachses, Ein theoretischer Ansatz im Rahmen der Einkommensbesteuerung, Baden-Baden 1978.

[102] Ebd., S. 157. *Ebnet* stellt statt dessen ein mit Korrekturfaktoren operierendes eigenes Verfahren vor, dessen administrativer Aufwendigkeit er sich aber bewußt ist (ebd., S. 181).

[103] Vgl. z. B. *v. Trotha*, DÖV 1973 S. 253 ff.

[104] Besteuerung von Veräußerungsgewinnen und Verkaufsbereitschaft: der fragwürdige „lock-in-Effekt“, StuW 1976 S. 197 ff.

Weiterhin geriete die Besteuerung der nicht realisierten Wertzuwächse, die nicht auf einer Erhöhung der Bodenqualität beruhen, zwangsläufig in Konflikt mit der Eigentumsgarantie[105]. Auch mit den Anforderungen des Gleichheitssatzes sei eine Kollision zu besorgen. Es ließe sich nicht rechtfertigen, Bodenwertsteigerungen anders zu behandeln als den Wertzuwachs bei sonstigen Vermögensanlagen[106]. Nicht realisierte Wertzuwächse seien eine ungewisse Besteuerungsgrundlage. Es sei durchaus denkbar, daß sie sich wieder verflüchtigen, noch bevor sie realisiert seien. Angesichts der gegenwärtig instabilen Lage am Grundstücksmarkt sei dieser Fall nicht nur theoretischer Art[107]. Schließlich seien Fälle denkbar, in denen der durch die Besteuerung nichtrealisierter Bodenwertzuwächse erzeugte steuerliche Druck zur Aufgabe des durch Art. 14 Abs. 1 GG geschützten Eigentums verfassungswidrig wäre[108].

Zur Beantwortung der grundsätzlichen Frage, ob die Substanzgarantie des Eigentums der steuerlichen Erfassung nichtrealisierter Wertsteigerungen entgegenstünde, kann der neue Ansatz von *Schulte* aufgegriffen werden, der den Umfang des Bestandsschutzes aus dem Zweck der Besteuerung heraus zu bestimmen sucht[109]. Zweck der Besteuerung ist die Erzielung von Einnahmen (§ 3 Abs. 1 AO). Dies gilt auch für die Einkommensteuer. Bei den einzelnen Steuerarten kann der Eigentumsschutz unterschiedlich ausgeprägt sein. Um deren Individualität Rechnung zu tragen, bedarf das allgemein-finale Element der spezifisch-strukturalen Konkretisierung. Maßgebliches Strukturprinzip der Einkommensteuer ist das der Besteuerung nach der Leistungsfähigkeit[110]. Damit verdichtet sich die verfassungsrechtliche Problematik darauf, wie sich nichtrealisierte Wertsteigerungen auf die steuerliche Leistungsfähigkeit auswirken. Maßstab einkommensteuerlicher Leistungsfähigkeit ist nicht der Substanzwert eines Vermögensgegenstandes, sondern dessen Ertrag. Das betrifft auch den hier interessierenden Teil des Substanzwertes, den (nichtrealisierten) Wertzuwachs. Der Substanzwert ist lediglich Grundlage der steuerlich relevanten Einkünfteerzielung. Der Wertzuwachs ist dementsprechend nur Ausgangsbasis für höhere Einnahmen. Er ist kein direkter Faktor einkommensteuerlicher Leistungsfähigkeit. Diese ist erst eine Folge der Ertragssteigerung. Die Besteue-

---

[105] *Friauf*, Steuergesetzgebung als Instrument der Bodenordnung, DVBl. 1972 S. 652 ff. (658).

[106] Ebd.

[107] *Krause*, Wertzuwachssteuer und Grundgesetz, Diss. iur. Heidelberg 1975, S. 70.

[108] *Figel* (FN 74), S. 96.

[109] Zur Dogmatik des Art. 14 GG, Heidelberg/Karlsruhe 1979, S. 44. Vgl. oben Drittes Kapitel, Erster Abschnitt, E.

[110] Vgl. oben Drittes Kapitel, Zweiter Abschnitt, B. I.

rung des Wertzuwachses wäre ein Eingriff in die Substanz. Eine gleichzeitige Erfassung von (realisiertem) Ertrag und (nichtrealisiertem) Wertzuwachs würde eine „Doppelbesteuerung" bewirken, die, da sie den Besteuerungszweck überschritte, sich als unzulässiger Eingriff in das Eigentum darstellen würde.

Die Steuerreformkommission scheint der Auffassung zu sein, daß nichtrealisierter Vermögenszuwachs die einkommensteuerliche Leistungsfähigkeit bereits unmittelbar fördere. Sie stellt dies durch den Hinweis auf die mit der Werterhöhung wachsende Beleihungsfähigkeit eines Wirtschaftsgutes unter Beweis[111]. Er geht meines Erachtens fehl. Die Einkommensteuer ist keine „Lombardsteuer". Sie zielt nicht, wie zum Beispiel die Vermögensteuer, auf statische Betrachtung ab. Indem sie auf jede, auch nur geringfügige Veränderung der Leistungsfähigkeit im Laufe eines Jahres reagiert, ist sie Rechtsfolge einer dynamischen Entwicklung. Dynamik und Beleihung sind jedoch unvereinbar. Beleihung hat eine gewisse Konsistenz zur Voraussetzung. Dynamische Prozesse stören die Beständigkeit. Eine Wertzuwachsbesteuerung würde zudem die Privatnützigkeit des Eigentums[112] im Übermaße beschränken. Art. 14 Abs. 1 GG gewährleistet nicht nur den Bestand des Eigentums. Er gesteht dem Eigentümer auch das Recht der Nutzung zu. Reichten die Erträgnisse nicht aus, um sowohl die auf sie als auch die auf den Wertzuwachs entfallende Steuer zu tragen, so würden die Früchte des Eigentums in voller Höhe in den Schoß des Staates fallen. Damit würde der Eigentümer zum „Erntehelfer des Fiskus". Ihm bliebe nur die Last des Pflückens, nicht die Lust des Genießens.

Es fällt auf, daß die Argumentationsstandpunkte der Meinungen, die bereits in noch nicht realisierten Wertsteigerungen einen Steuertatbestand entdecken wollen, nicht verfassungsrechtlich, nicht steuerrechtssystematisch, statt dessen ausschließlich im steuerpolitischen Bereich angesiedelt sind. Deshalb verwundert es nicht, daß sie weder dem Grundgesetz der Gleichmäßigkeit der Besteuerung[113] noch dem Grundrecht der Eigentumsgarantie[114] Rechnung tragen.

Unzutreffend ist die Ansicht *Ulbrichs*[115], daß bereits nichtrealisierte Vermögensmehrungen durch Sparen zu einkommensteuerlichen Folgen führen könnten. Erst der Zufluß von Zinsen ist steuerrelevant (§ 11 EStG).

---

[111] Vgl. FN 97.

[112] Siehe dazu *Selmer*, Steuerinterventionismus und Verfassungsrecht, Frankfurt 1972, S. 326 f. m. w. N.

[113] *Friauf*, DVBl. 1972 S. 652 ff. (658).

[114] *Figel* (FN 74), S. 96.

[115] Vgl. FN 87, 88.

Zink, dessen Darstellung[116] sich durch systematisches Bemühen abhebt, führt folgende Beispiele für die Lückenhaftigkeit des Realisationsprinzips im geltenden Recht an:

§ 6 Abs. 1 Nr. 2 Satz 3 EStG läßt bei nichtabnutzbaren Wirtschaftsgütern des Anlagevermögens und bei Wirtschaftsgütern des Umlaufvermögens den Ansatz des Teilwertes bis zur Höhe der Anschaffungs- oder Herstellungskosten auch über den letzten Bilanzansatz hinaus zu.

§ 6 AStG wendet bei natürlichen Personen, deren mindestens zehnjährige unbeschränkte Steuerpflicht durch Aufgabe des Wohnsitzes oder gewöhnlichen Aufenthaltes endet, die Vorschrift des § 17 EStG, soweit diese im übrigen erfüllt ist, auch ohne Veräußerung an.

Nach § 41 Abs. 4 StBauFG hat der Eigentümer eines im förmlich festgelegten Sanierungsgebiet gelegenen Grundstücks an die Gemeinde einen Ausgleichsbetrag in Geld zu entrichten, der der durch die Sanierung bedingten Erhöhung des Werts seines Grundstücks entspricht. § 54 Abs. 3 StBauFG verpflichtet den Eigentümer eines Grundstücks, dessen Wert sich durch eine Entwicklungsmaßnahme der Gemeinde erhöht hat, einen Ausgleichsbetrag an die Gemeinde zu entrichten, soweit diese das Grundstück nicht erwirbt.

§ 6 Abs. 1 Nr. 2 Satz 3 EStG[117] durchbricht indes das Realisationsprinzip nicht. Die Vorschrift bietet lediglich die Möglichkeit zur „Rückgängigmachung einer Vorsichtsmaßnahme, die sich als unnötig erwiesen hat“[118].

§ 6 Abs. 1 Satz 1 AStG[119] fingiert die Veräußerung wesentlicher Beteiligungen bei Fortzug in das Ausland, also in den Fällen, in denen die

---

116 Siehe FN 86.

117 Als schwieriger zu retournieren hätte sich ein gezielter Hinweis auf § 6 Abs. 1 Nr. 2 Satz 4 EStG gezeigt, der bei land- und forstwirtschaftlichen Betrieben den Ansatz des Teilwertes *über den Betrag der Anschaffungs- oder Herstellungskosten hinaus* gestattet, wenn das den Grundsätzen ordnungsmäßiger Buchführung entspricht. Doch auch diese Bestimmung stellt keine Abkehr vom Realisationsprinzip dar. Dies läßt sich anhand des folgenden, von *Littmann* (FN 5), Beispiel 209 zu § 6, entliehenen Falles darlegen:

„Die Anschaffungskosten für ein Kalb haben in einem landwirtschaftlichen Betrieb 200 DM ausgemacht. Das Kalb hat nach 2 Jahren einen Wert von 600 DM. Der Landwirt braucht auf dem Anschaffungspreis von 200 DM nicht stehen zu bleiben. Er kann vielmehr auf 600 DM gehen“.

In den beiden Jahren hat der Landwirt für dieses Kalb laufend Aufwendungen getätigt (z. B. Futter, Lohn für den Stallknecht, Honorar für den Tierarzt), die seinen Gewinn minderten. Die Bewertung mit dem Teilwert hebt die Wirkung der Betriebsausgaben zumindest teilweise nachträglich wieder auf. Diese Methode ist im Bilanzsteuerrecht auch nicht ohne Parallele, wie ein Gedanke an die Aktivierungspflicht sog. teil- oder halbfertiger Arbeiten erinnerlich macht.

118 *Enno Becker*, Zum neuen Einkommensteuergesetz, StuW 1934 Sp. 1241 ff. (1257).

unbeschränkte deutsche Steuerpflicht erlischt. Da bei einer in der Zukunft gewählten Veräußerung der bisherige Wertzuwachs dem inländischen Fiskus nicht zugeführt würde, erscheint es gerechtfertigt, die Realisation (vorzeitig) zu fingieren[120]. Die Bestimmung soll Ausdruck eines allgemeinen Grundsatzes sein, wonach stille Reserven spätestens beim Ausscheiden aus der Steuerverhaftung zu realisieren seien[121]. § 6 AStG verdient es somit nicht, als „Durchbrechungstatbestand" benannt zu werden. Treffender erscheint es, hier von einer Erweiterung des Realisationsprinzips durch einen „Ersatztatbestand"[122] zu sprechen.

Die Ausgleichsbeträge, die aufgrund §§ 41, 54 StBauFG erhoben werden, sind ohne einkommensteuerliche Relevanz. Sie sind folglich ungeeignet, um als Alibi zur Verharmlosung einer Prinzipiendurchbrechung im Einkommensteuerrecht herzuhalten.

Da sich Wertsteigerungen zudem wieder verflüchtigen können, ist eine Abwendung vom Realisierungserfordernis keine Maßnahme, die steuerjuristisch ernsthaft in Betracht zu ziehen wäre[123]. Dagegen könnte eine tatbestandliche *Erweiterung* des Realisationsprinzips ein Gebot sowohl methodologischer als auch praktikabler Rechtsgestaltung sein. Hält man sich vor Augen, daß ein Wirtschaftsgut, das aufgrund Erbfolge generationenlang zur Einkünfteerzielung genutzt wurde, eines Tages zur Veräußerung ansteht, dann werden die praktischen Schwierigkeiten

---

[119] *Zink* hätte ebenso § 12 KStG erwähnen können, der bei Verlegung der Geschäftsleitung ins Ausland eine entsprechende Anwendung der Liquidationsbestimmungen fordert.

[120] Vgl. auch Gutachten der Steuerreformkommission 1971 (FN 46), Tz. VI/ 8 ff.

[121] Zu diesem Prinzip der Gewinnverwirklichung aus steuersystematischen Erwägungen beim Ausscheiden von Wirtschaftsgütern aus einer Steuerverhaftung siehe *Rudolf Thiel*, Die Gewinnverwirklichung, Ein rechtssystematischer Überblick über ihre Erscheinungsformen, Steuer-Kongreß-Report 1968 S. 273 ff. *Salditt*, Verlagerung von Wirtschaftsgütern in die auslandsbelegene Betriebsstätte eines einheitlichen Unternehmens: Grundsätzliches zur steuerlichen Realisation stiller Reserven, Diss. iur. Köln 1969, S. 177, spricht von einer „Art Anwartschaft des Steuergläubigers als ‚wesensgleiches Minus' des erst mit der Realisation auch formell vollendeten punktuellen Steuertatbestandes". Das überwiegende Schrifttum lehnt allerdings die Steuerentstrikkungstheorie ab (vgl. *Herrmann / Heuer* [FN 4], § 5 Anm. 49 [7] m. w. N.).

[122] *Jochen Thiel* in: HwStR (FN 76), Stichwort „Gewinnverwirklichung", führt die Entnahme als wichtigsten Ersatztatbestand der Gewinnverwirklichung an.

[123] Sollte man eine „Abschöpfung" solcher Wertsteigerungen für erforderlich erachten, die ausschließlich auf Erschließungsmaßnahmen der öffentlichen Hand und damit auf der finanziellen Beteiligung der Gesamtbevölkerung fußen, so dürfte die Erhebung eines „Erschließungsbeitrags" vom Grundstückseigentümer eine der am ehesten zu rechtfertigenden Maßnahmen sein. Einkommensteuerlicher Einfluß würde dieser Abgabe nur insoweit zukommen, als der Beitrag die Anschaffungskosten des Grund und Bodens nachträglich erhöht und dadurch bei einer späteren Veräußerung einen evtl. Veräußerungsgewinn reduziert.

offenkundig, die einer genauen Gewinnfeststellung entgegenstehen können. Zur Reduktion technischer Probleme verhülfe ein Tatbestand, der nicht nur die entgeltliche, sondern auch die *unentgeltliche Übertragung der Verfügungsmacht* als Realisierung interpretierte[124]. Diese Konzeption wäre auch steuersystematisch haltbar. Die Einkommensteuer ist eine Personensteuer (§ 1 Abs. 1 EStG). Sie besteuert das individuelle Einkommen des Steuerpflichtigen bzw. der Ehegatten. Einkünfte Dritter, insbesondere Kinder, finden keinen Eingang in die Bemessungsgrundlage[125]. Geht beispielsweise im Falle der Steuerpflicht privater Veräußerungsgewinne das Eigentum an einem nicht zu einem Betriebsvermögen gehörenden Wirtschaftsgut unentgeltlich auf einen Dritten über, so ermöglicht ein nur auf die Entgeltlichkeit der Verfügung abstellendes Realisationsprinzip den steuerfreien Transfer stiller Reserven. Veräußert der Rechtsnachfolger daraufhin den Vermögensgegenstand, so werden bei ihm auch die Wertsteigerungen und stillen Reserven erfaßt, die in der Sphäre des Rechtsvorgängers entstanden sind. Damit wird die Individualprojektion der Einkommensbesteuerung vernachlässigt, die eine der Voraussetzungen progressiver Steuersatzgestaltung ist. Folglich erscheint es methodisch durchaus angezeigt, die Besteuerung der Wertzuwächse spätestens mit dem Ende der physischen Existenz des Steuerzahlers in die Wege zu leiten[126]. Die Bestimmung des § 11 d EStDV würde infolgedessen obsolet[127]. Schließlich findet dieser steuerrechtlich begründete Entwurf Unterstützung in dem finanzwissenschaftlichen Grundsatz, „daß Leistungsfähigkeit stets in bezug auf die Person gesehen werden muß und somit Maßstäbe für steuerliche Leistungsfähigkeit auch an die Lebenszeit von Personen geknüpft werden müs-

---

[124] Von jener Definition geht auch die sog. *Carter*-Kommission zur Reform des Kanadischen Steuersystems, Report of the Royal Commission on Taxation, Volume 3, Taxation of Income, Ottawa 1966, p. 51, 369 f., aus. Siehe dazu auch Gutachten über Probleme und Lösungsmöglichkeiten einer Bodenwertzuwachsbesteuerung, erstattet vom Wissenschaftlichen Beirat beim BdF, Schriftenreihe des BdF Heft 22, Bonn 1976, S. 78 ff.

[125] Das BVerfG erklärte einkommensteuerlich die Haushaltsbesteuerung mit Kindern für verfassungswidrig (Urteil vom 30. Juni 1964, BVerfGE Bd. 18 S. 97 ff.).

[126] Ein Schritt von der derzeitigen Einkommensteuer auf das Jahreseinkommen (§ 2 Abs. 7 EStG) in Richtung einer solchen auf das Lebenseinkommen wäre damit jedoch nicht verbunden, da die periodische Steuerbemessung unangetastet bleiben sollte. Näheres dazu bei *Engels / Mitschke / Starkloff*, Staatsbürgersteuer, herausgegeben vom Karl-Bräuer-Institut des Bundes der Steuerzahler, Heft Nr. 26 der Schriftenreihe, Wiesbaden 1974. Kritisch: *Schneider*, „Staatsbürgersteuer" — ein Schildbürgerstreich, StuW 1974 S. 369 ff. Zur kumulativen Durchschnittsbesteuerung als radikale Ablösung des Prinzips der Abschnittsbesteuerung siehe *Ebnet* (FN 101), S. 189.

[127] Ähnliches ließe sich für die ErbSt postulieren. Zwar sind Erbe und Erblasser verschiedene Steuersubjekte. Wird das Erbe aber bereits um die Einkommensteuer auf den Vermögenszuwachs geschmälert, so sehe ich keinen Grund, die bereits eliminierte Leistungssteigerung substantiell noch weiter abzufangen.

sen"[128]. Beim unentgeltlichen Vermögensübergang zwischen zusammen zur Einkommensteuer zu veranlagenden Ehegatten erscheint es angemessen, die Besteuerung zunächst auszusetzen. Zwar mag man es als Kuriosum werden, daß eine auf die persönliche Leistungsfähigkeit des Steuerpflichtigen ausgerichtete Einkommensteuer gerade in dem Augenblick aktiviert werden soll, in dem der Schenker infolge der Dotation nicht leistungsfähiger, sondern leistungsschwächer, der Erblasser sogar leistungsunfähig wird. Ein fundamentales Novum kann in dieser Konsequenz indes nicht erkannt werden. Dies zeigen zwei Beispiele:

Die auf betriebsfremden Erwägungen beruhende unentgeltliche Übertragung eines Gegenstandes, der zu einem Betriebsvermögen gehört, an einen Dritten wird als Entnahmetatbestand angesehen und führt gegebenenfalls zur Gewinnrealisation, obgleich auch hier eine Verringerung der Leistungsfähigkeit vorliegt.

Beim Zusammenbruch einer Kommanditgesellschaft wird dem Kommanditisten, dessen Kapitalkonto durch Verlustzuweisungen negativ geworden und der gemäß § 167 Abs. 3 HGB nicht zum Ausgleich verpflichtet ist, ein Veräußerungsgewinn zugerechnet[129], obwohl er gerade durch den Konkurs des Unternehmens seiner steuerlichen Leistungsfähigkeit zumindest sektoral verlustig geht.

Mögliche verfassungsrechtliche Bedenken gegen eine definitorische Erweiterung des Realisationstatbestandes auf *jede* Übertragung der Verfügungsmacht könnten auf Art. 14 Abs. 1 GG aufbauen, der das Erbrecht gewährleistet. Nach § 1922 BGB geht das Vermögen als Ganzes auf den Erben über. Eine auf den Todeszeitpunkt terminierte Kapitalgewinnbesteuerung würde das Vermögen mindern und insoweit die vermögensrechtliche Position des Erben gegenüber dem Erblasser schmälern. Andererseits wird das Erbrecht, wie das Eigentum, durch die Sozialbindung begrenzt[130], die auch eine zumutbare Besteuerung rechtfertigt[131].

---

[128] *Wagner*, Einkommensbesteuerung und Inflation — Ein betriebswirtschaftlicher Beitrag zum steuerlichen Einkommensbegriff, StuW 1976 S. 228 ff. (235).

[129] BFH v. 8. März 1973, BStBl. 1973 II S. 398 ff. (400/401); *Herrmann / Heuer* (FN 4), § 16 Anm. 266; *Krah*, Steuerliche Besonderheiten beim Mitunternehmerwechsel, Inf 1961 S. 402 ff. (406); *v. Wallis*, Die steuerliche Behandlung negativer Kapitalkonten von Kommanditisten bei der Einkommens- und Vermögensbesteuerung, DStZ/A 1965 S. 113 ff. (115); *Weißenborn*, Wann ist das negative Kapitalkonto eines Kommanditisten steuerlich anzuerkennen?, DStR 1968 S. 501 f. (502); *a. A.: Littmann* (FN 5), RdNr. 60 a zu § 16; *Siber*, Der negative Kapitalanteil des Kommanditisten, DStZ/A 1955 S. 289 f. (290); *Späth*, Veräußerungsgewinn bei negativem Kapitalkonto des Kommanditisten?, FR 1965 S. 7 ff. (8).

[130] *Maunz / Dürig / Herzog / Scholz*, Grundgesetz, Kommentar, Band I, 4. Aufl., München 1977, Art. 14 RdNr. 43.

[131] Ebd., Art. 14 RdNr. 48 f.

Steuer*politisch* mag es unerwünscht sein, daß infolge der Übertragung eines Unternehmens, entweder unter Lebenden oder im Rahmen der Erbfolge, eine Besteuerung zum faktischen Veräußerungszwang für einen Teil der Produktionsmittel und damit gegebenenfalls zu einer Minderung des Arbeitsplatzangebotes führen kann. Unter Berücksichtigung der erhöhten Abschreibungssubstanz des Rechtsnachfolgers kann in diesen Fällen möglicherweise bereits mit einer mittelfristigen Steuerstundung[132] der dem Arbeitsmarkt drohenden Gefahr ausreichend begegnet werden. Steuer*technisch* wäre für den unentgeltlich übernehmenden Personengesellschafter in gleicher Weise eine Ergänzungsbilanz aufzustellen, wie sie bei entgeltlichen Übertragungen gebildet wird.

ε) Verwirklichte nominale Wertsteigerung

Bestandteil von Veräußerungsgewinnen sind derzeit auch sogenannte Scheingewinne, die lediglich aus einer Aushöhlung des Geldwertes resultieren. Die Steuerreformkommission 1971 verkennt derartige rein nominelle Wertsteigerungen nicht, lehnt jedoch deren steuerrechtliche Korrektur aus ordnungsprinzipiellen Gründen und der Gefahr unüberschaubarer Rückwirkungen auf anderen Gebieten ab[133]. Auch nach Auffassung der Bundesregierung würde eine Differenzierung der Besteuerung nur nach den realen oder nur nach den nominellen Einkommenszuwächsen das Nominalprinzip, auf dem unser gesamtes Steuersystem beruhe, außer Kraft setzen[134].

Dagegen beschreibt *Gemper* das geltende Einkommensteuerrecht als ein Schönwetterrecht, das von der Fiktion ausgehe, daß wirtschaftliche Schönwetterperioden einander ablösten, ohne von anhaltenden Tieflagen unterbrochen zu werden[135]. Der heute veränderten wirtschaftlichen Umwelt habe eine ökonomische Interpretation des Nominalwertprinzips Rechnung zu tragen[136]. Die inflatorische Toleranzgrenze sei aus wirtschaftlicher Sicht erreicht, sobald beim Realvermögen eine Substanzerhaltung gefährdet sei[137]. *Horst Vogel* meint, die Besteuerung von Scheingewinnen mit der Folge, daß die Substanz vermindert werde, liege zweifellos nicht im Sinne des Einkommensteuergesetzes[138]. Ebenso hal-

[132] Entsprechend der in § 28 ErbStG getroffenen Regelung.

[133] Gutachten der Steuerreformkommission 1971 (FN 46), Tz. II/51 f.

[134] Parlamentarischer Staatssekretär beim BdF *Hermsdorf*, Verhandlungen des Deutschen Bundestages, 7. Wahlperiode, Stenographische Berichte Band 82 von der 17. Sitzung am 22. Febr. 1973, S. 783 (B).

[135] Geldentwertung, Nominalwertprinzip und Besteuerung, BB 1972 S. 761 ff. (761).

[136] Ebd., S. 762.

[137] Ebd., S. 763.

[138] Preissteigerungsgewinne bei der Einkommensbesteuerung, BB 1956 S. 32 ff. (32).

ten *Flämig*[139], *Friauf*[140], *Franzen / Meyer / Ziemer*[141] und *v. Arnim / Borell / Schelle*[142] eine Versteuerung bloß nomineller Vermögenswertsteigerungen, zumindest soweit diese ein erhebliches Ausmaß erreichen, weder mit dem Eigentumsschutz des Art. 14 GG noch mit dem Leistungsfähigkeitsprinzip für vereinbar. *Beisse*[143] will den Rechtsgedanken der Sozialbindung sinngemäß berücksichtigen. Folglich bejaht auch er einen Verstoß gegen die Eigentumsgarantie erst bei einem erheblichen Eingriff in die Substanz des jeweiligen Vermögens. *v. Arnim*[144] sieht zwar in der Berücksichtigung der Geldentwertung eine Durchbrechung des Nominalwertprinzips[145]. Unter dem Gebot der Gerechtigkeit hält er eine Anpassung bestimmter steuerlicher Bereiche an die Geldentwertung jedoch für besonders dringlich[146]. *Hartz*[147] spricht sich für eine Ausfilterung der Scheingewinne durch Anpassungsmaßnahmen, unter anderem durch Änderung des Steuertarifs, der Freibeträge und Freigrenzen usw., aus. *Zink*[148] erwägt, für inflationäre Werterhöhungen, die keine reale Steigerung der steuerlichen Leistungsfähigkeit darstellen, in Anlehnung an das dänische Steuerrecht einen Inflationszuschlag auf die Anschaffungskosten und einen pauschalen Freibetrag zu gewähren. Die Rechtsprechung des Bundesfinanzhofs schließt gleichfalls nicht aus, daß eine Geldentwertung infolge des Nominalwertprinzips die Verfassungswidrigkeit einzelner Normen zur Folge haben kann. In concreto lehnte der Bundesfinanzhof, der bislang nur über Streitjahre mit Geldentwertungen weniger schweren Grades zu befinden hatte, eine entsprechend begründete Verfassungswidrigkeit jedoch stets ab[149].

---

[139] Die Berücksichtigung der schleichenden Geldentwertung im Steuerrecht — Ein Versuch, die Folgen der schleichenden Geldentwertung durch steuerliche Maßnahmen auszugleichen —, Steuer-Kongreß-Report 1969 S. 425 ff.

[140] Eigentumsgarantie, Geldentwertung und Steuerrecht, StbJb. 1971/72 S. 425 ff.

[141] Institut FSt. Brief 134: Nominalwertprinzip, Geldentwertung und Besteuerung, Bonn 1973.

[142] Geldentwertung und Steuerrecht, herausgegeben vom Karl-Bräuer-Institut des Bundes der Steuerzahler, Heft Nr. 24 der Schriftenreihe, Wiesbaden 1973.

[143] Geldentwertungsfragen in der Steuerrechtsprechung, Inf 1973 S. 337 ff. (341).

[144] Steuerrecht bei Geldentwertung, BB 1973 S. 621 ff.

[145] Ebd., S. 627.

[146] Ebd., S. 629.

[147] Auswirkungen der Geldentwertung im Steuerrecht und auf die Vermögensbildung — Notwendigkeit und Möglichkeiten eines Ausgleichs, DB 1973 S. 1519 ff. (1526).

[148] StuW 1973 S. 150 ff. (153).

[149] Siehe BFH v. 27. Juli 1967, BStBl. 1967 III S. 690 ff.; BFH v. 24. Mai 1974 II S. 582 f. Das BVerfG hat durch Beschluß vom 19. Dez. 1978, BVerfGE Bd. 50 S. 57 ff., diese Tendenz bestätigt. Kritisch dazu *Klaus Vogel* in seiner Anmerkung zu diesem Beschluß, NJW 1979 S. 1158 f.

Die Anregung von *Schulte*, den status negativus des Art. 14 Abs. 1 GG vom Zweck der Besteuerung her zu klären, hat sich bereits bei der Darstellung der Problematik einer Wertzuwachsbesteuerung als nutzbar erwiesen[150]. Sie kann auch die Erörterung der Nominalwertbesteuerung bereichern. Oben[151] wurde entwickelt, daß der Zweck der Einkommensteuer insoweit extensiv als „Erzielung staatlicher Einnahmen durch leistungsfähigkeitsbezogene Besteuerung" zu verstehen ist. Diese Formel geleitet zu der verfassungsrechtlichen Kernfrage nach dem Leistungsfähigkeitspotential inflationsbedingter Scheingewinne. Nach allgemeiner Ansicht sind Scheingewinne keine realisierten Gewinne[152]. Folglich deckt sich dieser Problemkreis mit jenem einer Besteuerung unrealisierten Wertzuwachses. Die dort gewonnene Erkenntnis, daß die Verletzung des Leistungsfähigkeitsprinzips die Substanzgarantie des Eigentums aushöhlt, gilt hier sinngemäß. Die literarische Diskussion kreist um zwei Pole: Grundrechtsschutz und Nominalismus. Art. 14 GG und das Leistungsfähigkeitsprinzip verlangen eine Freistellung solcher Scheingewinne von der Besteuerung, die sich auf gravierende Steigerungsraten zurückführen lassen. Einer lediglich geringfügig ansteigenden Tendenz der Veräußerungspreise sollte demnach steuerlich nicht Rechnung getragen werden. Davon geht auch *Friauf* aus, der den tiefgreifenden Einbruch in das Einkommensteuerrecht solange zu vermeiden trachtet, wie die augenblickliche Geldentwertungsrate nur eine kurzfristige „Spitze" zeigt[153].

Ob die Polarität tatsächlich so ausgeprägt ist, wie Steuerreformkommission und Bundesregierung darstellen, scheint indes erörterungswürdig. *Eckhardt* bejaht zwar die strukturelle Bedeutung des Nominalprinzips für die Rechtsordnung, insbesondere für das Gefüge des Zivilrechts. Er stellt aber die Frage, inwieweit das Nominalprinzip von den denkbaren Maßnahmen zum rechtlichen Ausgleich der Entwertung überhaupt berührt werde. Schließlich bringe keiner der Freibeträge, keine der Freigrenzen oder Pauschalen des Steuerrechts dieses Prinzip zu Fall[154]. Ebensowenig vermag *Müller*[155] einzusehen, warum ein Anpassen des Steuertarifs und der Freibeträge, wie dies in einer ganzen Reihe von Staaten Westeuropas bereits geschehe[156] — *Müller* nennt Dänemark, die Niederlande und Luxemburg[157] — das Nominalwertprinzip verlet-

[150] Vgl. in diesem Abschnitt oben C. I. 2. a) aa) δ).

[151] Ebd.

[152] Vgl. *Tipke*, Steuerrecht (FN 65), S. 213 f. m. w. N.

[153] StbJb. 1971 S. 425 ff. (448).

[154] Steuer und Geldwertschwund, DStR 1973 S. 487 ff. (492).

[155] Inflation und Steuern, Steuer-Kongreß-Report 1975 S. 373 ff.

[156] Auf einen Abriß über steuerliche Maßnahmen zur Berücksichtigung der Inflation im Ausland trifft man bei *Franzen / Meyer / Ziemer*, Institut FSt. Brief 134 (FN 141).

[157] Steuer-Kongreß-Report 1975 S. 373 ff. (388).

zen solle[158]. Auch nach *Tipkes* Auffassung verstößt die Eliminierung bloß nomineller Vermögenswertsteigerungen (denen allerdings auch bloß nominelle Vermögenswertschmälerungen gegenüberstehen können) nicht gegen das Nominalprinzip[159]. Bereits dem geltenden Recht sind bestimmte Bemühungen nicht fremd, Scheineinkommen steuerlich zu neutralisieren. Von entsprechenden gesetzgeberischen Initiativen zeugen zum Beispiel §§ 6 b[160], 6 c EStG[161], § 74 EStDV[162]. Währungspolitische Gesichtspunkte sind, soweit ersichtlich, gegen diese Projekte noch nicht ins Feld geführt worden und vermögen meines Erachtens auch nicht, eine Auseinandersetzung erfolgreich zu bestreiten. Somit kann konstatiert werden, daß Pseudo-Veräußerungsgewinne auf die steuerliche Leistungsfähigkeit nicht einwirken und demnach von der Besteuerung isoliert werden sollten, soweit sie unter verfassungsrechtlichem Blickwinkel erheblich sind.

bb) Tatbestände der Wertminderung

α) *Verlustrealisation aufgrund Veräußerung, Entnahme oder Aufgabe*

Verluste aus Veräußerungsgeschäften unterscheiden sich von Veräußerungsgewinnen nur im arithmetischen Vorzeichen[163]. Auf das bereits für die Fälle der Gewinnrealisierung Gesagte kann somit sinnentsprechend verwiesen werden. Auch bezüglich der Veräußerungsverluste kann einkommensteuerrechtlich demnach keine Unterscheidung danach in Betracht kommen, welcher Einkunftsart der Vermögensgegenstand vor der Veräußerung, der Entnahme oder der Aufgabe der Tätigkeit zuzuordnen war[164]. Verstirbt der rentenberechtigte Veräußerer, bevor die Rentenzahlungen die Höhe der fortgeführten Anschaffungskosten erreicht haben, so ist im Veranlagungszeitraum des Todes die Differenz als Veräußerungsverlust auszugleichen[165].

β) *Totalverlust*

Der Totalverlust eines Wirtschaftsgutes, das der Einkünfteerzielung dient, unterscheidet sich von dessen Abnutzung nur quantitativ. Somit bestehen keine Bedenken, in diesem Falle die fortgeführten Anschaf-

[158] Ebd., S. 385.

[159] Steuerrecht (FN 65), S. 213.

[160] Zur Begründung siehe *Herrmann / Heuer* (FN 4), § 6 b Anm. 2.

[161] Ebd., § 6 c Anm. 1.

[162] Ebd., § 6 Anm. 87 a.

[163] Gl. A. *Krause-Nehring* (FN 52), S. 213.

[164] Ähnlich: Gutachten zur Reform der direkten Steuern, erstattet vom Wissenschaftlichen Beirat beim BdF (FN 59), S. 26.

[165] Zum gleichen Ergebnis bei betrieblicher Veräußerung vgl. *Jansen / Wrede*, Renten, Raten, Dauernde Lasten, 6. Aufl., Herne/Berlin 1976, S. 84 f.

fungs- oder Herstellungskosten in gleicher Weise wie einen Restbuchwert einkünftemindernd zu behandeln.

γ) Abnutzung und Substanzverringerung

Die Gleichbehandlung der zur Einkünfteerzielung eingesetzten Wirtschaftsgüter hat sich weiterhin auf den sachlichen Geltungsbereich der Abschreibungen zu erstrecken[166]. Diese umfassen sowohl die Absetzung für Abnutzung als auch die Absetzung für Substanzverringerung[167]. Schon derzeit gilt § 7 EStG für alle Einkunftsarten[168]. Lediglich degressive Absetzungen sind vom Werbungskostenabzug ausgeschlossen[169]. Demzufolge ist es auch bei wirtschaftlich verbrauchten Gebäuden, die zum Privatvermögen gehören, zulässig, den steuerlichen Restwert wegen außerordentlicher technischer oder wirtschaftlicher Abnutzung abzusetzen[170].

§ 6 Abs. 2 EStG erleichtert Unternehmern die Bewertung sogenannter geringwertiger Wirtschaftsgüter. Das sind abnutzbare Mobilien, deren Anschaffungs- oder Herstellungskosten 800 DM nicht übersteigen. Zur Vermeidung einer Ungleichheit gestattet die Finanzverwaltung auch Nichtunternehmern, solche Aufwendungen im Jahr ihrer Verausgabung in voller Höhe als Werbungskosten abzusetzen (Abschn. 84 a EStR). Ein Besteuerungsverfahren, das die privaten Veräußerungsgewinne einbezieht, hätte auch hier auf einer formellen Rechtsgleichheit auf der Ebene eines Gesetzes im materiellen Sinne zu bestehen.

δ) Sonstige Fälle unrealisierter Wertminderung

*Handels*rechtlich können bei Gegenständen des *Anlage*vermögens außerplanmäßige Abschreibungen oder Wertberichtigungen vorgenommen werden, um die Gegenstände mit dem niedrigeren Wert, der ihnen am Abschlußstichtag beizulegen ist, oder mit dem niedrigeren Wert, der für Zwecke vom Einkommen und vom Ertrag für zulässig gehalten wird, anzusetzen. Sie sind vorzunehmen bei einer voraussichtlich dauernden Wertminderung (§ 154 Abs. 2 Satz 1 AktG). Gegenstände des

---

[166] Gleicher Meinung: *Altorfer* (FN 18), S. 170 ff.; a. A. *Höhn* (FN 59), S. 279.

[167] Der RegE eines Dritten Steuerreformgesetzes, Gesetzentwurf der BReg vom 8. Jan. 1974, BT-Drucks. 7/1470, beabsichtigte eine Umbenennung in „Abschreibungen" (Begründung zu §§ 33 - 37 RegE, S. 258/262).

[168] *Herrmann / Heuer* (FN 4), § 7 Anm. 3. Deshalb erscheint mir der Rechtsspruch des BFH v. 28. Okt. 1977, BStBl. 1978 II S. 151 f., Arbeitsmittel i. S. d. § 9 Abs. 1 Satz 3 Nr. 6 EStG nicht in die Vereinfachungsregelung des Abschn. 43 Abs. 10 Satz 3 EStR 1969 einzubeziehen, nicht so recht einsichtig. So neuerdings auch BdF v. 25. Aug. 1978 (IV B 6 — S 2354 — 10/78 II), BStBl. 1978 I S. 384.

[169] § 9 Abs. 1 Satz 3 Nr. 7 i. V. m. § 7 Abs. 2, 3 EStG.

[170] BFH v. 6. Okt. 1961, StRK EinkStG § 7 R. 83; BFH v. 15. Okt. 1965, StRK EinkStG § 9 Sätze 1 und 2 R. 319.

*Umlauf*vermögens sind mit dem Börsen- oder Marktpreis anzusetzen, soweit dieser feststellbar und niedriger als die Anschaffungs- oder Herstellungskosten ist (§ 155 Abs. 2 AktG). Eine auf vernünftiger kaufmännischer, prospektiver Beurteilung beruhende Minderbewertung ist ebenso gestattet wie die Herabführung auf steuerlich zulässige Wertansätze (§ 155 Abs. 3 AktG). Auch *steuer*rechtlich sind diese Vorschriften, die Grundsätze ordnungsmäßiger Buchführung konkretisieren[171], zu beachten (§ 5 Abs. 1 EStG). Neben diesen handelsrechtlich-derivativen existieren spezifisch steuerrechtliche Normierungen[172] jenes sogenannten *Niederstwertprinzips*[173]. § 6 Abs. 1 Nr. 1 Satz 2, Nr. 2 Satz 2 EStG lassen bei Gewinnermittlung durch Bestandsvergleich ein Herabgehen auf den niedrigeren Teilwert zu.

Eine Einbeziehung der Werterhöhung sämtlicher der Einkünfteerzielung dienenden Gegenstände in den Einkünftekatalog könnte entsprechende Maßnahmen zur Berücksichtigung der Wertminderung auch nichtbetrieblicher Vermögensgegenstände bedingen. Damit würde das sogenannte Imparitätsprinzip (= Prinzip der Ungleichheit) über das unternehmerische Areal hinaus Verbreitung erfahren. Das Imparitätsprinzip[174] beinhaltet ein *Verbot* des Ausweises unrealisierter Gewinne (Realisationsprinzip) und das *Gebot*, unrealisierte Verluste auszuweisen[175]. Es beruht im wesentlichen auf dem Grundsatz, daß der Kaufmann vorsichtig zu bewerten habe[176]. Es ist ein Grundsatz finanzieller Vorsorge. Daher spricht man auch von einem Vorsichtsprinzip[177]. Die Pflicht zum Ausweis unrealisierter Verluste dient ebenso wie das Verbot der Vereinnahmung unrealisierter Gewinne der Erhaltung des Nominalkapitals und damit auch dem Gläubigerschutz[178]. Nun böte die ökonomische causa des Imparitätsprinzips Anlaß, im Wege des Um-

---

[171] Die Entwicklung der Meinungsbildung ist zu verfolgen bei *Herrmann / Heuer* (FN 4), § 6 Anm. 16.

[172] Zum Verhältnis der handelsrechtlichen zu den steuerlichen Bewertungsgrundsätzen siehe ebd., § 6 Anm. 5.

[173] *Leffson*, Die Grundsätze ordnungsmäßiger Buchführung, 2. Aufl., Düsseldorf 1970, läßt nur die Wortwahl „Niederstwert*vorschrift*" gelten (S. 289). Der diesen Vorschriften zugrunde liegende Gedanke kann jedoch durchaus als „Prinzip" benannt werden.

[174] *Littmann* (FN 5), RdNr. 23 zu § 6, benennt es „Disparitätsprinzip".

[175] *Wacker* (FN 66), Stichwort „Imparitätsprinzip".

[176] *Dahl*, Die Aktivierung der Sachanlagegüter in Handels- und Steuerbilanz, Köln und Opladen 1959, S. 21; *Littmann* (FN 5), RdNr. 23 zu § 6. Dagegen sieht *Leffson* (FN 173), S. 211 f., in dem Imparitätsprinzip keinen Grundsatz zur Bewertung von Sachgütern. Vielmehr deutet er es als Bewertungsregel antizipierter negativer Erfolgsbeiträge (ebd., S. 260 ff.).

[177] *Helmut Koch*, Die Problematik des Niederstwertprinzips, WPg 1957 S. 1 ff., 31 ff. (31).

[178] *Adler / Düring / Schmaltz*, Rechnungslegung und Prüfung der Aktiengesellschaft, Handkommentar, Band 1 Rechnungslegung, Stuttgart 1968, § 149 Tz. 77.

kehrschlusses die Ausdehnung auf Wirtschaftsgüter des Privatvermögens abzuwehren, da für diese kein kaufmännisches Vorsichtsprinzip Bedeutung erlangt. Wenn jedoch die Steigerung der einkommensteuerlichen Leistungskraft durch nichtrealisierte Vermögenszuwächse mit der höheren Beleihungsfähigkeit eines Vermögensgegenstandes bewiesen wird[179], dann läßt sich eine nichtrealisierte Wertminderung als Korrelat steuerlichen Leistungsschwundes begreifen. Demzufolge wäre auch bei den nichtbetrieblichen Einkünften das Imparitätsprinzip beachtenswert.

Salditt belegt, daß Chancen und Risiken nicht gleichwertig seien, auch wenn das rechnerisch den Anschein haben sollte. Vor diesem Hintergrund ordne sich das Imparitätsprinzip deckungsgleich dem Realisationsgedanken ein[180]. Diese Wertung beschränkt sich nicht auf betriebliches Vermögen. Schließlich bedeutet auch für den Privatier eine Wertsteigerung lediglich die Möglichkeit, zu einem bestimmten Zeitpunkt einen höheren Erlös zu erzielen. Läßt er diesen Termin ungenutzt verstreichen, so ist ungewiß, ob nicht damit die Gelegenheit der Gewinnrealisierung vollends vertan ist. Wertminderungen sind dagegen bereits faktische Gegebenheit, wobei das vormalige Niveau nur die Hoffnung des Anlegers nähren kann, das Rad der (Preis-)Geschichte möge sich zurückdrehen. Somit könnte es dem Gebot relativer Gleichheit (Art. 3 Abs. 1 GG) entsprechen, nichtrealisierte Wertsteigerungen zunächst freizustellen, nichtrealisierte Wertminderungen des einkommensteuerlich bedeutsamen Privatvermögens jedoch bereits in die Einkünfteermittlung einzubeziehen.

Bei den nichtbetrieblichen Einkunftsarten sind Einkünfte der Überschuß der Einnahmen über die Werbungskosten, dessen Berechnungsmethode der betrieblichen Überschußrechnung entspricht. Jene erleichterte Form der Gewinnermittlung läßt den Wert des Betriebsvermögens grundsätzlich unangetastet. Zwar sind die Vorschriften über die Absetzung für Abnutzung oder Substanzverringerung zu befolgen. Darüber hinaus gehender Wertverzehr wirkt sich aber erst bei Veräußerung oder Entnahme eines Wirtschaftsgutes als Betriebsausgabe aus. Die mit der Steuerpflicht privater Kapitalgewinne zu schließende Lücke im System des Einkommensteuerrechts macht es nicht erforderlich, auch außerhalb der unternehmerischen Sphäre einen Vermögensvergleich anzustellen. Wenn die Überschußrechnung zur steuerlichen Erfassung betrieblicher Veräußerungsgewinne genügt, so kann für private Gewinne nichts Entgegenstehendes gelten. Diese Äquivalenz ist auch für die Frage nach der Behandlung unrealisierter Wertminderungen von Bedeutung. Die Überschußrechnung des § 4 Abs. 3 EStG läßt eine Abschreibung auf den niedrigeren Wert nicht zu[181]. Die Existenzberechtigung der Überschuß-

[179] Vgl. FN 97.

[180] *Salditt* (FN 121), S. 73.

rechnung leitet sich aus ihrer anwendungstechnischen Einfachheit her. Daraus resultiert der Verzicht auf die Beachtung anderer als laufender und realisierter Wertminderungen. Teilwertabschreibungen gingen auf Kosten des beabsichtigten Vereinfachungseffektes. Entsprechendes ist für die nichtunternehmerische Überschußrechnung anzumerken. Im Interesse der Praktikabilität außerbetrieblicher Einkünfteermittlung ist von einer steuerlichen Berücksichtigung aperiodischer Wertminderungen, die nicht auf einem endgültigen Ausscheiden aus dem Einkünfteverbund beruhen, abzusehen.

b) Die steuerliche Behandlung von Wirtschaftsgütern, die der privaten Verwendung dienen

Wird ein Wirtschaftsgut veräußert, das bis zum Zeitpunkt der Eigentumsaufgabe nicht zur Erzielung von Einkünften im Sinne des § 2 Abs. 1 EStG bestimmt war, so ist von einem Überschuß keine Einkommensteuer abzuführen, ebensowenig wie ein etwaiger Veräußerungsverlust eines Gegenstandes, der die Lebenshaltung des Verbrauchers fördert, die Steuer zu mindern imstande wäre. An dieser Stelle wird deutlich, daß die Übernahme der nordamerikanischen Methode[182] in das deutsche Recht nicht angezeigt wäre. Die Konzeption der Einkommensbesteuerung in den USA besteht in einer Normierung der Reinvermögenszugangstheorie[183]. Sec. 61 a IRC 1954 zählt die steuerpflichtigen Einkunftsarten nicht erschöpfend, sondern lediglich beispielhaft auf, so daß sämtliche betrieblichen und privaten Veräußerungsgewinne der capital gains tax unterliegen. Abgesehen davon, daß der Einkommensbegriff des Einkommensteuergesetzes nicht so umfassend angelegt ist wie der des IRC, wäre es aus Gründen der strengen Scheidung von Einkünfteerzielung und Einkommensverwendung im deutschen Einkommensteuerrecht nicht systemkonsequent, den Katalog des § 2 Abs. 1 EStG auf Einkünfte aus der Veräußerung von Gegenständen des privaten Gebrauchs zu erweitern[184].

Aus dem gleichen Grunde eignet sich die Regelung des art. 10 de la loi n° 76 - 660 du 19 juillet 1976[185] insoweit nicht allgemein für eine Transformation in das Einkommensteuergesetz, als sie neben den privaten Veräußerungen von Gold und anderen Edelmetallen auch die von

---

[181] BFH v. 24. Nov. 1955, BStBl. 1956 III S. 38 ff. (39); *Herrmann / Heuer* (FN 4), § 4 EStG Anm. 91 [3]; *Segebrecht*, Wechsel der Gewinnermittlungsarten, 2. Aufl., Herne/Berlin 1974, S. 34/35.

[182] Vgl. in diesem Abschnitt oben B. II.

[183] *Debatin*, Der Einkommensbegriff im Steuerrecht der USA im Lichte der Rechtsvergleichung, StuW 1958 Sp. 305 ff. (310, 314); *Mennel*, DStZ/A 1973 S. 89.

[184] Gleicher Ansicht *Lang* (FN 59), S. 155 FN 62.

[185] Siehe FN 54.

Schmuck, Kunstobjekten, Sammlungsgegenständen und Antiquitäten zur Annäherung an die steuerlich voll erfaßten Veräußerungen von Betriebsvermögen mit einer Pauschalabgabe belegt. Als vorbildlich für eine strenge Unterscheidung von Einkünfteerzielung und Einkommensverwendung kann dagegen art. 4 II de la loi n° 76 - 660 angesehen werden, der eine sachliche Befreiung der Veräußerungsgewinne von der Pauschalbesteuerung für solche Grundstücke vorsieht, die der Steuerpflichtige in den letzten fünf Jahren selbst bewohnte. Denn das Bewohnen eines eigenen Grundstücks ist ein Vorgang, der der Konsumsphäre angehört[186]. Es dient ebensowenig der Erzielung von Einkünften wie der haushaltsmäßige Einsatz eines anderen Gegenstandes. Dies übersieht *Altorfer*[187], wenn er der Differenzierung von Einkommensbildung und Einkommensverwendung nur bei beweglichen Wirtschaftsgütern Bedeutung beimißt, da die unbeweglichen zwangsläufig nur im Bereich der Einkommensbildung möglich seien.

c) Die steuerliche Behandlung von Wirtschaftsgütern, die sowohl der Einkünfteerzielung als auch der Einkommensverwendung dienen

aa) Die Ausgangslage

Manche Wirtschaftsgüter haben eine Doppelfunktion. Sie dienen sowohl der Einkünfteerzielung als auch der Einkommensverwendung. Bei ihnen liegt es nicht auf der Hand, in welcher Weise Wertveränderungen zu erfassen sind. Deutet man die Rechtsprechung des Bundesfinanzhofs aus, der bei mangelnder leichter und einwandfreier Aufteilbarkeit von Aufwendungen in einen betrieblichen und in einen privaten Anteil die partielle betriebliche Abzugsfähigkeit versagt[188], so ist noch nicht einmal offenkundig, ob realisierte Wertveränderungen gemischtgenutzter Vermögensgegenstände überhaupt steuerlich zu erfassen wären. Die Problematik ist nicht völlig neu. Schließlich gedeiht sie nicht nur auf dem Feld nichtbetrieblicher Vermögenszuwächse. In der derzeitigen Gesetzeslage kommt sie bei Wirtschaftsgütern zum Ausdruck, die zum Teil dem Betrieb, zum Teil der privaten Lebensführung zuordbar sind. Die bereits dazu vorliegenden Erkenntnisse lassen sich auch hier verwerten.

bb) Der Unteilbarkeitsgedanke

Mit der Begründung, ein unteilbarer, gleichzeitig nicht verschiedenartig nutzbarer Gegenstand könne nicht teilweise zum Betriebsvermö-

---

[186] Gutachten der Steuerreformkommission 1971 (FN 46), Tz. II/208.

[187] *Altorfer* (FN 18), S. 195.

[188] BFH v. 19. Okt. 1970, BStBl. 1971 II S. 17 ff.; BFH v. 19. Okt. 1970, BStBl. 1971 II S. 21 ff.

gen und teilweise zum Privatvermögen gehören und sei deshalb bilanzmäßig nur als ein Ganzes zu behandeln, wird eine Teilaktivierung des unternehmerisch genutzten Anteils an einem Wirtschaftsgut von der herrschenden Meinung[189] abgelehnt. Dient ein auch privat genutzter Vermögensgegenstand dem Betrieb und ist dessen betriebliche Funktion nicht von nur untergeordneter Bedeutung, so soll insgesamt Betriebsvermögen vorliegen[190]. Die laufende Nutzungsentnahme ist gewinnerhöhend zu erfassen[191]. Wird das Wirtschaftsgut veräußert, so ist der Erlös in vollem Umfang Betriebseinnahme. Eine Kürzung um den Anteil, der der arithmetischen Relation der privaten zur gesamten Verwendung entspricht, kommt steuerlich nicht in Betracht[192]. Eine Ausnahme von dieser auf eine Einheitstheorie zurückgehenden Praxis wird für Grundstücke vertreten. *Hoffmann*[193] sieht ein Gebäude als ein rechtlich beachtliches, wertmäßig bedeutendes Wirtschaftsgut an, dessen Unterteilung auch wirtschaftlich verständlich erscheine. *Littmann*[194] erläutert die Sonderbehandlung mit der realen Nebeneinanderbenutzung verschiedener Grundstücksteile, die keine Seltenheit sei. Der Bundesfinanzhof sieht in der wirtschaftlich möglichen Zerlegung und Nutzung einzelner Teile, zum Beispiel von Stockwerken, beachtliche wirtschaftliche oder steuerliche Gründe für eine Aufteilung[195]. Die in Abschn. 14 EStR ausführlich dargelegte Verwaltungsansicht folgt dieser Rechtsprechung.

cc) Die Separierungsidee

Es fragt sich, ob gemischtgenutzten Grundstücken in der Tat die Besonderheit anhaftet, die eine Differenzierung gegenüber anderen Wirtschaftsgütern rechtfertigt, oder ob sich nicht statt dessen die „Ausnahme" als regeltauglich erweisen kann. *Littmann* sieht in der Aktivierung nur des betrieblich genutzten Anteils eines Wirtschaftsgutes eine der verschiedenen zulässigen Modalitäten der Lösung eines nicht ganz einfachen

---

189 *Barske*, Aufteilung des Erlöses aus dem Verkauf eines auch privat genutzten Personenkraftwagens?, DStZ/A 1955 S. 91 f.; *Grass*, Wandlungen im Bilanzsteuerrecht, DB 1962 S. 281 ff. (282); *Hartmann / Böttcher / Grass*, Großkommentar zur Einkommensteuer, Stuttgart 1974, Anm. 27 b (3) zu §§ 4, 5; *Herrmann / Heuer* (FN 4), § 4 Anm. 6 b.

190 *Herrmann / Heuer*, ebd.; *Littmann* (FN 5), RdNr. 245, 255 zu §§ 4, 5.

191 *Littmann*, ebd., RdNr. 350 f. zu §§ 4, 5.

192 BFH v. 24. Sept. 1959, BStBl. 1959 III S. 466 ff. m. w. N., Abschn. 13 a Abs. 3 EStR 1975; *Tipke*, Das Kraftfahrzeug im Steuerrecht, Stuttgart 1959, S. 56.

193 Anm. zu der Entscheidung des BFH IV 38/58 U vom 24. 9. 1959, FR 1960 S. 268 f. Die rechtliche Haltbarkeit dieser Begründung zweifeln *Herrmann / Heuer* (FN 4), § 4 Anm. 11 a [1], indes an.

194 *Littmann* (FN 5), RdNr. 275 zu §§ 4, 5.

195 BFH v. 13. März 1964, BStBl. 1964 III S. 455 ff. (457).

Problems[196]. Mit der Aufteilung des einheitlichen Wirtschaftsgutes Grundstück sei verwirklicht, was im Grunde und von Rechts wegen auch bei allen anderen Wirtschaftsgütern als durchaus mit dem Gesetz in Einklang stehend erscheine[197]. *Raben* bezichtigt die herrschende Meinung, einem betriebswirtschaftlichen Irrtum zu erliegen[198] und bejaht ebenfalls eine Teilaktivierung[199]. Er verweist darauf, daß auch der Bruchteil (zum Beispiel Teileigentum) selbständig bewertungsfähig sei. Als Ursache der unzulässigen begriffsjuristischen Gedankenverknüpfung, von der *gegenständlichen* Unteilbarkeit, zum Beispiel eines Kraftfahrzeugs, auf dessen *bilanzsteuerliche* Unteilbarkeit zu schließen, vermutet er psychologische Hindernisse[200]. Auch *Kaatz* sieht nichts rechtlich Beachtliches, das einer Teilaktivierung, wie bei Grundstücken, entgegenzusetzen wäre[201]. Diese Wertung halte ich für überzeugend. Ob ein Wirtschaftsgut gleichzeitig oder zeitlich nachfolgend zur Einkünfteerzielung und zur Lebensführung verwendet werden kann[202], stellt kein durchschlagendes Differenzierungskriterium dar. Ungeachtet dessen ermöglichen auch übrige Wirtschaftsgüter unterschiedliche Nutzbarmachungen in zeitlicher Parallele. Man denke hier nur an einen Steuerzahler, der mit seinem Pkw zugleich sowohl die Einkommensteuer- und die Vermögensteuererklärung als auch die Umsatzsteuer- und die Gewerbesteuererklärung zum Finanzamt bringt. Die Hürde erscheint deshalb auch mir stärker emotional als argumentatorisch gezimmert.

dd) Das Praktikabilitätsbedürfnis

Auf einem anderen Blatt steht, wie auch *Raben* erkennt[203], die Frage der Praktikabilität einer Aufteilung. *Kaatz* sieht die Schwierigkeiten darin, daß wegen des nicht von vornherein bestimmbaren betrieblichen Anteils ein vielfacher Wechsel in der Einlage- und Entnahmerechnung notwendig werde. Er empfiehlt deshalb, eine Teilaktivierung auf die Fälle zu beschränken, in denen die betriebliche Anteilsnutzung einigermaßen konstant ist[204].

Aus dem Vorschlag, die Wertzuwachsbesteuerung neu zu regeln, erwächst das Bedürfnis nach deren Handhabbarkeit. Die exakte Lokali-

[196] *Littmann* (FN 5), RdNr. 255 zu §§ 4, 5.

[197] Ebd., RdNr. 275 zu §§ 4, 5.

[198] Bilanzsteuerrechtliche Behandlung eines gemischtgenutzten Kraftfahrzeuges, FR 1962 S. 422 ff. (422).

[199] Ebd., S. 423.

[200] Ebd., S. 424.

[201] Anm. zur Entscheidung des BFH IV 19/55 U vom 12.5.1955, FR 1956 S. 63 f. (64).

[202] Vgl. FN 194.

[203] FR 1962 S. 422 ff. (424).

[204] FR 1956 S. 63 f. (64).

sierung der Nutzungsverhältnisse bei *Grundstücken* erleichtert die Schätzung. Einer Aufteilung in vermietete und zu eigenen Wohnzwecken genutzte Grundstücksteile dürfte demnach nichts entgegenstehen. Für *Mobilien*, deren private Verwendung schwankungsabhängig erscheint, ist die Wahl einer vereinfachenden Methode anzuregen. Diese könnte sich an die Rechtsprechung des Bundesfinanzhofs zur steuerlichen Behandlung gemischtgenutzter Wirtschaftsgüter bei der Gewinnermittlung nach § 4 Abs. 3 EStG anlehnen[205]. Ist die betriebliche Nutzung eines Vermögensgegenstandes größer als 50 vom Hundert, so ist dieser notwendiges Betriebsvermögen. In den übrigen Fällen wird er, da der Überschußrechnung die Kürung von Betriebsvermögen fremd ist, in vollem Umfang als notwendiges Privatvermögen angesetzt[206]. Als brauchbare Abweichung von der Spezialregelung für Grundstücke, die in Wirklichkeit eine allerdings nicht umfassend realisierungsfähige Generalregel verkörpert, bietet sich folgende Abgrenzung an: Dient das Wirtschaftsgut überwiegend der Einkünfteerzielung, so ist die Absetzung für Abnutzung vom Gesamtbetrag der Anschaffungs- oder Herstellungskosten vorzunehmen. Die private Verwendung erfüllt einen Entnahmetatbestand. Maßstab der Nutzung bildet die Nutzungseinheit[207]. Eine Veräußerung spielt sich insgesamt in der Sphäre der Einkünfteerzielung ab. Ein Gewinn ist innerhalb der entsprechenden Einkunftsart zu erfassen, ein Verlust mindert die steuerliche Bemessungsgrundlage. Liegt der Nutzeffekt des Wirtschaftsgutes überwiegend oder zumindest gleichrangig auf der Ebene der Einkommensverwendung, so entfällt die Zurechnung zu einer Einkunftsart. Veräußerungsgewinne und -verluste sind hier einkommensteuerlich irrelevant.

d) Die steuerliche Behandlung von Wirtschaftsgütern bei Änderung der Nutzung

aa) Transfer innerhalb derselben Einkunftsart

Die derzeitige Gesetzesformulierung läßt es offen, ob die Überführung eines Wirtschaftsgutes aus einem Betrieb in einen anderen Betrieb desselben Steuerpflichtigen als einkommensteuerrechtlicher Entnahmetatbestand anzusehen ist. Dementsprechend ist Raum für verschiedene Lösungsvarianten, den die Literatur nicht brachliegen ließ und durch Ausgangsbegriffe wie „enger", „weiter" und „mittlerer Betriebsbegriff"

---

[205] Dadurch würde auch eine weitere Angleichung betrieblicher und privater Einkunftsermittlung herbeigeführt.

[206] BFH v. 13. März 1964, BStBl. 1964 III S. 455. Hinsichtlich der Umsatzbesteuerung des Eigenverbrauchs eines Kleinunternehmers (§ 19 UStG) nimmt der BFH eine Zugehörigkeit des Gegenstands zum Unternehmen nur an, wenn die nichtunternehmerische Nutzung nicht mehr als 25 v. H. beträgt (BFH v. 19. April 1979, BStBl. 1979 II S. 420 f.).

[207] *Raben*, FR 1962 S. 422 ff. (424).

markierte[208]. Die Rechtsprechung des Bundesfinanzhofs sieht in einem derartigen Wechsel keine Entnahme[209]. Eine Ausnahme von diesem Grundsatz macht sie für den Fall, daß eine Unterlassung steuerlicher Folgerungen zur endgültigen Nichterfassung stiller Reserven führen könnte[210]. Die vorgeschlagene Neuregelung der Erfassung der Wertveränderungen in sämtlichen Einkunftsarten vermag hier keine besonderen Probleme aufzuwerfen. Erfährt ein Wirtschaftsgut innerhalb derselben Einkunftsart eine Einsatzänderung, so bleibt dieser Vorgang auf die steuerliche Leistungsfähigkeit ohne Einfluß. Von einkommensteuerlichen Schlüssen ist deshalb grundsätzlich abzusehen.

bb) Transfer innerhalb verschiedener Einkunftsarten

Soweit ersichtlich, besteht in Schrifttum und Rechtsprechung eine einheitliche Tendenz, bei einer Überführung von Wirtschaftsgütern innerhalb von Betrieben verschiedener Einkunftsarten die Aufdeckung stiller Reserven zumindest insoweit als entbehrlich anzusehen, als deren spätere Besteuerung gesichert bleibt[211]. Bei einer durchgreifenden Besteuerung der Veräußerungsgewinne im Rahmen des § 2 Abs. 1 Nr. 1 bis 7 EStG könnte demzufolge ein Transfer über die Grenzen zweier Einkunftsarten hinweg ohne steuerliche Auswirkung bleiben. Hinsichtlich der Einkommensteuer wird dadurch die Gleichmäßigkeit der Besteuerung nicht in Frage gestellt. Jedoch kann, trotz grundsätzlich selbständiger Ermittlung des Gewerbeertrags[212], der aus § 7 GewStG ableitbare Annexmechanismus der Gewerbeertragsermittlung von einkommensteuerrechtlichen Vorschriften eine abweichende Beurteilung rechtfertigen. Die Einkommensteuerkommission 1964 glaubt es aus Vereinfachungsgründen in Kauf nehmen zu können, wenn die stillen Reserven bei der Überführung von gewerblichem Betriebsvermögen in den Bereich einer anderen (nicht gewerblichen) Einkunftsart nur von der Einkommensteuer, nicht aber mehr von der Gewerbesteuer erfaßt werden[213]. Eine solche Befreiungsmaßnahme halte ich indes mit dem Erfordernis für unvereinbar, die Gleichmäßigkeit auch der Gewerbesteuerfestsetzung zu gewährleisten. Zwar mag eine Abschaffung der Gewerbesteuer durchaus als

---

[208] Zur Vertiefung m. w. N. sei auf *Herrmann / Heuer* (FN 4), § 4 Anm. 42 b, verwiesen.

[209] BFH v. 7. Febr. 1964, BStBl. 1964 III S. 328 f. (329).

[210] BFH v. 22. Mai 1969, BStBl. 1969 II S. 584 ff. (585); BFH v. 22. Mai 1969, BStBl. 1969 II S. 586. Diese Entscheidungen ergingen zur VOL. Im Falle der verfassungsrechtlich gebotenen Abschaffung des § 13 a EStG erschöpfte sich die Problematik insoweit.

[211] Nachweise bei *Herrmann / Heuer* (FN 4), § 4 Anm. 42 b [10].

[212] Abschn. 39 Abs. 1 Satz 2 GewStR.

[213] Untersuchungen zum Einkommensteuerrecht — Bericht der Einkommensteuerkommission —, Schriftenreihe des BdF Heft 7, Bonn 1964, S. 89/90.

rechtlich wünschenswerte Maßnahme erscheinen[214]. Solange sie existiert, ist das Gleichheitsgebot jedoch zu beachten.

Bei einer durch die Aufgabe eines Betriebs (§ 16 Abs. 3 EStG) ermöglichten Überführung von Wirtschaftsgütern in das Gebiet einer anderen Einkunftsart kann mangels Zugehörigkeit des Aufgabegewinns zum Gewerbeertrag (Abschn. 39 Abs. 3; 40 Abs. 1 Ziff. 1 GewStR) auf dessen Einkommensbesteuerung verzichtet werden. In den übrigen Fällen des Abgangs oder Zugangs bei gewerblichem Betriebsvermögen dürfte sich aus gewerbesteuerlichen Gründen eine genaue Feststellung des Transaktionsgewinns als unumgänglich erweisen. Aus Billigkeitsgründen böte es sich an, gegebenenfalls die anfallende Einkommensteuer aufzuschieben. Auch wäre es denkbar, lediglich für Zwecke der Gewerbesteuer eine Sonderberechnung durchzuführen.

cc) Transfer aus dem Bereich der Einkünfteerzielung in den der Einkommensverwendung (Entnahme)

Die Übernahme von Vermögensgegenständen aus der Sparte der Einkünfteerzielung in die der Einkommensverwendung wird nach der vorgestellten inhaltlich erweiterten Definition als Entnahmetatbestand charakterisiert. Auf das dazu bereits Ausgeführte[215] kann somit verwiesen werden.

dd) Transfer aus dem Bereich der Einkommensverwendung in den der Einkünfteerzielung (Einlage)

Als Einlagetatbestand neuer Prägung ist dementsprechend die Einführung eines bisher der Lebenshaltung dienenden Gegenstandes in eine Einkunftsart zu benennen.

II. Ausgewählte Spezialproblematiken im Rahmen der nichtbetrieblichen Einkunftsarten

Um nun mit den gewonnenen Erkenntnissen nicht auf dem Trockenen der Theorie hocken zu bleiben, soll, nachdem die Grundzüge des Systems herausgearbeitet sind, versucht werden, über den abstrakten Bezug der Ausführungen hinaus den Nachweis praktischer Brauchbarkeit zu erbringen. Da sich für die unternehmerischen Einkünfte generell nichts ändern wird[216], ist es ausreichend, den Test auf die nichtbe-

---

[214] Zur Kritik siehe: *Tipke*, Steuerrecht (FN 65), S. 324 f.; Bund der Steuerzahler, Wie lange noch Gewerbesteuer?, Wiesbaden 1971; Gutachten der Steuerreformkommission 1971 (FN 46), Tz. VIII/122 ff.

[215] Siehe in diesem Abschnitt oben C. I. 2. a) aa) *β*).

[216] Von einer gesonderten Besprechung des § 13 Abs. 2 Nr. 2 EStG kann hier abgesehen werden. Insoweit gelten die Feststellungen zu § 21 Abs. 2 EStG sinngemäß.

trieblichen Einkünfte zu beschränken. Das methodische Vorgehen wird sich nach der enumerativen Reihenfolge der nichtunternehmerischen Einkunftsarten richten.

1. Wertveränderungen von Wirtschaftsgütern, die der Erzielung von Einkünften aus nichtselbständiger Arbeit (§ 19 EStG) dienen

a) Das beruflich genutzte Kraftfahrzeug

aa) Die Maßgeblichkeit der Verwendungsanteile

Realisierte Wertveränderungen eines nichtselbständig beruflich verwendeten Pkw wären grundsätzlich in gleicher Weise einkommensteuerrechtlich relevant wie solche eines selbständig beruflich eingesetzten Kraftfahrzeugs. Der Praktikabilitätsregel folgend wären diese Wertveränderungen nur zu erfassen, wenn der private Nutzungsanteil geringer zu veranschlagen ist als derjenige, der der Einkünfteerzielung dient[217]. Darin liegt keine generelle Besonderheit gegenüber betrieblichen Einkünften. Ermittelt der Unternehmer seinen Gewinn nicht durch Bestandsvergleich, sondern mittels der Überschußmethode, so ergibt sich die gleiche Auswirkung wie bei Nichtunternehmern.

bb) Der Einfluß der Abzugsbegrenzung des Kfz-Aufwands (§ 9 Abs. 1 Nr. 4 EStG)

Aufwendungen des Arbeitnehmers für Fahrten zwischen Wohnung und Arbeitsstätte mit einem eigenen Kraftfahrzeug werden nur bis zur Höhe von —,36 DM für jeden Entfernungskilometer als Werbungskosten anerkannt[218]. Die Beschränkung der Abzugsfähigkeit negiert indes nicht die einkünfteerzielende Funktion des Kraftfahrzeugs. Wird dieses veräußert, so setzt die Steuerfreiheit eines Veräußerungsgewinns eine der beruflichen mindestens gleichwertige private Nutzung voraus. Bei den Einkünften aus nichtselbständiger Arbeit würde damit tendenziell das gleiche gelten wie bei unternehmerischen Einkünften. Der Veräußerungserlös eines bislang zum Betriebsvermögen gehörigen Kraftfahrzeugs ist in voller Höhe Betriebseinnahme. Die auf § 9 Abs. 1 Nr. 4 EStG verweisende Abzugsbegrenzung des § 4 Abs. 5 Nr. 6 EStG für Fahrten zwischen Wohnung und Betriebsstätte schafft hier keine partielle Steuerfreiheit.

---

[217] Vgl. in diesem Abschnitt oben C. I. 2. c) dd).

[218] Die Verfassungsmäßigkeit ist bestätigt durch BVerfG v. 2. Okt. 1969, BVerfGE Bd. 27 S. 58 ff.; gleicher Ansicht *Herrmann / Heuer* (FN 4), § 4 Anm. 51 l.

cc) Das eigene Kraftfahrzeug bei Dienstreisen

Besteht die berufliche Verwendung des Pkw nur in Fahrten zwischen Wohnung und Arbeitsstätte, so wird sie in der Regel die Höhe des privaten Nutzungsanteils nicht erreichen. Etwas anderes kann für die Fälle gelten, in denen der Arbeitnehmer mit dem eigenen Kraftfahrzeug Dienstreisen (Abschn. 25 Abs. 8 LStR) in erheblichem Umfang ausführt. Die Fahrten zwischen Wohnung und Arbeitsstätte sind mit den Dienstreisen zusammenzurechnen und der Gesamtjahresfahrleistung gegenüberzustellen. Überwiegt der berufliche Anteil, so ist eine realisierte Wertveränderung des Pkw im Rahmen des § 19 EStG zu erfassen. Falls der Arbeitnehmer Aufwendungen für Dienstreisen als Werbungskosten geltend macht, könnte eine wirksame Kontrolle der Nutzungsanteile durch die Angabe der Kilometerstände am Anfang und Ende des Veranlagungszeitraums erzielt werden.

b) Das Arbeitszimmer im eigenen Haus

Aufwendungen eines Arbeitnehmers für die ausschließlich berufliche Nutzung eines Zimmers seiner Wohnung bilden Werbungskosten[219]. Der Werbungskostenabzug wird auch aufrechterhalten, wenn das Arbeitszimmer Bestandteil des eigenen Hauses oder der Eigentumswohnung ist. In diesen Fällen ist die anteilige Absetzung für Abnutzung[220] als Werbungskosten bei den Einkünften aus nichtselbständiger Arbeit vorzunehmen[221]. Da die Nutzungsverhältnisse leicht und einwandfrei feststellbar sind, ist im Fall der Realisierung einer Wertveränderung der betragsmäßige Anteil der beruflichen Nutzung bei den Einkünften im Sinne des § 19 EStG entsprechend zu berücksichtigen.

2. Wertveränderungen von Wirtschaftsgütern, die der Erzielung von Einkünften aus Kapitalvermögen (§ 20 EStG) dienen

a) Anteile an einer Kapitalgesellschaft

Die de lege ferenda vorgeschlagene Besteuerung verwirklichter Kapitalvermögensänderungen wird in gewisser Weise bereits durch die §§ 17, 23 EStG praktiziert.

---

[219] Vgl. die Darstellung bei *Herrmann / Heuer* (FN 4), § 9 Anm. 36 m. w. N.

[220] Zum Aufteilungsmaßstab bei gemischter Nutzung eines § 7 b-Objekts mit Anschaffungskosten von mehr als 150 000 bzw. 200 000 DM siehe das Beispiel bei *Herrmann / Heuer*, ebd., § 7 b Anm. 131.

[221] Vgl. das Urteil des BFH v. 27. Jan. 1972, BStBl. 1972 II S. 526 ff., das zwar den Fall einer teilweise freiberuflichen Nutzung würdigt. Für eine unselbständig ausgeübte Tätigkeit gilt jedoch insoweit nichts Abweichendes.

aa) Die derzeitige Charakterisierung des Gewinns aus der Veräußerung von Anteilen an einer Kapitalgesellschaft (§ 17 EStG) als Einkünfte aus Gewerbebetrieb

§ 17 Abs. 1 EStG weist Gewinne aus der Veräußerung von Anteilen an einer Kapitalgesellschaft, die im Privatvermögen gehalten werden, wegen ihrer wirtschaftlich großen Nähe zu Mitunternehmerschaften[222] fiktiv[223] den Einkünften aus Gewerbebetrieb zu, wenn der Veräußerer innerhalb der letzten fünf Jahre am Kapital der Gesellschaft wesentlich beteiligt war und die innerhalb eines Veranlagungszeitraums veräußerten Anteile (Aktien, GmbH-Anteile, Kuxe, Genußscheine oder ähnliche) eins vom Hundert des Kapitals der Gesellschaft übersteigen. Als „wesentlich" in diesem Sinne wird eine Beteiligung angesehen, wenn der Veräußerer an der Gesellschaft zu mehr als einem Viertel unmittelbar oder mittelbar beteiligt war.

bb) Die derzeitige Besteuerung der Einkünfte aus Spekulationsgeschäften (§§ 22 Nr. 2; 23 EStG) mit Wertpapieren

Die Veräußerung von Wertpapieren, dem in der Praxis häufigsten Spekulationsgegenstand[224], und anderen Wirtschaftsgütern, die der Erzielung von Einkünften aus Kapitalvermögen dienen, sieht § 23 EStG als sogenannte Spekulationsgeschäfte an, wenn entweder der Zeitraum zwischen Anschaffung und Veräußerung nicht mehr als sechs Monate beträgt (§ 23 Abs. 1 Nr. 1 b EStG) oder die Veräußerung früher erfolgt als der Erwerb (§ 23 Abs. 1 Nr. 2 EStG). Außer Ansatz bleiben die Einkünfte aus der Veräußerung bestimmter Schuld- und Rentenverschreibungen (§ 23 Abs. 2 Nr. 1 EStG) sowie von Forderungen, die in ein inländisches öffentliches Schuldbuch eingetragen sind (§ 23 Abs. 2 Nr. 2 EStG).

Ungeachtet der etymologischen Definition, die eine „Spekulation" als bewußtes Eingehen eines Risikos in der Erwartung begreift, daß der Einsatz einen überdurchschnittlichen Erfolg erbringen wird[225], mangelt es heute dem Begriff Spekulationsgeschäft an einer „normativen Bedeutung im Sinne eines subjektiven Tatbestandsmerkmals"[226].

---

[222] Vgl. den Abdruck der Gesetzesbegründung bei *Strutz*, Kommentar zum Einkommensteuergesetz vom 10. August 1925, Zweiter Band, Berlin 1929, § 30 Anm. 2, S. 372.

[223] *Fröhling*, Zur Frage der Verfassungswidrigkeit des § 17 EStG, Düsseldorf 1964, S. 15.

[224] *Herrmann / Heuer* (FN 4), § 23 Anm. 7.

[225] *Brockhaus-Enzyklopädie*, Siebzehnter Band, 17. Aufl., Wiesbaden 1973.

[226] *Herrmann / Heuer* (FN 4), § 23 Anm. 2.

cc) Unvereinbarkeit der geltenden Rechtslage mit Gleichmäßigkeits- und Leistungsfähigkeitsprinzip

§§ 17, 23 EStG bewirken eine Gleichstellung privater und unternehmerischer Kapitalgewinne nur hinsichtlich der aufgezeigten, eng umgrenzten Tatbestände. Im übrigen sind die privaten Veräußerungsgewinne nicht steuerbar. Das Bundesverfassungsgericht hat die „Nähe" einer wesentlichen Beteiligung zur Geschäftsführung der Gesellschaft sowie ihren möglichen Einfluß auf die Ausschüttungs- und Rücklagenpolitik bei der Gesellschaft einschließlich der Entscheidungen über Kapitalerhöhungen als bereits ausreichende Gründe für die verfassungsrechtliche Unbedenklichkeit des § 17 EStG gewürdigt[227]. Hinzu käme die regelmäßige Zahlung eines Paketzuschlages. Damit sei es unbedeutend, daß in anderen Fällen summenmäßig viel höhere Veräußerungsgewinne steuerfrei blieben[228]. Nach Ansicht *R. Thiels* stellt die Regelung als Vereinfachungsmaßnahme[229] ein ausgewogenes Mittelmaß dar[230]. Den sachlich einleuchtenden Grund für die ungleiche Behandlung vergleichbarer Veräußerungsgewinne[231] durch § 23 EStG sieht das Bundesverfassungsgericht in einer gesetzgeberischen Gestaltungsfreiheit, Gewinne aus der Veräußerung von Gegenständen des Privatvermögens nur dann als „Einkünfte" zu qualifizieren, wenn sie innerhalb verhältnismäßig kurzer Zeit erzielt worden seien[232].

Im dritten Kapitel wurde bereits hergeleitet, daß gleichheitssatzbezogene Wertungen einkommensteuerrechtlicher Normen vor dem Hintergrund des Leistungsfähigkeitsprinzips abzuspulen sind, soweit nicht im Einzelfall andere Intentionen des Gesetzgebers eine Abweichung bedingen. Die vom Bundesverfassungsgericht § 17 EStG zugeschriebenen Kriterien vermögen auf das Maß der steuerlichen Leistungsfähigkeit des Veräußerers einer wesentlichen Beteiligung nur insoweit einen besonderen Einfluß gegenüber der eines an dieser Gesellschaft wirtschaftlich geringer Engagierten auszuüben, als der Veräußerungserlös durch sie nicht nur absolut, sondern infolge eines außerordentlichen Zuschlages auch relativ heraufgesetzt würde. Bei gradliniger Fortführung solcher verfassungsgerichtlicher Argumentation dürfte lediglich dieser Differenzbeitrag einkommensteuerlich erfaßt werden. Setzt man indes das Leistungsfähigkeitsprinzip als Primärmaxime, so zeigt sich die enge Bandbreite des § 17 EStG als inkonsequent und unzureichend[233].

---

[227] BVerfG v. 7. Okt. 1969, BVerfGE Bd. 27 S. 111 ff. (128).

[228] Ebd., S. 130.

[229] Veräußerung von Anteilen an Kapitalgesellschaften, Der systematische Gehalt des § 17 des Einkommensteuergesetzes, BB 1965 S. 452 ff. (454).

[230] Ebd., S. 455.

[231] BVerfG v. 9. Juli 1969, BVerfGE Bd. 26 S. 302 ff. (312).

[232] Ebd., S. 313.

[233] Zur gleichen Ansicht siehe Schrifttumsnachweise in FN 47.

Sieht man die Spekulation in eine gewisse Amoralität des Spekulanten eingebettet[234], der unter Ausnutzung von Insider-Informationen, seines wirtschaftlichen Weitblicks oder aufbauend auf bloße Hoffnung auf eine kurzfristig sprunghafte Preisentwicklung des Spekulationsobjektes andere übervorteilt, so mag man die Rechtfertigung des § 23 EStG im Emotionalen suchen. Eine Gemütsbewegung ist aber kein geeigneter steuerrechtlicher Wegweiser. Da § 23 EStG inzwischen auch vom subjektiven Tatbestandsmerkmal der Spekulationsabsicht bereinigt ist[235], hat lediglich der Grundsatz der Besteuerung nach der Leistungsfähigkeit bestimmendes Merkmal der Beurteilung zu sein. Die Steuerpflicht eines Veräußerungsgewinns setzt dessen Realisierung voraus. Die quantitative Bewertung der Leistungsfähigkeit geschieht mittels einer unmittelbar auf den Veräußerungszeitpunkt bezogenen, damit von der bisherigen Besitzdauer losgelösten Momentaufnahme. Diese porträtiert die augenblickliche steuerliche Potenz, der der Haltezeitraum des Veräußerungsgegenstandes nicht adäquat sein kann[236]. Somit sind die Tatbestandsmerkmale des § 23 Abs. 1 EStG, die zu einer kalendarischen Subsumtion nötigen, mit der Richtschnur der Besteuerung nach der individuellen Leistungsfähigkeit nicht in Einklang zu bringen[237]. Da das Leistungsfähigkeitsprinzip die Grundlage richtigen verfassungsrechtlichen Vergleichens ist, bringt die Fristenlösung auch die Gleichmäßigkeit der Besteuerung außer Tritt. Unter Berufung auf den Gleichheitssatz wird darüber hinaus von *Hecht* die Verfassungswidrigkeit der Verlustausschlußklausel des § 23 Abs. 4 Satz 3 EStG geltend gemacht[238]. Aus dem Blickwinkel einer pur leistungsfähigkeitsorientierten Besteuerung kann seiner Kommentierung zugestimmt werden.

dd) Konsequenzen des eigenen Vorschlages

Die Besteuerung der Veräußerungsgewinne, die im Rahmen der privaten Einkunftsarten anfallen, wäre ausschließlich auf die individuelle Leistungsfähigkeit fixiert. Dadurch wäre die Gleichheit in zweierlei Hinsicht hergestellt: Zum einen zu den betrieblichen Einkünften, zum anderen innerhalb der privaten Einkunftsarten. Für systemwidrige Ein-

---

[234] In diesem Sinne etwa *R. Thiel*, BB 1965 S. 452 ff. (452), der vermutet, § 23 EStG werde offenbar als eine gegen „Börsenjobber" und „Grundstücksspekulanten" gerichtete Sondersteuer akzeptiert. *Fuisting*, Die Einkommensbesteuerung der Zukunft in Anknüpfung an das Preußische Einkommensteuergesetz, Berlin 1903, S. 24, sieht den einzigen Grund für die höhere Besteuerung des Spekulanten in dem Obwalten der Spekulationsabsicht.

[235] Zum Schicksal der Spekulationsabsicht siehe *Herrmann / Heuer* (FN 4), § 23 Anm. 36 m. w. N.

[236] A. A. *Höhn* (FN 59), S. 274 f., der die Steigerung der Leistungsfähigkeit in einem umgekehrt proportionalen Verhältnis zur Länge der Besitzdauer sieht.

[237] In gleichem Sinn *Tipke*, StuW 1971 S. 2 ff. (11).

[238] Die AG 1975 S. 70 ff. (75/76).

schränkungen, auch für die Fiktion der Gewerblichkeit in § 17 EStG, wäre kein Raum. § 17 EStG würde völlig, § 23 EStG weitgehend entbehrlich[239]. Zudem würde den Bedenken *Hechts* durch die Berücksichtigung von Wertminderungen Rechnung getragen.

b) Beteiligung an einem Handelsgewerbe als stiller Gesellschafter

§ 20 Abs. 1 Nr. 4 EStG deklariert Einnahmen aus der Beteiligung an einem Handelsgewerbe als stiller Gesellschafter zu Einkünften aus Kapitalvermögen. Hat der stille Gesellschafter vereinbarungsgemäß einen Verlust zu tragen, mindert sich *mittelbar* der Wert der Einlage. In Höhe des Verlustes liegen Werbungskosten vor, die die steuerliche Bemessungsgrundlage senken. Wird die Vermögenseinlage des Stillen jedoch *unmittelbar*, zum Beispiel durch Konkurs oder Vergleich des Unternehmers, betroffen, so ist de lege lata ein Abzug nicht zugelassen. Abweichendes gilt für die Fälle der sogenannten atypischen stillen Beteiligung, bei denen der Gesellschafter als Mitunternehmer im Sinne des § 15 Abs. 1 Nr. 2 EStG anzusehen ist, sowie der Zugehörigkeit der Beteiligung zu einem Betriebsvermögen des Stillen[240]. Die Erweiterung der Kapitalgewinnbesteuerung machte zwar eine Abgrenzung der typischen von der atypischen stillen Gesellschaft nicht obsolet. Den einkommensteuerrechtlichen Folgerungen wäre aber durch vollständigen Verlustabzug eine weitgehende materielle Gleichstellung garantiert.

c) Darlehensverluste

Private Darlehensverluste sind derzeit ebensowenig relevant wie übrige Veränderungen im Bestand oder Wert[241] des Kapitalvermögens. Darin liegt im Verhältnis zum Betriebsvermögen eine Ungleichmäßigkeit, die nur zum Teil als gerechtfertigt erscheint. *Verzinsliche* Privatdarlehen dienen der Einkünfteerzielung. Wird das Darlehen nicht zurückgezahlt, versiegt eine Einkommensquelle. Der Verlust vermindert die steuerliche Leistungsfähigkeit substanziell. Er wäre bei der Ermittlung der Einkünfte abzusetzen. Die Hingabe eines privaten, *unverzinslichen* Darlehens erfolgt dagegen nicht mit der Zielsetzung, Einkünfte zu schaffen. Sie wird regelmäßig durch verwandtschaftliche oder besondere freundschaftliche Gründe bestimmt sein. Der Verlust eines derartigen

---

[239] Vereinnahmte Gewinne aus der zu Spekulationszwecken unternommenen Veräußerung von Wertpapieren, Forderungen, Renten usw., abzüglich etwaiger Verluste bei derartigen Geschäften, galten bereits früher als Einkommen aus Kapitalvermögen (§ 12 PrEStG 1891, PrGS 1851 S. 193 ff.).

[240] Siehe dazu *Paulick*, Handbuch der stillen Gesellschaft, 2. Aufl., Köln 1971, S. 331.

[241] *Herrmann / Heuer* (FN 4), § 20 Anm. 53, mit weiteren Fallkonstellationen.

Darlehens ist ein nichtabzugsfähiger Verlust im Bereich der privaten Lebensführung.

d) Edelmetalle und Edelsteine

Gewinne aus der privaten Veräußerung von Barren und Münzen aus Edelmetallen sowie ungefaßten Edelsteinen stellen sich de lege ferenda als besteuerungswürdige Substrate dar[242]. Zweckmäßigerweise sollten sie als Einkünfte aus Kapitalvermögen angesehen werden.

3. Wertveränderungen von Wirtschaftsgütern, die der Erzielung von Einkünften aus Vermietung und Verpachtung (§ 21 EStG) dienen

a) Das geltende Recht und seine Kritik

In der sensiblen literarischen Erörterung ranken sich in der Hauptsache drei Problemkreise um Immobilien, deren laufende Nutzung durch § 21 EStG besteuert wird: die Spekulationsfristen bei der Veräußerung von Grundstücken, die Klassifizierung der Gewinne aus der Veräußerung mehrerer Eigentumswohnungen als gewerbliche Einkünfte sowie die Nutzungswertbesteuerung.

aa) Spekulationsgeschäfte mit Grundstücken

Gewinne, die durch Veräußerung nichtbetrieblicher Grundstücke und grundstücksgleicher Rechte[243] erzielt werden, deren Verkauf binnen zweier Jahre nach der Anschaffung erfolgt[244], unterliegen als Spekulationsgeschäfte der Einkommensteuer (§§ 22 Nr. 2; 23 EStG). Die Argumente, aus denen sich die rechtlichen Bedenken gegen eine zeitlich eng begrenzte Erfassung der privaten Wertpapierveräußerungen ableiten[245], treten auch bei der auf zwei Jahre ausgedehnten Besteuerung der Grundstücksgewinne zutage. Leistungsfähigkeits- und Gleichmäßigkeitsprinzip verlangen, die derzeitige Haltefrist aufzugeben. Soweit die Kritik eine nicht terminierte Erfassung für technisch undurchführbar hält, wird zumindest verlangt, die Veräußerungsgewinnbesteuerung auf einen erheblich längeren Zeitraum zu erstrecken[246].

---

[242] Siehe in diesem Abschnitt oben C. I. 1.

[243] Als Beispiele grundstücksgleicher Rechte nennt § 23 Abs. 1 Nr. 1 a EStG Erbbaurecht, Erbpachtrecht, Mineralgewinnungsrecht. Auch das Wohnungseigentum ist hier anzusiedeln (vgl. BFH v. 11. Aug. 1967, BStBl. 1967 III S. 685 f.).

[244] Die Spekulationsfrist bemißt sich nach dem obligatorischen Rechtsgeschäft, die Gewinnverwirklichung nach der dinglichen Verfügung. Siehe dazu *Herrmann / Heuer* (FN 4), § 23 Anm. 6 und 38.

[245] Vgl. in diesem Abschnitt oben C. II. 2. a) cc).

[246] Gutachten zur Reform der direkten Steuern, erstattet vom Wissenschaftlichen Beirat beim BdF (FN 59), S. 24 f.; Gutachten der Steuerreform-

bb) Veräußerung mehrerer Grundstücke als Gewerbebetrieb

Die Diskussion kreist weiterhin um die Frage, unter welchen Voraussetzungen die Veräußerung mehrerer privater Grundstücke oder Eigentumswohnungen die nicht immer einfach auszumachende Grenze von der Vermögensverwaltung zum Gewerbebetrieb überschreite. Dem *Bundesfinanzhof*[247] wird — meines Erachtens mit Recht — vorgehalten, den Gewerbebetriebsbegriff zu überdehnen und dadurch manche derartigen Sachverhalte gefühlsmäßig zu Unrecht als gewerblichen Grundstückshandel zu qualifizieren, obgleich zur Vermögensverwaltung auch die Vermögensumschichtung, insbesondere auch die Vermögensveräußerung gehört[248].

cc) Selbstnutzung der Wohnung im eigenen Haus als Fiktion einer Einkünfteerzielung

Die Selbstnutzung der Wohnung im eigenen Haus unterliegt nach § 21 Abs. 2 EStG der Einkommensteuer. Bei Einfamilienhäusern und Eigentumswohnungen[249] ist als Grundbetrag für den Nutzungswert 1 vom Hundert des maßgebenden Einheitswertes des Grundstücks anzusetzen (§ 21 a EStG). Schuldzinsen, die mit der Selbstnutzung wirtschaftlich zusammenhängen, sind bis zur Höhe des Grundbetrages ab-

---

kommission 1971 (FN 46), Tz. II/98 ff.; Gutachten über Probleme und Lösungsmöglichkeiten einer Bodenwertzuwachsbesteuerung, erstattet vom Wissenschaftlichen Beirat beim BdF (FN 124), S. 125; *Figel* (FN 74), S. 138; *Krause* (FN 107), S. 114; *Mönter / Ziemer*, Zur Besteuerung der Bodenwertsteigerungen, Institut FSt. Brief 141, Bonn 1973, S. 32 ff.; *Tipke*, StuW 1971 S. 2 ff. (11); *ders.*, Die dualistische Einkünfteermittlung nach dem Einkommensteuergesetz (FN 18), S. 399; *ders.*, Steuerrecht (FN 65), S. 177 m. w. N. in FN 104. Abseits der Phalanx der Kritiker bewegt sich das Karl-Bräuer-Institut, Der Weg zu einem zeitgemäßen Steuersystem (FN 46), S. 159 f., das sich zu der Spekulation berufen fühlt, „eine derartige Regelung würde nicht ein Mehr, sondern ein Weniger an Steuergerechtigkeit bringen".

[247] Vgl. z. B. die Entscheidungen v. 20. Dez. 1963, BStBl. 1964 III S. 137 f. und v. 17. Jan. 1973, BStBl. 1973 II S. 260 f.

[248] *Bähr*, Vermögensverwaltung oder Gewerbebetrieb bei privater Errichtung, Vermietung und/oder Veräußerung von Kaufeigenheimen und Eigentumswohnungen, DStR 1969 S. 617 ff.; *Herrmann / Heuer* (FN 4), § 15 Anm. 13 a [2]; *Hofbauer*, Zur Abgrenzung von Vermögensverwaltung und Gewerbebetrieb, BB 1969 S. 666 ff.; *Littmann*, Zur Abgrenzung der gewerblichen von der nicht gewerblichen Vermögensverwaltung in der Einkommen- und Gewerbesteuer, DStZ/A 1962 S. 357 ff.; *Parczyk*, Die tatbestandsmäßige Zuordnung von Lebenssachverhalten unter eine der sieben Einkunftsarten des geltenden Einkommensteuerrechts ein Qualifikations-, kein Quantifizierungsproblem, StuW 1967 Sp. 723 ff.; *Tipke*, Grundstücksveräußerungen im Steuerrecht — Gewerbebetrieb oder Vermögensverwaltung?, Köln 1974; *Thoma*, Wer ist gewerblich tätig im Sinne des Einkommen- und Gewerbesteuerrechts?, BB 1968 S. 1239 ff.

[249] Eigentumswohnungen stehen bewertungsrechtlich Einfamilienhäusern (§ 75 Abs. 1 Nr. 4 BewG) gleich (*Rössler / Troll / Langner*, Bewertungsgesetz und Vermögensteuergesetz, Kommentar, 11. Aufl., München 1977, Erl. 5 zu § 93).

zuziehen (§ 21 a Abs. 3 EStG). Darüber hinaus können gegebenenfalls erhöhte Absetzungen nach § 7 b EStG Berücksichtigung finden. Die Selbstnutzung von Eigentum ist dem Einkommensteuergesetz im allgemeinen als Einkunftsquelle fremd[250]. Gegen die Besteuerung des Nutzungswertes[251] wird geltend gemacht, das Einfamilienhaus diene nicht der Einkünfteerzielung, sondern dem Wohnen. Das Wohnen sei Bestandteil der Konsumsphäre. Die Besteuerung der Wohnungsnutzung sei mit der Systematik des Einkommensteuerrechts unvereinbar, das übrige Eigennutzungen außer Ansatz lasse. Eine gesteigerte Leistungsfähigkeit des Einfamilienhauseigentümers sei nur bei schulden- und tilgungsfreien Objekten festzustellen. Aus all diesen Erwägungen heraus hätten andere Staaten (zum Beispiel Österreich, Frankreich, Großbritannien, USA, Kanada) von der Nutzungswertbesteuerung bereits Abstand genommen[252]. Auch gegen die Begrenzung des Schuldzinsenabzugs werden Bedenken angemeldet[253].

Als Einkommen im Sinne des Einkommensteuerrechts kann nicht jede beliebige Vermögenssteigerung angesehen werden. Einkommen setzt vielmehr einen (externen) Güterzufluß voraus (§ 8 Abs. 1 EStG). Dem Steuerpflichtigen, der sein Einfamilienhaus selbst bewohnt, ist es möglich, sein Vermögen um den Betrag des eingesparten Mietaufwandes zu konservieren. Diese mittelbare Erhöhung ist kein Zufluß, somit kein Einkommen. Setzt man bei der Leistungsfähigkeitskomponente der Selbstnutzung an, so mag eine Gleichsetzung von Einnahmen und ersparten Ausgaben nicht von vornherein als ungerechtfertigt erscheinen. Bevor auf eine solche systemtragende Grundwertung zurückzugreifen ist, hat man sich jedoch zu versichern, ob das Einkommensteuergesetz überhaupt die richtige Adresse eines Verwendungstatbestandes sein kann. Die Verwendung des Einkommens läßt die Basis der Steuerbemessung grundsätzlich unbeeinflußt. Folglich ist es systemwidrig, Aufwandsersparnis als Einkünfteerzielung zu fingieren.

---

[250] BFH v. 31. Jan. 1969, BStBl. 1969 II S. 294.

[251] In der das BVerfG keine verfassungsrechtlichen Bedenken sieht (Entscheidung v. 3. Dez. 1958, BVerfGE Bd. 9 S. 3 ff.).

[252] Für einen Verzicht auf die Besteuerung des Nutzungswertes treten z. B. ein: Gutachten der Steuerreformkommission 1971 (FN 46), Tz. II/217; *Faut*, Zur Frage der Besteuerung der Nutzung von Wohnraum durch den Eigentümer als Einkommen, StuW 1961 Sp. 285 ff.; *Flume*, Die Einkommensbesteuerung des Nicht-Unternehmers und die Steuerreform, DB 1972 S. 205 ff.; *Gielen*, Zur Steuerreform, Die Einkommensteuer, Institut FSt. Heft 100 Bd. 4, Bonn 1974, S. 98 f.; *Grube*, Der einkommensteuerrechtliche Nutzungswert der Wohnung im eigenen Haus, StuW 1974 S. 211 ff.; *Eberhard Schmidt*, Reformierte Einfamilienhaus-Besteuerung?, FR 1972 S. 229 ff.; *Tipke*, StuW 1971 S. 2 ff. (15/16); *ders.*, Steuerrecht (FN 65), S. 166 f. Siehe auch *Franz Klein*, Gleichheitssatz und Steuerrecht, Köln 1966, S. 140/145.

[253] *Zehendner*, Der Nutzungswert der Wohnung im eigenen Einfamilienhaus, BB 1974 S. 1158 ff. (1161).

Die isolierte Hereinnahme des selbstbewohnten Einfamilienhauses in die Einkünfteaufzählung kann nicht damit verteidigt werden, daß eine umfassende Nutzungswertbesteuerung zur Uferlosigkeit anschwellen und damit dem Praktikabilitätsprinzip widerstreben würde. An der individuellen Leistungsfähigkeit des Selbstbenutzers gemessen ist die Verwendung sämtlicher Wirtschaftsgüter gleich zu behandeln. Somit greift die einseitige Erfassung des Wohnnutzens auch den Grundsatz der Gleichmäßigkeit der Besteuerung an.

b) Problemeliminierende Effekte der Neuordnung

Bei der vorhergehenden Kurzfassung ging es vorrangig nicht darum, zu den bekannten Problemen eigene Beiträge zu formulieren. Das Anliegen war vielmehr darauf gerichtet, Unzulänglichkeiten, denen der Nenner mangelnder Rückführbarkeit auf differenzierende Erzielungs- und Verwendungskriterien gemeinsam ist, zusammenzustellen. Damit sollte die Grundlage geschaffen werden, zu untersuchen, ob und inwieweit von dem systematischen Ansatz des Neugestaltungsvorschlages problemeliminierende Wirkungen auszugehen vermögen.

aa) Verzicht auf systemwidrige Sondertatbestände

Die Überwindung der dualen Methode bewirkt, die rechtliche Beurteilung von Wertveränderungen privater Grundstücke der betrieblichen Übung anzugleichen. Realisierte Gewinne aus nichtunternehmerischer Veräußerung sind in voller Höhe den Einkünften aus Vermietung und Verpachtung zuzuordnen. Verluste werden gleichfalls uneingeschränkt abgezogen. Dem subsidiären Tatbestand des § 23 EStG bleibt somit kaum noch Raum. Da sich die extensive Auslegung des Begriffs „Gewerbebetrieb“ durch den Bundesfinanzhof dem Anschein fiskalischen Gepräges ausgesetzt hat, stünde zu erwarten, daß eine erweiterte Erfassung privater Grundstücksgewinne durch das Einkommensteuerrecht eine Zurückbesinnung auf den begrifflichen Kerngehalt fördern könnte, so daß mit der Vermutungslehre[254] (zu Lasten der Vermögensverwaltung) aufgeräumt und eine unbefangene Wertung einsetzen würde. Mit der tatbestandlichen Ausdehnung des § 21 EStG auf Veräußerungsgewinne und -verluste wäre inzidenter eine Entscheidung gegen eine gesonderte Abschöpfung des Bodenwertzuwachses gefällt, die mit einkommensteuerrechtlichen Grundzügen ohnehin nicht übereinstimmen würde.

---

[254] Wie im Urteil v. 20. Dez. 1963, BStBl. 1964 III S. 137 f. (138), entwickelt.

bb) Irrelevanz der Veräußerung eines selbstgenutzten Grundstücks oder Wohnungseigentums

Das Bewohnen eines eigenen Hauses ist Konsum, ist Einkommensverwendung, ist nicht Einkünfteerzielung. Der Vermögensgegenstand „selbstbewohntes Einfamilienhaus" kann deshalb nur Bestandteil der Verwendungssphäre sein. Daraus ergibt sich die Konsequenz, einer Steuer auf das Einkommen den Zugriff auf das Einfamilienhaus zu versagen[255]. Was für die laufende Nutzung gilt, betrifft in gleicher Weise den Fall der Vermögenssteigerung oder -einbuße am Objekt selbst. Veräußerungsgewinne und -verluste wären einkommensteuerlich irrelevant. Ausfluß dieser systembezogenen Neutralität wäre weiterhin ein Verzicht auf erhöhte Absetzungen nach § 7 b EStG[256].

cc) Zur Frage technischen Flankenschutzes

Gegen die zeitlich nicht begrenzte Erfassung der Veräußerungsgewinne von Grundstücken ist der Einwand erhoben worden, dem Privaten könne keine längere Aufbewahrung seiner Anschaffungsbelege zugemutet werden als dem bilanzierenden Kaufmann. Deshalb sei mit einer Frist von etwa acht Jahren die Grenze des Zumutbaren erreicht[257]. In der Tat begrenzen § 147 AO, § 44 HGB die Aufbewahrungsfristen. Die unternehmerische Veräußerungsgewinnbesteuerung funktioniert somit nur bei Fortführung der Bilanzansätze. Da die Anschaffungs- oder Herstellungskosten eines Gebäudes Bemessungsgrundlage für die Absetzung für Abnutzung sind, können jedoch weder für den Bürger noch für die Verwaltung technische Erschwernisse darin gesehen werden, mittels einer AfA-Liste die fortgeführten Anschaffungs- oder Herstellungskosten festzuhalten. Auch die Anlage V zur Einkommensteuer-Erklärung könnte die Angabe des letztjährigen und des nunmehr um die Absetzung für Abnutzung verminderten Wertes fordern. Auf die ursprünglichen Anschaffungskosten kommt es schließlich zur Feststellung der Höhe des Veräußerungsgewinns ohnehin nicht an.

---

[255] Zumindest systematisch unbedenklich wäre es dagegen, die Nutzung mit einer Steuer auf die Einkommensverwendung zu belasten.

[256] Falls die „innenpolitische Wetterlage" eine Beibehaltung der finanziellen Förderung von Eigenheimbesitzern unabdingbar macht, so ist der (ehrlichere) Weg über eine offene Subvention zu wählen (ebenso: Gutachten der Steuerreformkommission 1971 [FN 46], Tz. II/216), deren Beharrungsvermögen auch nicht so stark ausgeprägt ist wie das verdeckter Steuervergünstigungen.

[257] So: Gutachten der Steuerreformkommission 1971, ebd., Tz. II/99 ff.; Institut FSt. Brief 141 (FN 246), S. 32 f.

4. Wertveränderungen von Wirtschaftsgütern, die der Erzielung sonstiger Einkünfte (§ 22 EStG) dienen

a) Untergang eines Rentenstammrechts

Bleiben einzelne Rentenzahlungen aus, so vermindert sich lediglich der Ertragsanteil des jeweiligen Veranlagungszeitraums. Anderer Konsequenzen fähig ist dagegen der Untergang des Stammrechts durch Tod des Berechtigten oder mangelnde Durchsetzbarkeit des Anspruchs, zum Beispiel infolge dauernder Illiquidität des Verpflichteten. Es ist aber eine Differenzierung vonnöten. Stellt das Stammrecht die Gegenleistung für ein Wirtschaftsgut dar, das im Rahmen der Einkünfteerzielung veräußert wurde, so sind die laufenden Erträge keine Einkünfte im Sinne des § 22 EStG[258]. Bewirken Tod des Rentenberechtigten oder Zahlungsunfähigkeit des Rentenverpflichteten in solchen Fällen einen Veräußerungsverlust, so ist dieser bei der entsprechenden Einkunftsart zu erfassen[259]. Anders ist die Rechtslage, wenn das Stammrecht unentgeltlich übertragen oder als Äquivalent für einen nicht der Einkünfteerzielung dienenden Vermögensgegenstand empfangen wurde. Nur in diesen Fällen ist der Verlust bei den sonstigen Einkünften auszuweisen.

b) Entbehrlichkeit des Spekulationstatbestandes

Die Zeitdauer zwischen Anschaffung und Veräußerung als steuerauslösendes Moment zu begreifen, hat sich als nicht leistungsgerechtes Kriterium gezeigt[260]. Wertpapier- und Grundstücksveräußerungen als hauptsächliche Spekulationsgeschehnisse würden nach der Umgestaltung der privaten Kapitalgewinnbesteuerung bereits durch §§ 20 und 21 EStG erfaßt. Ein neuformulierter § 23 EStG bliebe dann nur noch für Resttatbestände offen, wie zum Beispiel die nichtgewerbliche Veräußerung von Edelmetallen, Edelsteinen, Kunst- und Sammlungsgegenständen und Antiquitäten, deren Bestimmung nicht auf die haushaltsmäßige Verwendung, sondern ausschließlich auf die private Weiterveräußerung gerichtet ist. Diese Wirtschaftsgüter dürften in den seltensten Fällen eine eindeutige Abgrenzung ermöglichen, ob ihr Besitz der Einkünfteerzielung oder der Einkommensverwendung zuzuordnen ist. Eine gewinnbringende spätere Veräußerung ist generell auch kaum einziges Anschaffungsmotiv. Deshalb erscheint es vertretbar, in entsprechender Umkehr der ständigen Rechtsprechung zu § 12 EStG, die stets eine leichte und einwandfreie Aufteilbarkeit verlangt[261], auf §§ 22 Nr. 2;

---

[258] Vgl. in diesem Abschnitt oben C. I. 2. a) aa) *α*).

[259] Vgl. in diesem Abschnitt oben C. I. 2. a) bb) *α*).

[260] Vgl. in diesem Abschnitt oben C. II. 2. a) cc).

[261] Zuletzt BFH v. 19. Dez. 1977, BStBl. 1978 II S. 287 ff.

23 EStG zukünftig zu verzichten[262]. Die geringe Bedeutung eines solchen subsidiären Tatbestandes „Einkünfte aus sonstigen privaten Veräußerungsgeschäften", dessen vielfältige Verlustmanipulations-Ansatzpunkte, die automatische Gewerblichkeit umfangreicher Anschaffungen mit Veräußerungsabsicht sowie die Existenz noch weiterer, der Enumerationssystematik des Einkommensteuergesetzes immanenter Lücken sollten die Entscheidung erleichtern.

c) Vermietete Mobilien

§ 22 Nr. 3 EStG besteuert die Vermietung beweglicher Gegenstände, wenn die Einkünfte im Kalenderjahr mindestens 500 DM betragen. Übersteigen die Werbungskosten die Einnahmen, so darf der übersteigende Betrag bei Ermittlung des Einkommens nicht ausgeglichen werden. Die Anwendung der allgemeinen Grundsätze der neuen Ordnung geleitet hier zu folgender Regelung: Wird das Wirtschaftsgut überwiegend vermietet, so sind realisierte positive und negative Wertveränderungen sonstige Einkünfte im Sinne des § 22 Nr. 3 EStG.

III. Berechtigung und Modalitäten steuerlicher Milderungsmaßnahmen

Volle Funktionsfähigkeit erlangt der Mechanismus der Kapitalgewinnbesteuerung erst, wenn auch die Fragen nach steuermildernden Effekten beantwortet sind, deren Notwendigkeit verschiedenen Ursprungs sein kann.

1. Progressionsdämpfung

Unterliegt ein erheblicher Veräußerungsgewinn im Jahr der Vereinnahmung in voller Höhe der Einkommensteuer, so wird er infolge des progressiven Aufbaus des Einkommensteuertarifs sowohl relativ als auch absolut höher besteuert, als dies bei einer Zurechnung auf die jeweiligen Veranlagungszeiträume der Werterhöhung erfolgen würde. Ausgehend von der materiellen Gleichheit periodischer und einmaliger Einkünfte[263] ist für eine solche Überproportionalität keine Rechtfertigung zu entdecken. Es ist Aufgabe steuerlicher Entlastungsmaßnahmen, die zusammengeballten Kapitalgewinne zu entzerren. Übersteigerter Progressionsdynamik kann verschiedenartiges Zaumzeug angelegt wer-

---

[262] A. A. *Ebnet* (FN 101), S. 107 f., der die für die Anlageentscheidung bedeutsame Hoffnung auf Wertsteigerungen bei den genannten Vermögensobjekten unter dem Gesichtspunkt der Steuergerechtigkeit als wichtig ansieht.

[263] Vgl. in diesem Abschnitt oben C.

den. Das geltende Recht sieht vor, Veräußerungsgewinne im Sinne der §§ 14, 16, 17, 18 Abs. 3 EStG unter bestimmten Voraussetzungen bis zur Höhe von 60 000 DM von der Einkommensteuer freizustellen und darüber hinaus nur mit der Hälfte des durchschnittlichen Steuersatzes (§ 34 Abs. 1, 2 EStG) zu belasten. Ebenso wäre es möglich, Kapitalgewinne einem konstanten Steuersatz zu unterwerfen[264]. Weiterhin ist die Erhebung einer Pauschalabgabe denkbar[265]. Auch ein Durchschnittsteuersatz, der sich ohne Ansatz der langfristigen sonstigen Veräußerungsgewinne ergibt, wird empfohlen[266]. Schließlich ist noch die Bildung einer steuerfreien Rücklage entsprechend den §§ 6 b, 6 c EStG erwähnenswert. Die beträchtlichen Freibeträge der §§ 14, 16, 17, 18 Abs. 3 EStG sind weder zur technischen Erleichterung noch zu einer leistungsgerechten Besteuerung erforderlich[267]. Die grob vereinfachende Halbierung des Steuersatzes vermag ebensowenig einer annähernd gleichmäßigen Aufteilung der jährlichen Zuwachsraten gerecht zu werden. Übermäßig privilegiert werden die Einkommensbezieher, die über den gesamten Haltezeitraum den Maximalsteuersatz zu tragen hatten, der dann für Veräußerungsgewinne ohne einsichtigen Grund auf die Hälfte reduziert wird[268]. Ein linearer Steuersatz widerspricht dem Gebot relativer Gleichheit, das nicht nur zu einem Progressionstarif zwingen soll[269], sondern auch auf die gleichmäßige Besteuerung einmaliger und laufender Einkünfte zu achten hat. Wie eine Pauschalabgabe begünstigt er darüber hinaus hohe Einkünfte und benachteiligt Personen, deren Spitzensteuersatz unter diesen Margen liegt. Das völlige Aussondern der Kapitalgewinne aus dem Progressionstarif ist nicht angezeigt. Die steuerfreie Rücklage ist mit der vorgeschlagenen Erweiterung des Realisationstatbestandes[270] unvereinbar.

Dem Leistungsfähigkeitserfordernis würde am konsequentesten eine direkte Zuordnung der jährlichen Wertsteigerungen zu den jeweiligen Veranlagungszeiträumen Rechnung tragen. Bei einer kurzfristigen Be-

---

[264] Z. B. Sec. 1201 IRC als Wahlrecht für long-term capital gains bis zu $ 50 000.

[265] Z. B. loi nº 76-660 du 19 juillet 1976 (siehe oben FN 54).

[266] Gutachten zur Reform der direkten Steuern, erstattet vom Wissenschaftlichen Beirat beim BdF (FN 59), S. 25.

[267] Gutachten zur Reform der direkten Steuern, erstattet vom Wissenschaftlichen Beirat beim BdF, ebd., S. 24; Gutachten über Probleme und Lösungsmöglichkeiten einer Bodenwertzuwachsbesteuerung, erstattet vom Wissenschaftlichen Beirat beim BdF (FN 124), S. 69; *Lang* (FN 59), S. 154; *Tipke*, StuW 1971 S. 2 ff. (13/14).

[268] Gl. A. *Krause-Nehring* (FN 52), S. 211.

[269] BVerfG v. 24. Juni 1958, BVerfGE Bd. 8 S. 51 ff. (68 f.); a. A. *Tipke*, Steuerrecht (FN 65), S. 27, der die Progression mit dem Sozialstaatsprinzip rechtfertigt.

[270] Vgl. in diesem Abschnitt oben C. I. 2. a) aa) δ).

sitzdauer bis zu etwa fünf Jahren erscheint mir dieser Weg als gangbar. Darüber hinaus läßt sich eine verwaltungspraktikable Lösung nur durch ein simplifiziertes Verfahren erzielen. Die Gestaltung könnte folgenden tarifbezogenen Kern haben:

Der Betrag des Veräußerungsgewinns wird auf Antrag durch die Anzahl der Besitzjahre geteilt. Die dadurch erhaltene durchschnittliche jährliche Wertsteigerung wird dem zu versteuernden Einkommen der einzelnen Haltejahre hinzugerechnet. Übersteigt der Haltezeitraum fünf Kalenderjahre, so wird die durchschnittliche Wertsteigerung auf die letzten fünf Veranlagungszeiträume, einschließlich des Veranlagungszeitraums der Veräußerung, verteilt[271]. Auch das französische Plus-values-System bedient sich des „divisé par cinq“[272]. Daran schließt sich jedoch eine recht komplizierte, viele Einzelschritte verlangende Berechnung an[273].

2. Scheingewinnexemtion

Grundsätzliche Überlegungen zur Behandlung inflatorischer Scheingewinne wurden bereits angestellt[274], der Weg zur Neutralisierung indes noch nicht abgesteckt. Als angemessen kann die Fortschreibung des Einkommensteuertarifs angesehen werden[275]. Die Erheblichkeitskomponente des Art. 14 GG spricht dagegen, mittels einer automatischen Indexierung an den Kaufkraftverlust bereits geringfügige Änderungen der Lebenshaltungskosten oder des Bruttosozialprodukts zu verarbeiten. Die Anpassung der Einkommensteuertabelle hat sich somit nicht nach einem zeitlichen Schema, sondern nach der Nominalwertentwicklung zu richten[276]. Die Gewährung besonderer Freibeträge scheint darüber hinaus nicht vertretbar.

3. Verwaltungsökonomie

Bei geringen Veräußerungsgewinnen kann die für die Ermittlung des steuerrelevanten Sachverhalts aufzubietende Verwaltungstätigkeit hö-

[271] Ein gleichartiges, als „averaging“ bezeichnetes Verfahren stellt sich auch *Altorfer* (FN 18), S. 190 f., vor. Für Gewinne aus der Veräußerung betrieblicher Anlagegüter, mit Ausnahme derer linear besteuerter Kapitalgesellschaften (§ 23 KStG), wäre es entsprechend anwendbar. Ablehnend zum „averaging“ *Oesch* (FN 59), S. 100.

[272] Art. 4 IV de la loi n° 76-660 du 19 juillet 1976 (FN 54).

[273] *Böckli,* Die neue französische Kapitalgewinnsteuer, Archiv Bd. 45 (1977) S. 433 ff. (451/452).

[274] Vgl. in diesem Abschnitt oben C. I. 2. a) aa) ε).

[275] Ebenso: Institut FSt. Brief 134 (FN 141), S. 70; *Lothar Müller,* Steuer-Kongreß-Report 1975 S. 373 ff. (385).

[276] Zur Besteuerung von Kapitalvermögen bei Geldwertschwund, Stellungnahme der *Bundessteuerberaterkammer* gegenüber dem Bundesverfassungsgericht, DStR 1978 S. 210.

her sein als das daraus zu erwartende Haushaltsaufkommen. Aus ökonomischen Gründen liegt es nahe, diesen Fällen mit der Einführung einer Bagatellgrenze entgegenzutreten[277], die entsprechend der momentanen Freigrenze für Spekulationsgeschäfte im Kalenderjahr 1 000 DM betragen könnte.

4. Übergangsregelung

Verfolgt man die vorgeschlagene Richtung, auch bei den privaten Einkünften Wertveränderungen zu berücksichtigen, so bleibt die Frage im Raum, welcher Anfangswert maßgebend sein soll. Der Gleichheit widersprechen würde es, die Entscheidung von Fall zu Fall davon abhängig zu machen, ob sich bei dem einzelnen Steuerzahler zufälligerweise noch der Zeitpunkt der Anschaffung sowie deren Kosten ermitteln ließen. Eine nachträgliche Einbeziehung der bis dato eingetretenen Wertsteigerungen würde auch gegen das Rückwirkungsverbot[278] verstoßen. Zum Stichtag der Gesetzesreformierung wäre deshalb eine umfassende Wertfeststellung der in Frage kommenden Wirtschaftsgüter erforderlich. Bei Wertpapieren wäre dies problemlos. Grundstücke könnten in Anlehnung an das Verfahren, das derzeit bei der Veräußerung oder Entnahme land- und forstwirtschaftlichen Grund und Bodens praktiziert wird, durch einen Zuschlag auf den Einheitswert bewertet werden[279]. Dabei sollte es gestattet sein, einen höheren gemeinen Wert nachzuweisen.

IV. Vorschläge zur Gesetzesformulierung

Zur Abrundung erscheint es angebracht, die tragenden der de lege ferenda präsentierten Gedanken zu einer Gesetzesformel zu modellieren. Dabei wird nicht auf den Anspruch abgezielt, sämtliche der sich ergebenden Änderungen zu verarbeiten. Diese Aufgabe muß einer eigenständigen Untersuchung über einen systematischen Kodifikationsaufbau vorbehalten bleiben. Demgemäß beschränken sich die hier aufgereihten eigenen Gesetzesvorschläge auf minimale textliche Anpassungen des geltenden Einkommensteuergesetzes. Die Gesetzesnovelle könnte wie folgt gefaßt werden:

‚Der Bundestag hat mit Zustimmung des Bundesrates das folgende Gesetz beschlossen:

Das Einkommensteuergesetz ... wird wie folgt geändert:

---

[277] A. A. *Tipke*, StuW 1971 S. 2 ff. (13).

[278] Zum Rückwirkungsverbot siehe *Tipke*, Steuerrecht (FN 65), S. 34 ff. m. w. N.

[279] Siehe dazu § 55 EStG.

1. § 8 Abs. 1 wird wie folgt geändert:

   „(1) Einnahmen sind alle Güter, die in Geld oder Geldeswert bestehen und dem Steuerpflichtigen

   1. im Rahmen einer der Einkunftarten des § 2 Abs. 1 Nr. 4 bis 7 zufließen oder
   2. für die Veräußerung von Wirtschaftsgütern zufließen, die der Erzielung von Einnahmen im Sinne der Nr. 1 gedient haben.“

2. Hinter § 8 Abs. 2 werden folgende Absätze angefügt:

   „(3) Im Falle des Abs. 1 Nr. 2 ist § 6 Abs. 1 Nr. 4 sinngemäß anzuwenden. An die Stelle des Teilwertes tritt der gemeine Wert.

   (4) Im Falle der Gesamtrechtsnachfolge eines mit dem Steuerpflichtigen nicht zusammen zu veranlagenden Dritten gilt der gemeine Wert des Wirtschaftsgutes als Einnahme des Steuerpflichtigen.“

3. Hinter § 8 wird folgender § 8 a eingefügt:

   „§ 8 a

   Bewertung von Einlagen

   Für die Bewertung von Einlagen ist § 6 Abs. 1 Nr. 5 mit der Maßgabe anzuwenden, daß an die Stelle des Teilwertes der gemeine Wert tritt.“

4. § 9 Abs. 1 wird wie folgt geändert:

   a) In Nr. 7 wird der folgende Satz angefügt:
      „§ 6 Abs. 2 ist entsprechend anwendbar.“

   b) Hinter Nr. 7 wird folgende Nr. 8 angefügt:
      „8. die um die Absetzungen für Abnutzung oder Substanzverringerung verminderten Anschaffungs- oder Herstellungskosten der aus der Einkünfteerzielung des Steuerpflichtigen ausscheidenden Wirtschaftsgüter.“

5. Hinter § 20 Abs. 2 Nr. 3 wird folgende Nr. 4 eingefügt:

   „4. Einnahmen aus der Veräußerung von Edelmetallbarren, Edelmetallmünzen und ungefaßten Edelsteinen.“ ‘

Zweiter Abschnitt

Der Pluralismus der Gewinnermittlung

A. Methodisches Vorgehen

Zur Ermittlung der Gewinne aus den drei betrieblichen (unternehmerischen) Einkunftsarten Land- und Forstwirtschaft, Gewerbebetrieb und selbständiger Arbeit stehen vier methodisch voneinander abweichende Normen bereit. Es sind die §§ 4 Abs. 1; 4 Abs. 3; 5; 13 a EStG.

§ 4 Abs. 1 und § 4 Abs. 3 EStG gelten für alle der drei Einkunftsarten. § 5 EStG gelangt nur bei Einkünften aus Gewerbebetrieb, § 13 a EStG nur bei Einkünften aus Land- und Forstwirtschaft zur Anwendung. Die Vorschriften werden zunächst anhand der Einkunftsarten kurz erläutert, soweit sie für jene relevant sind. Die Darstellung mündet in die Untersuchung, zu welchen Unterschieden in der steuerlichen Belastung das Spektrum der Gewinnermittlung führt und ob diese Belastungsdifferenzen verfassungs- und systemkonform sind. Soweit sich die Anhäufung verschiedener Methoden aus rechtsstaatlichen Gründen als unhaltbar erweist, werden Vorschläge zur verfahrensmäßigen Ausgestaltung einer rechtlich bedenkenfreien Regelung den Abschluß bilden.

B. Darstellung der kodifizierten Verfahren

I. Die Ermittlung der Einkünfte aus Land- und Forstwirtschaft

Für die Ermittlung der Einkünfte aus Land- und Forstwirtschaft kommen derzeit drei Verfahren in Betracht:

1. der Bestandsvergleich nach § 4 Abs. 1 EStG,
2. die Überschußrechnung nach § 4 Abs. 3 EStG,
3. die Berechnung von Durchschnittsätzen nach § 13 a EStG.

Die Frage, nach welcher dieser Varianten der Land- und Forstwirt seinen Gewinn zu ermitteln hat, beantwortet sich vorrangig nicht nach dem Einkommensteuergesetz, sondern nach anderen Gesetzen.

1. Der Bestandsvergleich nach § 4 Abs. 1 EStG

§ 4 Abs. 1 Satz 1 EStG definiert den Begriff „Gewinn“ als den Unterschiedsbetrag zwischen dem Betriebsvermögen am Schluß des Wirtschaftsjahrs und dem Betriebsvermögen am Schluß des vorangegangenen Wirtschaftsjahrs, vermehrt um den Wert der Entnahmen und vermindert um den Wert der Einlagen. Die Verpflichtung der Land- und Forstwirte, ihren Gewinn nach dieser Gesetzesformel zu ermitteln, kann sowohl unmittelbar als auch mittelbar dem Steuerrecht entspringen. Land- und Forstwirte können unter den Voraussetzungen des § 3 HGB die Eintragung in das Handelsregister beantragen und erlangen dadurch die Kaufmannseigenschaft als sog. „Kann-Kaufmann“[1]. §§ 38, 39 HGB verpflichten solche Land- und Forstwirte handelsrechtlich zur Buchführung und Bilanzierung, die nach § 140 AO diese Verpflichtungen

[1] *Baumbach / Duden*, Handelsgesetzbuch, 23. Aufl., München 1978, § 3 Anm. 1 A.

auch für die Besteuerung zu erfüllen haben. § 141 AO bestimmt darüber hinaus die Buchführungspflicht der Land- und Forstwirte, die nach den Feststellungen der Finanzbehörde für den einzelnen Betrieb

1. Umsätze einschließlich der steuerfreien Umsätze, ausgenommen die Umsätze nach § 4 Nr. 8 bis 10 UStG, von mehr als 360 000 DM im Kalenderjahr (§ 141 Abs. 1 Nr. 1 AO) oder
2. ein land- und forstwirtschaftliches Vermögen von mehr als 100 000 DM (§ 141 Abs. 1 Nr. 3 AO) oder
3. einen Gewinn aus Land- und Forstwirtschaft von mehr als 15 000 DM im Kalenderjahr (§ 141 Abs. 1 Nr. 5 AO)

gehabt haben.

Ist der Land- und Forstwirt zur Buchführung nicht verpflichtet, ermittelt er aber gleichwohl den Gewinn durch Betriebsvermögensvergleich nach § 4 Abs. 1 EStG, so ist dieser auf einen den Steuerpflichtigen für vier Wirtschaftsjahre bindenden Antrag hin der Einkünfteermittlung zugrunde zu legen (§ 13 a Abs. 1 Nr. 1 EStG)[2]. Bei Land- und Forstwirten, die zur Buchführung verpflichtet sind, die aber keine ordnungsmäßigen Bücher führen, ist der Gewinn im Einzelfall zu schätzen. Richtsätze, die von den Finanzbehörden aufgestellt werden, können dabei als Anhalt dienen (Abschn. 127 Abs. 2 EStR 1975). Die Rechtsgrundlage zur Durchführung eines solchen Verfahrens bietet § 162 Abs. 2 Satz 2 AO.

2. Die Überschußrechnung nach § 4 Abs. 3 EStG

Das Einkommensteuergesetz beinhaltet keine Verpflichtung, als Gewinn den Überschuß der Betriebseinnahmen über die Betriebsausgaben anzusetzen. § 4 Abs. 3 EStG ist als „Kann-Vorschrift“ zu charakterisieren, die dem Unternehmer, der nicht zur Buchführung und Bilanzierung verpflichtet ist, die Anfertigung einer Einnahme-Überschußrechnung anheimstellt. Eine das Kriterium der Freiwilligkeit ausschließende Rechtsgrundlage könnte in § 22 UStG zu sehen sein. Danach sind auch Land- und Forstwirte zu bestimmten, für die Berechnung der Umsatzsteuer bedeutsamen Aufzeichnungen verpflichtet, soweit sie nicht we-

---

[2] Im Gegensatz zu der auf Gewerbetreibende anwendbaren Regelung des § 5 Abs. 1 EStG führen freiwillige Buchführung und Abschlußerstellung eines Land- und Forstwirtes demnach nicht zur automatischen Steueranbindung. Für diese Ungleichbehandlung dürfte — wie bereits in den Einzelbegründungen zum Entwurf eines Dritten Steuerreformgesetzes, Gesetzentwurf der Bundesregierung vom 8. 1. 1974, BT-Drucksache 7/1470 S. 245, zum Ausdruck gekommen — die Befürchtung bestimmend gewesen sein, daß „die betreffenden Land- und Forstwirte dann die Vorteile, die sich aus der Durchschnittsatz-Gewinnermittlung in aller Regel ergeben, einbüßen und deshalb von der Führung von Büchern und Aufzeichnungen absehen würden. Die Bestrebungen, Land- und Forstwirte in verstärktem Maße zu der betriebswirtschaftlich und agrarpolitisch notwendigen Führung von Büchern zu bewegen, würden dadurch beeinträchtigt“.

gen Ermittlung der Umsatzsteuer nach Durchschnittsätzen (§ 24 UStG, § 67 UStDV 1980) davon befreit sind. Diese Aufzeichnungsverpflichtung soll sich über den Bereich der Umsatzsteuer hinaus auch auf den der Einkommensteuer beziehen[3], obgleich § 140 AO ausdrücklich nur Verpflichtungen aus *nicht*steuerlichen Gesetzen transponiert. Zeichnet der Land- und Forstwirt seine Betriebseinnahmen und Betriebsausgaben auf, so ist der Gewinn nur auf seinen Antrag, der ebenfalls eine vierjährige Bindungswirkung entfaltet[4], der Besteuerung zugrunde zu legen (§ 13 a Abs. 1 Nr. 2 EStG).

Im Rahmen der Gewinnermittlung nach § 4 Abs. 3 EStG ist eine Sondervorschrift bemerkenswert: Zur Ermittlung der Einkünfte aus forstwirtschaftlichen Betrieben läßt § 51 EStDV eine Pauschalierung der Betriebsausgaben in Höhe von 65 vom Hundert der Einnahmen aus der Holznutzung zu.

3. Die Durchschnittsatzermittlung nach § 13 a EStG

Bei Steuerpflichtigen, die nicht aufgrund gesetzlicher Vorschriften verpflichtet sind, für einen land- und forstwirtschaftlichen Betrieb Bücher zu führen und regelmäßig Abschlüsse zu machen, ist der Gewinn für diesen Betrieb nach Durchschnittsätzen zu ermitteln (§ 13 a Abs. 1 EStG), soweit nicht antragsgemäß ein Betriebsvermögensvergleich oder ein Vergleich der Betriebseinnahmen mit den Betriebsausgaben anzustellen ist. Die Gewinnermittlung nach Durchschnittsätzen orientiert sich an der Einheitsbewertung land- und forstwirtschaftlicher Betriebe nach dem Ertragswertverfahren (§§ 33 bis 67 BewG). Einem sogenannten Grundbetrag (§ 13 a Abs. 3 EStG) sind die ebenfalls nach Durchschnittsätzen berechnete Arbeitsleistung, der Nutzungswert der Wohnung des Betriebsinhabers und andere Zuschläge hinzuzurechnen; bestimmte Zinsen und dauernde Lasten sind abzusetzen (§ 13 a Abs. 2 EStG). Für reine Forstbetriebe sowie in Fällen, in denen Landwirte lediglich Sonderkulturen betreiben oder reine Weinbaubetriebe, reine Gartenbaubetriebe und Betriebe mit sonstiger land- und forstwirtschaftlicher Nutzung im Gesamtwert über 4 000 DM unterhalten, gilt § 13 a EStG nicht[5]. Einzelheiten zu dieser an den Sollertrag anknüpfenden Gewinnermittlungsmethode ergeben sich unmittelbar aus der umfangreichen Bestimmung des § 13 a EStG.

---

[3] BFH v. 9. Okt. 1958, StRK AO § 217 R. 20; BFH v. 17. Nov. 1960, StRK AO § 217 R. 33; *Herrmann / Heuer*, Kommentar zur Einkommensteuer und Körperschaftsteuer, 18. Aufl., Köln 1950/77, § 4 Anm. 85 b; *Eberhard Littmann*, Das Einkommensteuerrecht, Kommentar zum Einkommensteuergesetz, 11. Aufl., Stuttgart 1974, RdNr. 980 zu §§ 4, 5; *Speich*, Die Gewinnermittlung durch Überschußrechnung nach § 4 Abs. 3 EStG, DStR 1972 S. 743 ff. (749).

[4] Vgl. oben in diesem Abschnitt B. I. 1.

[5] *Herrmann / Heuer* (FN 3), § 13 a EStG Anm. 4.

Der Anwendungsbereich des § 13 a EStG ist gegenüber Bestandsvergleich und Überschußrechnung im Rahmen der Besteuerung der Land- und Forstwirte beträchtlich. Von 927 000 landwirtschaftlichen Betrieben, die 1974 bestanden, ermittelten rund 800 000 Betriebe den Gewinn nach Durchschnittsätzen[6].

II. Die Ermittlung der Einkünfte aus Gewerbebetrieb

1. Der Bestandsvergleich nach § 5 EStG

Für die Ermittlung des Gewinns aus Gewerbebetrieb schreibt § 5 Abs. 1 EStG vor:

„Bei Gewerbetreibenden, die auf Grund gesetzlicher Vorschriften verpflichtet sind, Bücher zu führen und regelmäßig Abschlüsse zu machen, oder die ohne eine solche Verpflichtung Bücher führen und regelmäßig Abschlüsse machen, ist für den Schluß des Wirtschaftsjahrs das Betriebsvermögen anzusetzen (§ 4 Abs. 1 Satz 1), das nach den handelsrechtlichen Grundsätzen ordnungsmäßiger Buchführung auszuweisen ist."

Die Norm ist eine für den Bereich der Einkommen- und Körperschaftsteuer geschaffene Ausprägung der allgemeinen Regelung des § 140 AO:

„Wer nach anderen Gesetzen als den Steuergesetzen Bücher und Aufzeichnungen zu führen hat, die für die Besteuerung von Bedeutung sind, hat die Verpflichtungen, die ihm nach den anderen Gesetzen obliegen, auch für die Besteuerung zu erfüllen."

Als solche die steuerlichen Buchführungs- und Bilanzierungspflichten begründenden Vorschriften kommen insbesondere die §§ 38, 39 HGB, §§ 148 - 159 AktG, § 41 GmbHG, § 33 GenG in Betracht. Sonstige Aufzeichnungsvorschriften außerhalb des Steuerrechts[7], die keine allgemeine Buchführungspflicht enthalten, sind nach § 140 AO auch für Zwecke der Besteuerung zu beachten.

Soweit sich eine Buchführungspflicht nicht bereits aus § 140 AO ergibt, verpflichtet § 141 AO Gewerbetreibende, die nach den Feststellungen der Finanzbehörde für den einzelnen Betrieb

1. Umsätze einschließlich der steuerfreien Umsätze, ausgenommen die Umsätze nach § 4 Nr. 8 bis 10 UStG, von mehr als 360 000 DM im Kalenderjahr (§ 141 Abs. 1 Nr. 1 AO) oder

---

[6] *Kutscher*, Gewinnermittlung aus Land- und Forstwirtschaft nach Durchschnittssätzen — Möglichkeiten und Unmöglichkeiten —, DStZ/A 1976 S. 7.

[7] Zusammenstellungen bei: *Baumbach / Duden* (FN 1), § 38 Anm. 2 D; *Herrmann / Heuer* (FN 3), § 5 EStG Anm. 6; *Tipke / Kruse*, Abgabenordnung, Finanzgerichtsordnung, Kommentar zur AO 1977 und FGO, 9. Aufl., Köln 1965/78, § 140 Tz. 6 f.; Schreiben des BdF an die Finanzminister (Finanzsenatoren) der Länder betr. Einführungserlaß zur AO 1977 — IV A 7 — S 0015 — 30/76 — vom 1. 10. 1976, BStBl. 1976 I S. 576 ff. (600/603).

2. ein Betriebsvermögen von mehr als 100 000 DM (§ 141 Abs. 1 Nr. 2 AO) oder
3. einen Gewinn aus Gewerbebetrieb von mehr als 24 000 DM im Wirtschaftsjahr (§ 141 Abs. 1 Nr. 4 AO)

gehabt haben, für diesen Betrieb Bücher zu führen und auf Grund jährlicher Bestandsaufnahmen Abschlüsse zu machen.

Gewerbetreibende, die freiwillig Bücher führen und Abschlüsse erstellen, ohne dazu nach Handels- oder Steuerrecht verpflichtet zu sein, haben ihren Gewinn ebenfalls nach § 5 EStG zu berechnen (§ 5 Abs. 1 EStG). Bei Gewerbetreibenden, die entgegen der ihnen in §§ 140, 141 AO auferlegten Verpflichtung keine den handelsrechtlichen Grundsätzen ordnungsmäßiger Buchführung entsprechenden Bücher führen und Abschlüsse machen, ist der Gewinn im Rahmen des § 5 EStG nach § 162 Abs. 2 Satz 2 AO zu schätzen[8].

2. Die Überschußrechnung nach § 4 Abs. 3 EStG

Gewerbetreibende, die nicht auf Grund gesetzlicher Vorschriften verpflichtet sind, Bücher zu führen und regelmäßig Abschlüsse zu machen, und die auch keine Bücher führen und keine Abschlüsse machen, können als Gewinn den Überschuß der Betriebseinnahmen über die Betriebsausgaben ansetzen (§ 4 Abs. 3 Satz 1 EStG).

3. Der Bestandsvergleich nach § 4 Abs. 1 EStG

Bei Gewerbetreibenden, die nicht buchführungspflichtig sind, freiwillig keine Bücher führen und auch keine für die Gewinnermittlung nach § 4 Abs. 3 EStG ausreichenden Aufzeichnungen haben, ist der Gewinn nach § 4 Abs. 1 EStG unter Berücksichtigung der Verhältnisse des Einzelfalls, unter Umständen unter Anwendung von Richtsätzen, zu schätzen (Abschn. 12 Abs. 3 Satz 3 EStR 1975). Die Verwaltungsansicht findet im Schrifttum Unterstützung[9].

III. Die Ermittlung der Einkünfte aus selbständiger Arbeit

1. Die Überschußrechnung nach § 4 Abs. 3 EStG

Der Regelfall der Gewinnermittlung aus selbständiger Arbeit ist der Ansatz der Betriebseinnahmen über die Betriebsausgaben[10].

---

[8] *Herrmann / Heuer* (FN 3), Vor §§ 4, 5 EStG Anm. 7; FG Münster v. 21. 7. 1967, EFG 1968, S. 136.

[9] *Herrmann / Heuer*, ebd., Vor §§ 4, 5 EStG Anm. 13.

2. Der Bestandsvergleich nach § 4 Abs. 1 EStG

§ 161 Abs. 1 Nr. 1 RAO begründete bei Überschreiten bestimmter Höchstbeträge, die für Umsatz, Betriebsvermögen und Gewinn aufgestellt waren, die Buchführungspflicht *sämtlicher* Unternehmer. Aufgrund der Erleichterungsermächtigung des § 161 Abs. 2 RAO wurden jedoch die Angehörigen der *freien Berufe* von der Pflicht zur Bestandsaufnahme befreit (Abschn. 142 Abs. 1 Ziff. 3 EStR 1975). § 161 RAO wurde durch § 141 AO ersetzt. Die Neufassung verzichtet darauf, den Kreis derjenigen, die Einkünfte aus *selbständiger Arbeit* erzielen, der Buchführungspflicht zu unterwerfen. Einer freiwilligen Buchführung und Bilanzierung, deren Ergebnisse nach § 4 Abs. 1 EStG der Besteuerung zugrunde gelegt werden, steht demgegenüber nichts entgegen.

C. Die einkommensteuerlichen Belastungsdifferenzen

I. Das Verhältnis der Bestandsvergleiche nach § 4 Abs. 1 EStG und § 5 EStG

Ursprünglich bestanden zwischen den Gewinnermittlungsarten nach § 4 Abs. 1 EStG und § 5 EStG, dessen rechtssystematischem Unterfall[11], erhebliche Abweichungen[12]:

1. Der Wert des Grund und Bodens

Der Wert des Grund und Bodens, der zum Anlagevermögen gehörte, blieb aufgrund der bis zum 31. Dezember 1970 gültigen Fassung des § 4 Abs. 1 Satz 5 EStG außer Ansatz. Wegen Unvereinbarkeit mit Art. 3 Abs. 1 GG erklärte das Bundesverfassungsgericht durch Beschluß vom 11. Mai 1970[13] § 4 Abs. 1 Satz 5 EStG 1958[14] für verfassungswidrig, der daraufhin durch Art. 1 des 2. StÄndG 1971 vom 10. August 1971[15] aufgehoben wurde. Seit dem EStG 1971[16] besteht in dieser Beziehung

---

[10] Eine Umfrage der Bundeskammer der Steuerbevollmächtigten ergab folgendes Ergebnis: Gewinnermittlung durch Bilanzierung 25,6 v. H., durch Einnahmen- und Ausgabenrechnung 73,1 v. H., keine Angaben 1,3 v. H. Quelle: *Eckert*, Der Steuerbevollmächtigte und seine Praxis im Spiegel der Zahlen, DStR 1971 S. 34 ff. (36).

[11] *Bordewin* in: Forkel-Kommentar zum Einkommensteuergesetz, Wiesbaden 1955/78, §§ 4 - 5 EStG Rz. 58.

[12] *Herrmann / Heuer* (FN 3), Vor §§ 4, 5 Anm. 23.

[13] BVerfGE Bd. 28 S. 227 ff.

[14] BGBl. 1958 I S. 673 ff.

[15] BGBl. 1971 I S. 1266 ff.

[16] BGBl. 1971 I S. 1881 ff.

zwischen den Bestandsvergleichen nach § 4 Abs. 1 EStG und § 5 EStG kein Unterschied mehr.

2. Gewillkürtes Betriebsvermögen

Die Rechtsprechung des Reichsfinanzhofs[17] berücksichtigte gewillkürtes Betriebsvermögen — es umfaßt die Wirtschaftsgüter, deren Art nicht eindeutig in den betrieblichen oder privaten Bereich weist, deren Einreihung in den betrieblichen oder privaten Bereich auch auch ihrer Natur nicht widerspricht[18] — einkommensteuerrechtlich nur bei den unter § 5 EStG fallenden Steuerpflichtigen. In Abweichung von der damaligen Rechtsansicht ließen das Finanzgericht Nürnberg[19] und der Bundesfinanzhof[20] dagegen die Möglichkeit zu, auch im Rahmen der Gewinnermittlung nach § 4 Abs. 1 EStG gewillkürtes Betriebsvermögen zu bilden, wenn dieses in einem gewissen objektiven Zusammenhang mit dem Betrieb steht und ihn zu fördern bestimmt und geeignet ist. Ein Unterschied mag noch insofern bestehen, als einem Kaufmann die Darlegung eines objektiven Zusammenhangs eines Wirtschaftsgutes mit seinem Betrieb leichter fallen kann, als zum Beispiel einem freiberuflich Tätigen[21]. Dies ist allerdings nicht abhängig von der Eigenart der jeweiligen Gewinnermittlung, sondern lediglich von dem auf einer, im Vergleich mit dem Freiberufler, größeren Bandbreite beruhenden Tätigkeitsfeld eines Kaufmanns[22].

3. Das sogenannte handelsrechtliche Niederstwertprinzip

Handelsrechtlich müssen das einer voraussichtlich dauernden Wertminderung unterliegende Anlagevermögen mit dem niedrigeren Wert (§ 154 Abs. 2 Satz 1 AktG), das Umlaufvermögen gegebenenfalls mit dem unter den Anschaffungs- oder Herstellungskosten liegenden Börsen- oder Marktpreis oder sonstigen niedrigeren Wert (§ 155 Abs. 2 AktG) in der Bilanz angesetzt werden. *Steuerrechtlich* steht dagegen dem Steuerpflichtigen ein Wahlrecht[23] zu, ob er das abnutzbare Anlagever-

---

[17] Urteil v. 14. April 1943, RStBl. 1943 S. 482 f. (483).

[18] BFH v. 15. Juli 1960, BStBl. 1960 III S. 484 f. (485).

[19] Urteil v. 29. Okt. 1959, EFG 1960 S. 293 f.

[20] Urteil v. 15. Juli 1960, BStBl. 1960 III S. 484 f. (485).

[21] BFH v. 26. Febr. 1965, StRK EinkStG § 4 R. 849.

[22] Gl. A. *Pralle*, Das gewillkürte Betriebsvermögen bei der Gewinnermittlung, Göttingen 1970, S. 48/49.

[23] Zur Unvereinbarkeit von Wahlrechten im Steuerrecht mit dem Wunsch nach Gleichmäßigkeit der Besteuerung vgl. die Kritik von *Schneider*, Eine Reform der steuerlichen Gewinnermittlung? Anmerkungen zum Teil „Gewinnermittlung" des Gutachtens der Steuerreformkommission 1971, StuW 1971 S. 326 ff. (330). Auch *Nöll v. d. Nahmer*, Lehrbuch der Finanzwissen-

mögen (§ 6 Abs. 1 Nr. 1 Satz 2 EStG) und die sonstigen Wirtschaftsgüter (§ 6 Abs. 1 Nr. 2 Satz 2 EStG) mit dem unter den Anschaffungs- oder Herstellungskosten liegenden niedrigeren Teilwert ansetzt. Da das sogenannte handelsrechtliche Niederstwertprinzip nur von den nach § 5 EStG, aber nicht von den nach § 4 Abs. 1 EStG bilanzierenden Steuerpflichtigen zu beachten ist, können sich Unterschiede in der Höhe der Wertansätze ergeben. In der Praxis kann jedoch davon ausgegangen werden, daß auch die ihren Gewinn nach § 4 Abs. 1 EStG ermittelnden Steuerpflichtigen im Interesse der Steuerersparnis die niedrigeren (Teil-)Werte ansetzen, die betragsmäßig dem in solchen Fällen gebotenen handelsrechtlichen Wertansatz entsprechen dürften. Der Unterschied in den Rechtsfolgen der § 4 Abs. 1 EStG und § 5 EStG sollte somit hinsichtlich des handelsrechtlichen Niederstwertprinzips nicht überbewertet werden[24], zumal die handelsrechtlichen Prinzipien bei der bestandsvergleichenden Gewinnermittlung der Land- und Forstwirte entsprechend anzuwenden sind (§ 141 Abs. 1 Nr. 5 AO).

4. Zwischenergebnis

Zusammenfassend kann festgestellt werden, daß die formal bestehenden Unterschiede zwischen den Gewinnermittlungsarten nach § 4 Abs. 1 und § 5 EStG materiell kaum quantifizierbar sind.

II. Das Verhältnis des Bestandsvergleichs zur Überschußrechnung nach § 4 Abs. 3 EStG

Im Rahmen der folgenden Einzeluntersuchung kann es deshalb unterbleiben, der Überschußrechnung zum einen einen Bestandsvergleich nach § 4 Abs. 1 EStG, zum anderen einen solchen nach § 5 EStG gegenüberzustellen. Statt dessen wird die Überschußrechnung einheitlich an dem Bestandsvergleich gemessen.

1. Grundsätzliches

Bei der Gewinnermittlung aufgrund eines Betriebsvermögensvergleiches erfolgt eine veranlassungsorientierte[25], periodengetreue[26] Ertrags-

schaft, Band 2 Spezielle Steuerlehre, Köln und Opladen 1964, S. 104 f., beklagt das „Gestaltungsprivileg“ der Einkommensteuer als Verstoß gegen den Gleichmäßigkeitsgrundsatz.

[24] Ebenso Untersuchungen zum Einkommensteuerrecht — Bericht der Einkommensteuerkommission —, Schriftenreihe des BdF Heft 7, Bonn 1964, S. 84 f.

[25] Siehe dazu: *Herrmann / Heuer* (FN 3), § 4 EStG Anm. 46 g; *Tipke*, Anm. zu der Entscheidung des BFH IV 196/59 S vom 13. Okt. 1960, StRK-Anm. EinkStG § 4 R. 344.

und Aufwandserfassung. Demgegenüber wird die Überschußrechnung nach § 4 Abs. 3 EStG vom Zu- und Abflußprinzip des § 11 EStG bestimmt. Danach sind Einnahmen innerhalb des Kalenderjahrs bezogen, in dem sie dem Steuerpflichtigen zugeflossen sind. Ausgaben sind für das Kalenderjahr abzusetzen, in dem sie geleistet worden sind. Die Gewinnermittlungsmethode des § 4 Abs. 3 EStG wird deshalb auch als reine Geld- oder Kassenrechnung bezeichnet[27].

2. Systemdiktierte Unterschiede

Aus der Anknüpfung der Überschußrechnung an Geldzufluß und Geldleistung folgt, daß der Bildung von beim Bestandsvergleich notwendigen und üblichen Korrekturposten systematische Hemmnisse[28] entgegenstehen. So werden bei der Überschußrechnung zum Beispiel weder Warenbestände, Forderungen, Posten der Rechnungsabgrenzung aktiviert noch Verbindlichkeiten, Rückstellungen, passive Rechnungsabgrenzungsposten, Delkredere und andere Wertberichtigungen berücksichtigt. Die Möglichkeit, gewillkürtes Betriebsvermögen zu bilden, bleibt dem nach einer Einnahmen- und Ausgabenrechnung seinen Gewinn ermittelnden Steuerpflichtigen versagt[29]. Beim Bestandsvergleich beeinflußt die Umsatzsteuer das Betriebsergebnis grundsätzlich nicht[30]. In der Überschußrechnung sind dagegen die Vorsteuer als Betriebsausgabe[31], die vereinnahmte Umsatzsteuer als Betriebseinnahme[32] anzusehen. Kundenanzahlungen oder an Lieferanten geleistete Anzahlungen sind bilanzmäßig erfolgsneutral zu behandeln. In der Überschußrechnung stellen Kundenanzahlungen bereits Einnahmen, Anzahlungen an Lieferanten bereits Ausgaben dar.

---

[26] Zu diesem Problemkreis siehe *Gottschalk*, Der Grundsatz der periodengerechten Gewinnabgrenzung im Steuerrecht, Diss. iur. Münster 1972.

[27] *Bierle* in: Handwörterbuch des Steuerrechts, Erster und Zweiter Band, München 1972, herausgegeben von Hartz / Strickrodt / Wöhe / Felix / Sebiger, Stichwort „Gewinnermittlung, steuerliche".

[28] *Wachter*, Probleme der Gewinnermittlung nach § 4 Abs. 3 EStG, Steuer-Kongreß-Report 1965 S. 104 ff. (108), bezeichnet die Überschußrechnung als „völlig systemwidrig".

[29] BFH v. 13. März 1964, BStBl. 1964 III S. 455 ff. (457); Abschn. 14 Abs. 6 Satz 2, Abschn. 17 Abs. 4 Satz 1 EStR; *Pralle* (FN 22), S. 58.

[30] *Brunner / Schmidt / Ziganke*, Hat die Mehrwertsteuer Kostencharakter? Drei Diskussionsbeiträge, DB 1968 S. 49 ff.

[31] *Kalb-Arnold*, Die Gewinnermittlung nach § 4 Abs. 3 EStG — Ihre Darstellung und die Problematik beim Übergang zum und vom Vermögensvergleich, Diss. rer. pol. Würzburg 1969, S. 68 f.

[32] *Felsmann*, Einkommensbesteuerung der Land- und Forstwirte, 2. Aufl., Bonn 1967/77, Abschn. C Anm. 70 a; *Falterbaum*, Neue Probleme bei der Gewinnermittlung nach § 4 Abs. 3 EStG und beim Wechsel der Gewinnermittlungsart, StW 1970 S. 39 ff.

Die Summen der Totalgewinne aus Bestandsvergleich und Überschußrechnung sämtlicher Veranlagungszeiträume sollen nach der Grundkonzeption der steuerlichen Gewinnermittlung einander entsprechen[33]. Auf folgende *Abweichungen* kann jedoch hingewiesen werden:

Bei der Bewertung von Wirtschaftsgütern, die nach § 4 Abs. 1 oder § 5 EStG als Betriebsvermögen anzusetzen sind, ist gegebenenfalls eine Abschreibung auf den niedrigeren Teilwert zulässig (§ 6 Abs. 1 Nr. 1 Satz 2, Nr. 2 Satz 2 EStG). Die Gewinnermittlung nach § 4 Abs. 3 EStG läßt den Wert des Betriebsvermögens unberücksichtigt. Folglich ist bei ihr eine *Teilwertabschreibung* rechtlich nicht begründet[34].

Geldverluste, die durch Diebstahl, Unterschlagung usw. entstanden sind, werden bei Steuerpflichtigen, die ihren Gewinn nach § 4 Abs. 3 EStG ermitteln, in der Rechtsprechung des Bundesfinanzhofs nur dann als Betriebsausgaben anerkannt, wenn die vorherige Zugehörigkeit der verlorenen Geldbeträge zum Betriebsvermögen in eindeutiger, den Grundsätzen ordnungsmäßiger Buchführung entsprechenden Weise klargestellt ist[35]. Da sogenannte Überschußrechner ihren betrieblichen Geldbestand in den seltensten Fällen in der vom Bundesfinanzhof aus Beweisgründen verlangten Form aufzeichnen, bleibt Geldverlusten bei diesem Personenkreis in der Regel der Abzug als Betriebsausgabe versagt. Von seiner ursprünglichen Rechtsansicht, bei Gewinnermittlung nach § 4 Abs. 3 EStG Darlehensverluste nicht als Betriebsausgaben anzusehen, rückte der Bundesfinanzhof inzwischen ausdrücklich ab[36].

Entnahmen sind beim Bestandsvergleich nach § 4 Abs. 1 und § 5 EStG mit dem sogenannten Teilwert zu bewerten (§ 6 Abs. 1 Nr. 4 Satz 1 EStG). Für die Gewinnermittlung nach § 4 Abs. 3 EStG ist § 6 EStG bedeutungslos. Dies ergibt sich zum einen aus der Verweisungsbeschränkung des § 4 Abs. 3 Satz 3 EStG auf § 7 EStG (Absetzung für Abnutzung oder Substanzverringerung), zum anderen daraus, daß nach § 6 Abs. 1 Satz 1 EStG die Vorschrift nur für die Bewertung der einzelnen Wirtschaftsgüter, die nach § 4 Abs. 1 oder nach § 5 EStG als Betriebsvermögen anzusetzen sind, gilt. Im Schrifttum sind die Ansichten über die Bewertung der Entnahmen im Falle der Überschußrechnung geteilt. Für eine analoge Anwendung des § 6 Abs. 1 Nr. 4 EStG wird geltend gemacht, diese Beurteilung werde „den wirtschaftlichen Gegebenheiten am ehesten gerecht“[37]. Auch der Bundesfinanzhof spricht sich in den

---

[33] BFH v. 17. Mai 1960, BStBl. 1960 III S. 306 ff. (308); BFH v. 2. Sept. 1971, BStBl. 1972 II S. 334 f. (335).

[34] BFH v. 24. Nov. 1955, BStBl. 1956 III S. 38 ff. (39); *Herrmann / Heuer* (FN 3), § 4 EStG Anm. 91 [3]; *Segebrecht*, Wechsel der Gewinnermittlungsarten, 2. Aufl., Herne/Berlin 1974, S. 34/35.

[35] BFH v. 25. Jan. 1962, BStBl. 1962 III S. 366 f.

[36] Urteil v. 11. März 1976, BStBl. 1976 II S. 380 f.

Fällen der Einnahmen-Überschußrechnung für die Bewertung der Entnahmen mit dem Teilwert aus, da die Überschußrechnung „eine vereinfachte Form der Gewinnermittlung nach § 4 Abs. 1 EStG sei, die deshalb in der Regel so auszulegen und abzugrenzen sei, daß sie auf die Dauer gesehen möglichst zu dem gleichen Ergebnis führt wie der Vermögensvergleich“[38]. Andere Autoren lehnen dagegen die Bewertung mit dem Teilwert in Ermangelung einer gesetzlichen Grundlage ab[39]. Folgt man der Ansicht der wortgetreuen Auslegung der §§ 4 Abs. 3, 6 Abs. 1 Nr. 4 EStG, so klaffen bei Entnahmen abnutzbarer Wirtschaftsgüter die Totalgewinne von Bestandsvergleich und Überschußrechnung auseinander.

Die Einkommensteuer ist eine Jahressteuer. Die Grundlagen für ihre Festsetzung sind jeweils für ein Kalenderjahr zu ermitteln (§ 2 Abs. 7 EStG). Unterschiedliche periodische Abgrenzungen können infolge der progressiven Gestaltung des Einkommensteuertarifs (§ 32 a EStG) insgesamt zu unterschiedlichen Steuerbelastungen führen[40]. Bestandsvergleich und Überschußrechnung sind zwar tendenziell auf eine Total*gewinn*identiät hin ausgerichtet, nicht jedoch auf eine Total*steuer*identität. Soweit im Vergleich der Gewinnermittlungsarten aufgrund periodischer Verlagerungen Steuerstundungseffekte anzutreffen sind, sind gleichzeitig Zinsvorteile zu beobachten[41]. Weiterhin können die Steuerbelastungen durch zwischenzeitliche Änderungen des Steuersatzes beeinflußt werden[42].

3. Gesetzlich normierte Unterschiede

Die Gewährung bestimmter Steuervorteile ist davon abhängig, daß der Steuerpflichtige seinen Gewinn durch Bestandsvergleich ermittelt. Bei der Pensionsrückstellung nach § 6 a EStG versteht sich das von selbst; der Überschußrechnung ist die Bildung von Rückstellungen fremd[43]. Der Gewinn aus der Veräußerung bestimmter Anlagegüter

---

[37] *Segebrecht,* Die Einnahme-Überschußrechnung nach § 4 Abs. 3 EStG, 4. Aufl., Herne/Berlin 1977, S. 69.

[38] BFH v. 22. Mai 1969, BStBl. 1969 II S. 584 ff. (585).

[39] *Hauer,* Bewertung von Wirtschaftsgütern bei der Gewinnermittlung nach § 4 Abs. 3 EStG, FR 1959 S. 117; *Stobbe,* Einkommensteuerliche Folgen einer Veräußerung betrieblich genutzter Grundstücke oder Grundstücksteile bei Gewinnermittlung durch Einnahme-Ausgabe-Überschußrechnung, DStR 1967 S. 82 ff. (84).

[40] *Wachter,* Steuer-Kongreß-Report 1965 S. 104 ff., begegnet zu Recht der Behauptung, bei der Überschußrechnung trete ausschließlich eine steuerliche Begünstigung auf (S. 111), indem er konstruktiv zahlreiche Fälle schildert, in denen eine zusätzliche Steuerbelastung entsteht (S. 114).

[41] *Segebrecht,* Die Einnahme-Überschußrechnung (FN 37), S. 26.

[42] Ebd.

[43] Vgl. in diesem Abschnitt oben C. II. 2.

kann nach § 6 b EStG von den Anschaffungs- oder Herstellungskosten bestimmter enumerierter Wirtschaftsgüter erfolgsneutral abgezogen werden, vorausgesetzt, der Steuerpflichtige ermittelt den Gewinn nach § 4 Abs. 1 oder § 5 EStG (§ 6 b Abs. 4 Nr. 1 EStG). Steuerpflichtigen mit Gewinnermittlung nach § 4 Abs. 3 EStG ermöglicht zwar § 6 c EStG die analoge Anwendung des § 6 b EStG, jedoch nicht, ohne den Abzug bei den Anschaffungs- oder Herstellungskosten von abnutzbaren beweglichen Wirtschaftsgütern gleichzeitig zu versagen. Die Bewertungsfreiheit nach § 7 e EStG und die Steuerbegünstigung des nicht entnommenen Gewinns nach § 10 a EStG stehen einem Personenkreis vertriebener oder verfolgter Steuerpflichtigen nur zu, soweit der Gewinn durch Bestandsvergleich ermittelt wird. Ein Pauschsatz zur Abgeltung der Betriebsausgaben forstwirtschaftlicher Betriebe (§ 51 EStDV) ist nur bei Steuerpflichtigen mit Gewinnermittlung durch Überschußrechnung abzuziehen, wohingegen die Rücklage für Preissteigerung (§ 74 EStDV) sowie die Bewertungsfreiheiten nach §§ 76, 79, 80, 81, 82, 82 d, 82 e, 82 f EStDV eine Gewinnermittlung durch Bestandsvergleich verlangen.

4. Zwischenergebnis

Die methodischen Abweichungen von Bestandsvergleich und Einnahmen-Überschußrechnung führen zu prinzipiell gravierenden Unterschieden in den Gewinnen und den Steuerbelastungen eines Wirtschaftsjahres. Die steuerlichen Belastungsdifferenzen gleichen sich auch während der Gesamtdauer des Bestehens eines Unternehmens nur unvollkommen aus.

III. Das Verhältnis von Bestandsvergleich und Überschußrechnung zur Durchschnittsatzbesteuerung nach § 13 a EStG

Die Gewinnermittlung durch Bestandsvergleich beruht auf einer exakten Feststellung von Aufwand und Ertrag. Die Überschußrechnung stellt den Betriebseinnahmen die Betriebsausgaben gegenüber. Die Ermittlung des Gewinns nach Durchschnittsätzen erfolgt hingegen nach einem wesensverschiedenen dritten Verfahren.

1. Wesensmäßige Abweichungen

Die Ermittlung des Gewinns aus Land- und Forstwirtschaft nach Durchschnittsätzen fußt auf der typisierenden, die tatsächlichen Einzelfallverhältnisse nur zum Teil berücksichtigenden Rechtsgrundlage des

§ 13 a EStG[44]. Sie ist auf eine Vielzahl annähernd gleichgelagerter Fälle abgestellt. Die grob vereinfachende Technik bringt es mit sich, daß die aufgrund der Typisierung gewonnenen Ergebnisse in einer beträchtlichen Anzahl von Fällen mit den realen Fakten nicht in Einklang stehen[45].

2. Steuerbelastungsmäßige Abweichungen

Die solcherart der Einkommensbesteuerung der Land- und Forstwirte zugrunde gelegten Gewinne bleiben erheblich hinter den tatsächlich erzielten Reinerträgen zurück[46]. Diese machen mehr als das Doppelte derjenigen Reinerträge aus, die den Einheitswerten der Hauptfeststellung 1964 zugrunde liegen[47]. Das Auseinanderklaffen von durch Buchführung ermittelten und nach Durchschnittsätzen berechneten Gewinnen war auch schon bei dem Gesetz über die Ermittlung des Gewinns aus Land- und Forstwirtschaft nach Durchschnittsätzen vom 15. September 1965 (GDL) zu beobachten[48].

3. Zwischenergebnis

Formal steht § 13 a EStG in der Palette der Gewinnermittlungsarten beziehungslos neben den Bestandsvergleichen nach § 4 Abs. 1 und § 5 EStG. Auch zur Überschußrechnung mangelt es an Parallelen. *Materiell* verdeutlichen die statistischen Auswertungen, daß die nach Durchschnittsätzen typisierend festgelegten Gewinne von denen nach § 4 Abs. 1 oder § 4 Abs. 3 EStG ermittelten Gewinnen generell beträchtlich abweichen. Dadurch ergibt sich in der Regel ein Steuerspareffekt für die Land- und Forstwirte im Sinne des § 13 a EStG, der sich sowohl

---

[44] *Herrmann / Heuer* (FN 3), § 13 a EStG Anm. 32.

[45] *Buschhoff,* Die Besteuerung nach Durchschnittsätzen gemäß § 29 EStG, in: Von der Auslegung und Anwendung der Steuergesetze, herausgegeben von Felix, Stuttgart 1958, S. 194 ff. (196).

[46] Die einkommensteuerliche Entlastung durch § 13 a EStG wurde soeben auch durch das Gutachten zur Einkommensbesteuerung der Landwirtschaft, erstattet von der Kommission zur Begutachtung der Einkommensbesteuerung der Landwirtschaft, eingesetzt vom BdF und vom Bundesminister für Ernährung, Landwirtschaft und Forsten, Schriftenreihe des BdF Heft 24, Bonn 1978, S. 50 ff., analysiert.

[47] *Kutscher,* DStZ/A 1976 S. 7 ff. (10); die entsprechenden Steuermindereinnahmen schätzt die BReg für 1976 auf 750 Millionen DM (Fünfter Subventionsbericht v. 22. Okt. 1975, BT-Drucks. 7/4203, S. 166/167).

[48] *Fecht,* Kritische Untersuchung der Einkommensbesteuerung der deutschen, französischen, US-amerikanischen und britischen Landwirtschaft, Berlin 1970, vergleicht bei 51 landwirtschaftlichen Betrieben die nach dem GDL pauschalierten mit den tatsächlich erwirtschafteten Gewinnen. Bei Betrieben bis zu einer Größenordnung von 20 ha (Tabelle 19 a) zeigte sich eine maximale Gewinndifferenz von 3 698 DM, bei einer Bodennutzung von mehr als 20 ha (Tabelle 19 b) sogar eine Maximalabweichung von 9 008,— DM zu Lasten des nach dem GDL ermittelten Gewinns.

gegenüber buchführenden als auch gegenüber den Überschuß der Betriebseinnahmen ansetzenden Land- und Forstwirten und gegenüber anderen Unternehmern bemerkbar macht[49].

IV. Zusammenfassung der Zwischenergebnisse

Die nach § 4 Abs. 3 EStG und die nach § 13 a EStG berechneten Gewinne weichen zum Teil erheblich von den mittels Bestandsvergleichs als Regelfall der Gewinnermittlung festgestellten Betriebsergebnissen ab. Dadurch ergeben sich hohe steuerliche Ungleichmäßigkeiten, deren Legitimation zu ergründen bleibt.

D. Kritische Würdigung der geltenden pluralistischen Rechtslage

Grundlage dieser Ungleichmäßigkeiten ist der Pluralismus im Bereich der betrieblichen Einkunftsarten. Es soll nunmehr abgehandelt werden, inwieweit die Anordnung der Gewinnermittlungsvorschriften verfassungs- und systemgerecht und inwieweit sie nur historisch beständig ist.

I. Zusammenführung der Bestandsvergleiche — Postulat der Integration einer durch die Rechtsentwicklung überholten Vorschrift

1. Rechtsgeschichtliches

Vorläufer des § 4 Abs. 1 EStG waren §§ 32 Abs. 1, 33 Abs. 1 EStG 1920[50], die zur Ermittlung des land- und forstwirtschaftlichen Betriebsgewinns (§ 32 EStG 1920) und des Geschäftsgewinns der nicht dem Handelsrecht unterworfenen Steuerpflichtigen (§ 33 EStG 1920) einen sogenannten *eingeschränkten* Bestandsvergleich[51] vorsahen. Ausgehend vom Vergleich der Betriebseinnahmen und der Betriebsausgaben waren Betriebs- bzw. Geschäftsgewinn durch Berücksichtigung der Unterschiede in dem Stand und Wert der Erzeugnisse, Waren und Vorräte des Betriebs sowie des beweglichen Anlagekapitals am Schluß des Wirtschafts- bzw. Geschäftsjahres gegenüber deren Stand und Wert am Anfang der-

[49] *Tipke*, Steuerrecht, Ein systematischer Grundriß, 7. Aufl., Köln 1979, S. 239.

[50] RGBl. 1920 S. 359 ff.

[51] *Herrmann / Heuer* (FN 3), Vor §§ 4, 5 Anm. 20.

selben[52] festzustellen. § 12 Abs. 1 Satz 1 EStG 1925[53] sah gleichfalls den eingeschränkten Bestandsvergleich als Regelform der Gewinnermittlung für Nichtkaufleute vor[54]. Einnahmen aus der Veräußerung von Grund und Boden, der zum Anlagekapital gehörte, blieben außer Ansatz (§ 12 Abs. 1 Satz 2 EStG 1925). Durch das EStG 1934[55] wurde der bisherige Gewinnbegriff in der Fassung völlig geändert[56]. § 4 Abs. 1 EStG 1934 entsprach nunmehr der jetzigen Regelung, nicht nur hinsichtlich der Bezifferung, sondern auch bezüglich der Gewinnermittlungsmethode. Erstmalig wurde damit auch für Nichtkaufleute ein *vollständiger* Betriebsvermögensvergleich[57] installiert. Von lediglich deklaratorischer Bedeutung war die auf das Gesetz zur Neuordnung von Steuern vom 16. Dezember 1954[58] (StNOG) zurückgehende Ergänzung des § 4 Abs. 1 Satz 4 EStG 1955[59], nach der bei der Ermittlung des Gewinns auch die Vorschriften über die Absetzung für Abnutzung oder Substanzverringerung zu befolgen waren. Durch Art. 1 des 2. StÄndG 1971 vom 10. August 1971[60] wurde § 4 Abs. 1 Satz 5 EStG gestrichen, aufgrund dessen der Wert des Grund und Bodens außer Ansatz zu bleiben hatte[61].

Gewinnermittlungsvorschriften, die die Ergebnisse der kaufmännischen Buchführung auch für die Zwecke der Einkommensteuer als maßgebend erklärten und damit tendenziell dem heutigen Bestandsvergleich nach § 5 EStG entsprachen, enthielten erstmalig das bremische Einkommensteuergesetz vom 17. Dezember 1874[62], das sächsische Einkommensteuergesetz vom 22. Dezember 1874[63], das hamburgische Einkom-

---

[52] In dem Wertunterschied kamen auch die bereits nach § 13 Ziff. 1 b EStG 1920 zugelassenen jährlichen Abschreibungen zum Ausdruck (*Strutz*, Handausgabe des Einkommensteuergesetzes vom 29. März 1920 [Reichseinkommensteuer], 2. Aufl., Berlin 1920, Anm. 16 zu § 32).

[53] RGBl. 1925 I S. 189 ff.

[54] Strutz nahm die Kritik an dem eingeschränkten Bestandsvergleich als der zwischen dem Vermögensvergleich und dem Überschuß der Einnahmen über die Ausgaben der Nichtunternehmer stehenden „wesensverschiedenen" dritten Gewinnermittlungsart mit der Begründung auf, „der wirtschaftlichen Denkweise" von Landwirten und Angehörigen der freien Berufe läge „der Gedanke eines Vermögensvergleichs fern". Seiner Ansicht nach „wäre es richtiger gewesen, bezüglich ihrer sich auf den Überschuß der Einnahmen über die Ausgaben zu beschränken" (*Strutz*, Kommentar zum Einkommensteuergesetz vom 10. Aug. 1925, Erster Band, Berlin 1927, Anm. 5 zu § 12).

[55] RGBl. 1934 I S. 1005 ff.

[56] Begründung zum Einkommensteuergesetz vom 16. Okt. 1934, RStBl. 1935 S. 33 ff. (36).

[57] *Herrmann / Heuer* (FN 3), Vor §§ 4, 5 Anm. 20.

[58] BGBl. 1954 I S. 373 ff. (374).

[59] BGBl. 1954 I S. 441 ff.

[60] BGBl. 1971 I S. 1266 ff.

[61] Vgl. in diesem Abschnitt oben C. I. 1.

[62] Auszugsweiser Abdruck bei *Barth*, Die Entwicklung des deutschen Bilanzrechts, Band II Steuerrecht, Teilband I, Stuttgart 1955, Anhang S. 55 f.

[63] Auszugsweiser Abdruck ebd., Anhang S. 53.

mensteuergesetz vom 7. März 1881[64] und das preußische Einkommensteuergesetz vom 24. Juni 1891[65]. § 33 Abs. 2 EStG 1920[66] setzte die im 19. Jahrhundert eingeschlagene Richtung fort:

„Bei Steuerpflichtigen, welche Handelsbücher nach den Vorschriften des Handelsgesetzbuches führen, ist der Geschäftsgewinn unter Beachtung der Vorschriften des § 15 nach den Grundsätzen zu berechnen, wie sie für die Inventur und Bilanz durch das Handelsgesetzbuch vorgeschrieben sind."

§ 13 EStG 1925[67] erweiterte den persönlichen Geltungsbereich auch auf Steuerpflichtige, die Handelsbücher nach den Vorschriften des Handelsgesetzbuches tatsächlich führten, ohne dazu verpflichtet zu sein. Demgegenüber verzichtete § 5 EStG 1934[68] darauf, aufgrund freiwilliger Buchführung und Bilanzierung ermittelte Gewinne der Einkommensbesteuerung zuzuführen und beschränkte die Anwendung auf die nach dem Handelsgesetzbuch verpflichteten Kaufleute. Aufgrund des Gesetzes zur Neuordnung von Steuern vom 16. Dezember 1954[69] (StNOG) dehnte § 5 EStG 1955 die Gewinnermittlung durch Bestandsvergleich über den Kreis der Vollkaufleute hinaus auf die übrigen Gewerbetreibenden im Sinne des § 15 EStG aus, die ohne gesetzliche Verpflichtung Bücher führten und regelmäßig Abschlüsse machten. Eine Aufrechterhaltung der bisherigen Unterscheidung erschien nicht gerechtfertigt, da in der Regel die Gewerbetreibenden, die allein aufgrund der Reichsabgabenordnung zur Buchführung verpflichtet waren, gleich umfangreiche Buchführungen hatten wie die im Handelsregister eingetragenen Gewerbetreibenden[70]. Das Gesetz zur Änderung des Einkommensteuergesetzes vom 16. Mai 1969[71] führte zur Neufassung des § 5 EStG. Die Änderung betraf die Behandlung immaterieller Wirtschaftsgüter und der Rechnungsabgrenzungsposten.

2. Verfassungsrechtliches

Dem Steuerpflichtigen ist normativ vorgegeben, ob er seinen Gewinn nach § 4 Abs. 1 EStG oder nach § 5 EStG zu ermitteln hat. Eine Option für eine der beiden Vorschriften ist ihm versagt. Dadurch könnte der Bereich des eingerichteten und ausgeübten Gewerbebetriebs tangiert sein, der nach Rechtsprechung und Rechtslehre den Eigentumsschutz

---

[64] Ebd., S. 194 f.

[65] PrGS 1891 S. 175 ff.

[66] RGBl. 1920 S. 359 ff.

[67] RGBl. 1925 I S. 189 ff.

[68] RGBl. 1934 I S. 1005 ff.

[69] BGBl. 1954 I S. 373 ff. (374).

[70] Amtliche Begründung zum Entwurf eines Gesetzes zur Neuordnung von Steuern, BT-Drucks. 2/481 S. 77.

[71] BGBl. 1969 I S. 421 f.

des Art. 14 GG genießt[72]. Der Eigentumschutz kann sich aber nur auf den Gewerbebetrieb als Sach- und Rechtsgesamtheit beziehen. Regelungen, die nicht in die Substanz des Betriebes eingreifen, sondern lediglich Auflagen für die Ausübung des Gewerbes machen, sind in der Regel nur als Bestimmung von Inhalt und Grenzen des Eigentums im Sinne des Art. 14 Abs. 1 Satz 2 GG zu werten[73]. Steuerliche Vorschriften, die die Art und Weise der Gewinnermittlung betreffen, stellen bloße formale Methoden der Gestaltung des betrieblichen Rechenwerkes dar und greifen nicht in die Eigentumssubstanz ein. Art. 14 GG ist folglich als Prüfungsmaßstab für die Verfassungsmäßigkeit des methodischen Pluralismus unbrauchbar.

Durch steuergesetzliche Maßnahmen kann die Berufsfreiheit des Art. 12 Abs. 1 GG eingeschränkt sein[74]. Vorschriften über die Gewinnermittlung lassen den Kern der Berufstätigkeit unangetastet. Sie berühren jene nur am Rande. Damit sind sie Akte der reinen Berufsausübung. Nach der vom Bundesverfassungsgericht entwickelten sogenannten Stufentheorie[75] rechtfertigt auf dieser Stufe bereits jede vernünftige und sachgerechte Erwägung des Gemeinwohls eine einschränkende Regelung. § 5 Abs. 1 EStG verpflichtet Vollkaufleute und bestimmte andere Gewerbetreibende, die handelsrechtlichen Grundsätze ordnungsmäßiger Buchführung zu beachten. Land- und Forstwirte, Freiberufler und andere Selbständige, die ihren Gewinn nach § 4 Abs. 1 EStG ermitteln, könnte das Gesetz zwar dazu anhalten, land- und forstwirtschaftliche, freiberufliche oder sonstige Grundsätze zu wahren, soweit solche als Gemeingut der jeweiligen Berufsstände ausgemacht werden können. Obgleich der Bestandsvergleich nach § 4 Abs. 1 EStG inzwischen handelsrechtlichen Maximen weitgehend angenähert worden ist, dürfte sich deren unmittelbare Erstreckung auf jene Unternehmer jedoch als wesensfremd erweisen. Die Differenzierung ist deshalb nachvollziehbar. Das Grundrecht Berufsfreiheit gefährdet sie nicht.

Der aus Art. 3 Abs. 1 GG ableitbare Grundsatz der Gleichmäßigkeit der Besteuerung wäre eingeschränkt, wenn der Gesetzgeber durch die Schaffung der beiden Bestandsvergleiche wesentlich Gleiches ungleich geregelt hätte und ein Steuerpflichtiger infolge dieser Ungleichbehandlung in seinen (Grund-)Rechten verletzt wäre (§ 100 Abs. 1 Satz 1 FGO, § 90 Abs. 1 BVerfGG). Der Anwendungsbereich der jeweiligen Gewinn-

---

[72] *Leibholz / Rinck*, Grundgesetz für die Bundesrepublik Deutschland, Kommentar, 5. Aufl., Köln 1975, Art. 14 Anm. 8 m.

[73] *Maunz / Dürig / Herzog / Scholz*, Grundgesetz, Kommentar, Band I, 4. Aufl., München 1977, Art. 12 RdNr. 75.

[74] Ebd., Art. 12 RdNr. 75.

[75] BVerfG v. 11. Juni 1958, BVerfGE Bd. 7 S. 377 ff. (405 ff.); BVerfG v. 9. Mai 1972, BVerfGE Bd. 33 S. 125 ff. (160).

ermittlungsmethode ist abhängig von der Einkunftsart. Ob die Bestandsvergleiche wesentlich Gleiches regeln, läßt sich dann erst beurteilen, wenn festgestellt ist, ob die betrieblichen Einkunftsarten untereinander qualitativ und normativ als gleich anzusehen sind. Eine detaillierte Untersuchung unter dem Gleichheitsaspekt kann hier jedoch entbehrlich sein, wenn die Regelung den Steuerpflichtigen jedenfalls nicht in seinen Rechten verletzt. Die Möglichkeit einer Rechtsverletzung orientiert sich im Besteuerungsverfahren nicht an der Bilanzierungsmethode[76], sondern ausschließlich an der auf dieser beruhenden Steuerbelastung[77]. Die Ansätze zur materiellen Quantifizierung der Unterschiedlichkeiten haben jedoch erkennen lassen, daß eine Differenz zwischenzeitlich nur noch hinsichtlich der Anwendung des handelsrechtlichen Niederstwertprinzips besteht, die sich in der praktischen Anwendung als bedeutungslos darstellt[78].

3. Rechtssystematisches

Eine redaktionelle Zusammenfassung von § 4 Abs. 1 EStG und § 5 EStG kann allerdings aus Gründen der einkommensteuerrechtlichen Systematik anzuraten sein. Die Bestimmungen über die Gewinnermittlung sind für die betrieblichen Einkünfte aus Land- und Forstwirtschaft, aus Gewerbebetrieb und aus selbständiger Arbeit in den §§ 4 bis 7 e EStG konzentriert und nicht — wie es ebenfalls denkbar wäre — den einzelnen Einkunftsarten textlich jeweils unmittelbar zugeordnet. Diesem technischen Aufbau würde es meines Erachtens besser entsprechen, § 4 Abs. 1 EStG und § 5 EStG in einer Norm zu bündeln[79], zumal damit der im Laufe der Zeit vollzogene Wandel der Vorschriften konse-

---

[76] Die gesetzliche Bestimmung einer Verfahrensmodalität könnte, für sich allein betrachtet, nur dann verfassungswidrig sein, wenn ein bestimmter Kreis von Steuerpflichtigen an eine unverhältnismäßig zeit- oder kostenaufwendigere Gewinnermittlungsmethode gebunden wäre als andere Steuerpflichtige, ohne daß die Erschwernis sachlich einleuchten würde.

[77] Gegenstand der Beschwer (§ 350 AO) ist ausschließlich die vom Finanzamt festgesetzte Steuer.

[78] Vgl. in diesem Abschnitt oben C. I. 3.

[79] Gleicher Ansicht *Herrmann / Heuer* (FN 3), Vor §§ 4, 5 Anm. 20 letzter Absatz. Zum gleichen Vorschlag gelangte die Einkommensteuerkommission 1964 (FN 24), S. 82 ff. Der Entwurf eines Dritten Steuerreformgesetzes, Gesetzentwurf der BReg vom 8. Jan. 1974 (FN 2), S. 20, sah in § 11 EStG 1975 ebenfalls einen einheitlichen Betriebsvermögensvergleich vor. Im Jahre 1954 lehnte die BReg eine durch den BRat beabsichtigte Zusammenlegung ab, da sich die bisherige Gliederung seit 1935 in Kommentarliteratur, Karteien und übrigem Schrifttum eingebürgert habe (BT-Drucks. 2/481 Anlage C S. 141). Die Steuerreformkommission 1971, Gutachten der Steuerreformkommission 1971, Schriftenreihe des BdF Heft 17, Bonn 1971, schlägt folgende Einteilung vor: § A: Vermögensvergleich (Tz. V/72), § B: Betriebsvermögen der Vollkaufleute (Tz. V/98), § I: Betriebsvermögen der Nicht-Vollkaufleute (Tz. V/291).

quent fortgesetzt würde. Anfänglich wurde nur bei Vollkaufleuten, die nach Handelsrecht ohnehin Bücher zu führen hatten und zur Erstellung eines bilanzmäßigen Jahresabschlusses verpflichtet waren, der so ermittelte Gewinn der Berechnung der Einkommensteuer zugrunde gelegt[80]. Den anderen Unternehmern wurde ein eingeschränkter Bestandsvergleich abverlangt[81]. Seit dem Einkommensteuergesetz 1934 ist der uneingeschränkte Bestandsvergleich die Regelgewinnermittlungsart sämtlicher Unternehmer[82]. Heute weicht die Gewinnermittlung nach § 5 EStG von der nach § 4 Abs. 1 EStG nur noch in der Bindung an das handelsrechtliche Niederstwertprinzip ab[83]. Durch eine sinngemäße Anwendung der handelsrechtlichen Grundsätze ordnungsmäßiger Buchführung bei der Gewinnermittlung der nichtgewerblichen Unternehmer sollte die Chance, den historischen Entwicklungsprozeß abzuschließen, genutzt werden.

4. Ergebnis

Die Koexistenz der beiden Bestandsvergleiche läßt zwar keine verfassungsrechtlichen Probleme auftauchen. Eine Zusammenfassung von § 4 Abs. 1 EStG und § 5 EStG ist allerdings aus technischen Gründen unter dem Gesichtspunkt der Klarheit und Übersichtlichkeit anzuraten.

II. Bestandsvergleich und Überschußrechnung — Betrachtung eines Dualismus im Lichte des Grundsatzes der Gleichmäßigkeit der Besteuerung (Art. 3 Abs. 1 GG)

Die oben[84] abstrakt quantifizierten steuerbelastungsmäßigen Unterschiede der durch Bestandsvergleich und durch Überschußrechnung festgestellten Betriebsergebnisse sollen nunmehr anhand des Art. 3 Abs. 1 GG rechtlich bewertet werden. Die Diagnose wird darüber Auskunft geben können, ob die Ungleichbehandlung gerechtfertigt, ob sie möglicherweise sogar geboten ist.

1. Die Bestimmung des Vergleichsmaßstabs

Ob ein Unternehmer seinen Gewinn durch Bestandsvergleich oder durch Überschußrechnung zu ermitteln hat, regelt sich nach der Art seines Unternehmens. Ein verfassungsrechtlicher Vergleich der Gewinn-

---

80 Vgl. in diesem Abschnitt oben D. I. 1.

81 Vgl. in diesem Abschnitt oben D. I. 1.

82 Ebd.

83 Vgl. in diesem Abschnitt oben C. I. 3.

84 In diesem Abschnitt, C. II.

ermittlungsarten setzt demnach zunächst die Vergleichbarkeit der betrieblichen Einkünfte voraus.

a) Die qualitative Klassifizierung der Einkünfte unter dem Ordnungsaspekt

Nach § 2 Abs. 1 Satz 1 EStG unterliegen der Einkommensteuer

1. Einkünfte aus Land- und Forstwirtschaft,
2. Einkünfte aus Gewerbebetrieb,
3. Einkünfte aus selbständiger Arbeit ...

Das Einkommensteuergesetz wählt den Weg der Enumeration, da es sich in der Vergangenheit als aussichtslos erwiesen hat, einen finanzwissenschaftlich geprägten Einkommensbegriff auf eine für das Veranlagungsverfahren praktikable Formel zu bringen[85]. Die obige Unterteilung wurde gewählt, um die verschiedenen unternehmerischen Betätigungsfelder jeweils in einem überschaubaren Rahmen erfassen zu können. Diese Lösung hat ihre Wurzel im technischen Bereich, sie ist eine bloße Ordnungsmethode[86]. Mithin darf die Aufstellung der sieben Einkunftsarten „nicht dahin gedeutet werden, daß dadurch die Einkommensteuer in Sonder-Einkommensteuern[87] zerschlagen sei, deren Ergebnisse lediglich zusammenzurechnen oder auszugleichen wären“[88].

b) Die quantitative Normierung der Einkünfte unter dem Leistungsfähigkeitsaspekt

Eine Beweisführung, die nicht zu einer bloßen, subjektiv-standortbezogenen Behauptung denaturieren soll, erfordert das Aufzeigen eines Vergleichsmaßstabs. Als normativer Maßstab ist das Prinzip der Besteuerung nach der Leistungsfähigkeit anerkannt. Diese entwickelt zur Einkunfts*art* keine Beziehung. Nur zur Einkunfts*höhe* ist eine direkte Abhängigkeit gegeben. Demgemäß ist zu ergründen, inwieweit hinter den vom Leistungsfähigkeitsprinzip abgerückten Gesetzesansätzen, aufgrund derer der qualitativen Gleichrangigkeit der betrieblichen Einkunftsarten die quantitative Gefolgschaft versagt ist, andere Grundentscheidungen stehen.

---

[85] Vgl. oben Zweites Kapitel.

[86] Die eine Begünstigung nur gewisser Unternehmer (z. B. durch §§ 13 Abs. 3, 18 Abs. 4 EStG) und eine Benachteiligung anderer Unternehmer (z. B. durch die Gewerbesteuer) erst ermöglicht.

[87] Entsprechend einem Schedulensystem.

[88] *Enno Becker*, Die Grundlagen der Einkommensteuer, München, Berlin 1940, S. 218.

2. Ist die Durchbrechung des Gleichmäßigkeitsprinzips sachlich gerechtfertigt?

Die Durchbrechung des Leistungsfähigkeitsprinzips und damit des (relativen) Gebotes der Gleichmäßigkeit der Besteuerung soll nach ständiger Rechtsprechung des Bundesverfassungsgerichts keine Verletzung des Art. 3 Abs. 1 GG verursachen, soweit sich ein in der Natur der Sache liegender, sachlich einleuchtender, vernünftiger Grund für eine Ungleichbehandlung finden läßt. Ein beliebiger Grund ist verfassungsrechtlich nicht ausreichend. Die Einschränkung darf deshalb nicht willkürlich sein[89]. § 141 AO führt verschiedene Tatbestände auf, denen eine Buchführungspflicht zum Zwecke der Besteuerung entspringt. Sie sind darauf hin abzutasten, ob sie sich auf besonders zu rechtfertigende[90], zureichende[91] oder sachlich vertretbare[92] Gründe zurückführen lassen.

a) Abhängigkeit der Gewinnermittlungs- von der Einkunftsart nicht zu rechtfertigen

§ 141 AO verpflichtet gewerbliche Unternehmer sowie Land- und Forstwirte zur Buchführung und zur jährlichen Abschlußerstellung. Freiberufler (§ 18 Abs. 1 Nr. 1 EStG) sowie die übrigen Selbständigen, die Lotterieeinnehmer (§ 18 Abs. 1 Nr. 2 EStG), Testamentsvollstrecker, Vermögensverwalter und Aufsichtsratsmitglieder (§ 18 Abs. 1 Nr. 3 EStG), trifft keine Buchführungspflicht. Angehörige der sogenannten freien Berufe begünstigende[93] Sonderregelungen werden damit gerechtfertigt, „daß der Gesetzgeber offenbar eine gewisse Kombination von Eigenschaften und Tätigkeiten, wie sie sich bei den freien Berufen typischerweise findet, für besonders wertvoll und darum förderungswürdig hält“[94]. Der Frage, ob auch außerfiskalische Zielsetzungen die Gestaltung des Steuerrechts zulässigerweise beeinflussen dürfen, braucht an dieser Stelle nicht nachgegangen zu werden. Die Berücksichtigung einer wirtschafts- oder gesellschaftspolitischen Lenkungsmaßnahme setzt jedenfalls eine eindeutige gesetzgeberische Kennzeichnung voraus[95]. Die technischen Erleichterungen für die Gewinnermittlung der

---

[89] Vgl. oben Drittes Kapitel, Erster Abschnitt, C.

[90] BVerfG v. 2. Nov. 1960, BVerfGE Bd. 11 S. 351 ff. (361).

[91] BVerfG v. 23. Jan. 1957, BVerfGE Bd. 6 S. 121 ff. (131).

[92] BVerfG v. 9. Mai 1961, BVerfGE Bd. 12 S. 326 ff. (333).

[93] Nach a. A. sollen die freien Berufe im Vergleich zu Gewerbetreibenden und Arbeitnehmern allerdings steuerlich benachteiligt sein (*Rose / Eggesiecker*, Zur Steuerbelastung der freien Berufe, Köln 1971).

[94] *Schick*, Die freien Berufe im Steuerrecht, Köln 1973, S. 8; ähnlich *Longin*, Steuerliche Besonderheiten der Freien Berufe, Steuer-Kongreß-Report 1974 S. 161 ff. (162/163).

[95] *Bühler / Strickrodt*, Steuerrecht, Grundriß in zwei Bänden, Band I Allgemeines Steuerrecht, 1. Halbband, 3. Aufl., Wiesbaden 1950, S. 200; BFH v. 5. Nov. 1964, BStBl. 1964 III S. 602 ff. (604).

Freiberufler und übrigen Selbständigen waren nicht dazu angetan, eine steuerliche Begünstigung zu bescheren. Statt dessen ist stets betont worden, Bestandsvergleich und Überschußrechnung seien auf eine Totalgewinnidentität hin ausgerichtet[96]. Folglich erfährt hier das Leistungsfähigkeitsprinzip keine Einschränkung durch ein anderes normkonzipierendes Prinzip. Es bleibt alleiniges tertium comparationis für das Maß der verfassungsrechtlichen Gleichheit und Gleichmäßigkeit der Besteuerung. Diese versagen es, dem Kreis derjenigen, die Einkünfte aus selbständiger Arbeit im Sinne des § 18 Abs. 1 EStG erzielen, eine Sonderbehandlung zuzugestehen[97], die jene nicht den allgemeinen Buchführungs- und Bilanzierungspflichten unterstellt. Der Anschauung *Strutzs*, Land- und Forstwirten sowie Freiberuflern läge der Gedanke eines Vermögensvergleichs fern[98], kann schließlich entgegengehalten werden, daß eine durch langjährige Übung manifestierte innere Einstellung eines Betroffenen nichts über deren rechtliche Begründbarkeit verlauten läßt.

b) Umsatzabhängigkeit der Gewinnermittlungsarten tendenziell ungeeignet

Innerhalb der Einkunftsarten nach §§ 13, 15 EStG behandelt § 141 Abs. 1 Nr. 1 AO Betriebsinhaber in Abhängigkeit ihrer Umsatzhöhe unterschiedlich. Diese originär steuerrechtliche Verpflichtung, Bücher zu führen und aufgrund jährlicher Bestandsaufnahmen Abschlüsse zu machen, stellt darauf ab, ob der Betriebsinhaber für den einzelnen Betrieb Umsätze einschließlich der steuerfreien Umsätze, ausgenommen die Umsätze nach § 4 Nr. 8 bis 10 UStG, von mehr als 360 000 DM im Kalenderjahr gehabt hat.

Das Abgrenzungskriterium „Umsatz" wäre verfassungsrechtlich nicht zu beanstanden, wenn es ein am Leistungsfähigkeitsgrundsatz ausgerichtetes, sachlich einleuchtendes Merkmal wäre. Je stärker der Umsatz eines Betriebes ansteigt, desto umfangreicher stellt sich sein Rechenwerk dar. Eine emporstrebende Zahl der Einzelveräußerungsgeschäfte vermehrt wegen anwachsender Fehlerrisiken das Kontrollbedürfnis, das eher durch eine Buchführung, denn durch eine Überschußrechnung befriedigt werden kann. Da die betrieblichen Verhältnisse indes zu verschieden sind, sagt eine bestimmte Umsatzhöhe nichts über die Notwendigkeit eines auf einer doppelten Buchführung beruhenden bilanzmäßigen Jahresabschlusses aus. Insbesondere ist der Umsatz eines Betriebes tendenziell ungeeignet, den Grad der individuellen Leistungsfähigkeit zu definieren.

---

[96] Rechtsprechungsnachweise in FN 33.

[97] *Streck*, Rezension zu Walter Schick, „Die freien Berufe im Steuerrecht", StuW 1974 S. 379 f. (379).

[98] Siehe FN 54.

c) Gewinnabhängigkeit der Gewinnermittlungsarten generell ungeeignet

Die subsidiäre, originär steuerrechtliche Bilanzierungspflicht erstreckt sich auch auf Gewerbetreibende, deren Gewinne mehr als 24 000 DM im Wirtschaftsjahr, sowie auf Land- und Forstwirte, deren Gewinne mehr als 15 000 DM im Kalenderjahr betragen haben (§ 141 Abs. 1 Nr. 4 und 5 AO). Auf den ersten Blick besticht die Norm durch ihre einfache, schnelle und sichere Subsumtionsmöglichkeit. Erst dem verweilenden Auge eröffnet sich die Problematik, aufgrund derer die Eignung der Regelung rechtlich in Frage steht. Die Vorschrift gebraucht den Gewinnbegriff in doppeltem Sinne. Ist zu entscheiden, ob die Voraussetzungen, unter denen der Steuerpflichtige zur Buchführung und zur Bilanzierung verpflichtet ist, nicht mehr gegeben sind, so versteht sich „Gewinn" als Ergebnis des letzten Betriebsvermögensvergleiches. Geht es um den Beginn der Buchführungspflicht, so ist „Gewinn" der Überschuß der Betriebseinnahmen über die Betriebsausgaben. Der Formulierung des § 4 Abs. 1 EStG entsprechend korrespondiert die individuelle steuerliche Leistungsfähigkeit des Unternehmers mit der Veränderung des Betriebsvermögens. Dem Gewinnbegriff, aus dem sich die Buchführungsverpflichtung de lege lata begründet, ist dagegen die Berücksichtigung von Zuwachs oder Verminderung des Betriebsvermögens fremd. Folglich kann er kein Gradmesser für eine aus dem Vermögenszuwachs (per definitionem) resultierende Leistungsfähigkeit sein.

d) Spezielle Eignung des Betriebsvermögens

§ 141 Abs. 1 Nr. 2 und 3 AO verlangen bei einem Betriebsvermögen oder einem land- und forstwirtschaftlichen Vermögen von mehr als 100 000 DM die Gewinnermittlung durch Vermögensvergleich. Da nach dem Willen des Steuergesetzgebers der realisierte Wertzuwachs des unternehmerischen Vermögensbestandes die steuerliche Leistungsfähigkeit indiziert, ist das Betriebsvermögen der geeignete Anknüpfungspunkt für die Buchführungspflicht. Diese Feststellung entbindet aber noch nicht von der Aufgabe, an die Aufdeckung solcher Gründe heranzugehen, die die Überschußrechnung möglicherweise rechtfertigen.

Das vom Gesetzgeber zur Erreichung seines Zieles eingesetzte Mittel muß in einem vernünftigen Verhältnis zu der zu erwartenden Belastung des Bürgers stehen[99]. Das Übermaßverbot verpflichtet den Staat dort zur Wahl des milderen Mittels, wo auch der weitere Eingriff keinen besseren Erfolg verspräche[100]. Die Anfertigung einer doppelten Buch-

---

[99] BVerfG v. 29. Juli 1959, BVerfGE Bd. 10 S. 89 ff. (117); BVerfG v. 18. Juli 1973, BVerfGE Bd. 35 S. 382 ff. (401); siehe auch Drittes Kapitel, Erster Abschnitt, B.

führung sowie die jährliche Erstellung einer Bilanz stellen für den Steuerzahler eine zeit- und kostenintensivere Maßnahme dar als die Gegenüberstellung seiner Einnahmen und Ausgaben. Gewinn- und damit steuerbelastungsmäßige Unterschiede zwischen den beiden Gewinnermittlungsarten sind dann festzustellen, wenn ein Betriebsvermögen vorhanden ist, bei dem über Bestandsveränderungen aufgrund Einnahmen und Ausgaben sowie Einlagen und Entnahmen hinaus weitere (periodische) Verschiebungen auftreten. Ist jedoch für die unternehmerische Betätigung ein Betriebsvermögen entbehrlich oder sind die Veränderungen im Vermögensbestand nur von untergeordneter Bedeutung, so wären die steuerlichen Ergebnisse von Bestandsvergleich und Überschußrechnung nahezu identisch. In diesen Fällen wäre es, aus der Perspektive des Übermaßverbotes beleuchtet, nicht nur zulässig, sondern sogar verfassungsrechtlich geboten, eine erleichterte Art der Gewinnermittlung für steuerliche Zwecke anzubieten[101].

e) Partielle Eignung nichtsteuerlicher Bilanzierungsgebote

Nichtsteuerliche Verpflichtungen, Bücher und Aufzeichnungen zu führen, erwachsen dem Steuerpflichtigen nach § 140 AO auch für die Besteuerung, soweit sie dafür von Bedeutung sind. Das Zugeständnis außerordentlicher Zweckmäßigkeit der Vereinheitlichung von außersteuerlichen und steuerlichen Pflichten wird aber von deren unterschiedlichen Zielsetzungen überlagert[102]. Die Buchführungspflichten des Handelsrechts tendieren auf die Beweiskraft der Handelsbücher[103], Gläubigerschutz[104], Dokumentation[105] und Rechenschaft[106] hin. Buchführungspflichten, die dem Einkommensteuerrecht dienen, haben dagegen die Aufgabe zu erfüllen, die Erfassung des Gewinns als Ausdruck steuerlicher Leistungsfähigkeit zu ermöglichen. Für den Bereich der Einkommensteuer spezialisiert § 5 Abs. 1 EStG die in § 140 AO formulierte grundsätzliche Erschließung nichtsteuerlicher gesetzlicher Vorschriften. Deshalb braucht der aus § 140 AO herleitbare außersteuerliche Pflichtenkreis hier nicht insgesamt der rechtlichen Überprüfung anheimgegeben zu werden, sondern nur insoweit, als sich aus den außersteuerlichen Bestimmungen die Verpflichtung zum Bestandsvergleich rekrutiert. Die Diskussion übriger Aufzeichnungspflichten im Sinne des § 140 AO

---

100 *Leibholz / Rinck* (FN 72), Art. 20 Anm. 27; BVerfG v. 11. März 1975, BVerfGE Bd. 39 S. 156 ff. (165).

101 Gleicher Ansicht *Schneider*, StuW 1971 S. 326 ff. (330).

102 *Tipke / Kruse* (FN 7), § 140 Tz. 1.

103 *Kruse*, Grundsätze ordnungsmäßiger Buchführung, Köln 1970, S. 200.

104 Ebd., S. 201.

105 *Leffson*, Die Grundsätze ordnungsmäßiger Buchführung, 2. Aufl., Düsseldorf 1970, S. 49 f.

106 Ebd., S. 51 ff.

würde einer Vertiefung der Probleme, die das pluralistische Gewinnermittlungssystem beschert, nicht dienlich sein. Somit bleiben lediglich die allgemeinen handelsrechtlichen[107] sowie die speziellen personengesellschaftsrechtlichen[108], aktien-[109], GmbH-[110] und genossenschaftsrechtlichen[111] Buchführungspflichten im Blickpunkt.

Die vorhergehenden Überlegungen haben die spezielle Eignung des Betriebsvermögens zutage treten lassen, über die Art der Gewinnermittlung zu befinden. Die Transponierung nichtsteuerlicher Bilanzierungsregeln schmälert dessen Relevanz nicht. Zwar stellen die handelsrechtlichen Buchführungsbestimmungen der §§ 38 - 40 HGB nicht ausdrücklich auf die Höhe des Betriebsvermögens ab. Eine Rückkopplung auf § 4 HGB, der unter anderem die Vorschriften über die Handelsbücher auf solche Personen keine Anwendung finden läßt, deren Gewerbebetrieb nach Art oder Umfang einen in kaufmännischer Weise eingerichteten Geschäftsbetrieb nicht erfordert, schält jedoch die mittelbare Bedeutung des Betriebsvermögens für die Abgrenzung der Voll- von den Minderkaufleuten heraus. Noch prononcierter gilt dies für das Aktienrecht, dessen § 7 AktG einen Mindestnennbetrag des Grundkapitals in Höhe von 100 000 DM verlangt. Das Mindeststammkapital der GmbH in Höhe von 50 000 DM (§ 5 GmbHG) rechtfertigt daneben ebenfalls eine betriebsvermögensvergleichende Gewinnermittlung. Da das Gesetz betreffend die Erwerbs- und Wirtschaftsgenossenschaften (GenG) ein Mindestkapital der Genossenschaft nicht vorschreibt, ist die steuerliche Übernahme der genossenschaftsrechtlichen Bilanzierungsverpflichtung nicht so unmittelbar zu begründen. Berücksichtigt man aber neben dem Zweck einer Genossenschaft, der die Förderung des Erwerbes oder der Wirtschaft ihrer Mitglieder mittels gemeinschaftlichen Geschäftsbetriebes obliegt (§ 1 Abs. 1 GenG), die ausschließliche Haftung des Vermögens der Genossenschaft für deren Verbindlichkeiten gegenüber Gläubigern (§ 2 GenG), die Beteiligung der Genossen mit Geschäftsanteilen (§ 7 Nr. 1 GenG), die Verpflichtung zur Bildung eines Reservefonds (§ 7 Nr. 3 GenG), so läßt die Genossenschaft nicht lediglich auf eine Leistungs-, sondern auch auf eine Vermögensorientierung schließen, die eine Gewinnermittlung durch Bestandsvergleich erfordert.

3. Ergebnis

Der Bestandsvergleich ist die Grundform der steuerlichen Gewinnermittlung. Seine Durchführung rechtfertigt sich dort, wo gewinnbeein-

---

[107] §§ 38 - 40 HGB.
[108] §§ 120, 161 Abs. 2 HGB.
[109] §§ 91, 148 ff., 286, 329 ff. AktG.
[110] §§ 41, 42 GmbHG.
[111] §§ 33 ff. GenG.

flussende Verschiebungen im Betriebsvermögen zu verzeichnen sind, die bei einer Überschußrechnung zumindest vorläufig ohne Niederschlag blieben. Die formelle Erleichterung der Gewinnermittlung durch Gegenüberstellung der Betriebseinnahmen und Betriebsausgaben erscheint dagegen aus Verhältnismäßigkeitsgründen in den Fällen als sachgerecht im Sinne des Art. 3 Abs. 1 GG, in denen nur ein geringes Betriebsvermögen zur unternehmerischen Betätigung eingesetzt wird.

III. Besteuerung nach Durchschnittsätzen — § 13 a EStG als Antipode verfassungsrechtlicher und rechtssystematischer Grundsätze

1. Die Beeinträchtigung des Grundsatzes der Gleichmäßigkeit der Besteuerung (Art. 3 Abs. 1 GG)

a) Das Niveau der Durchschnittsätze

§ 13 a EStG wäre mit Art. 3 Abs. 1 GG unvereinbar, wenn er wesentlich Gleiches sachwidrig ungleich regeln würde[112]. Quelle einer solchen Ungleichbehandlung könnte zunächst ein zu niedriges Niveau der für § 13 a EStG relevanten Wertfaktoren sein.

aa) Das Leistungsfähigkeitsprinzip als Vergleichsmaßstab

Konkrete Vergleichsmaßstäbe lassen sich den den Gesetzen zugrunde liegenden Elementarentscheidungen des Gesetzgebers entnehmen. Systembestimmendes Motiv des Einkommensteuergesetzes ist das der Besteuerung nach der Leistungsfähigkeit. Das Leistungsfähigkeitsprinzip ist demnach der geborene Gradmesser auch einer Vergleichbarkeit von Durchschnittsatzbesteuerung und Bestandsvergleich/Überschußrechnung.

bb) Die Durchbrechung des Leistungsfähigkeitsprinzips

Eine ausschließlich am Gesichtspunkt der Besteuerung nach der Leistungsfähigkeit ausgerichtete Gewinnermittlung hätte dafür Sorge zu tragen, daß die festgestellten Einkünfte der tatsächlichen steuerlichen Leistungsfähigkeit möglichst exakt entsprechen. Wie die Berechnungen von *Kutscher*[113] zeigen, kann davon bei der derzeitigen Höhe der Einheitswerte nicht ausgegangen werden. Die „Gewinne" nach § 13 a EStG stehen zu den real und nachhaltig erzielten Reinerträgen in keinem meßbaren Verhältnis, sondern unterschreiten sie drastisch. Dadurch wird bei den Land- und Forstwirten, deren Steuerbemessungsgrundlage

---

[112] Vgl. oben Drittes Kapitel, Erster Abschnitt, C.

[113] Siehe FN 47.

solcherart ermittelt wird, das Leistungsfähigkeitsprinzip paralysiert. Der Systembruch verletzt indiziell den Gleichheitssatz[114].

cc) Mögliche Rechtfertigungen der Prinzipienuntreue

Abweichungen von bestimmten, grundlegenden Prinzipien sind nach den Ausführungen von *Canaris*[115] gerechtfertigt, wenn sie auf immanenten Schranken des Prinzips beruhen, in Fällen der Prinzipienkombination, bei Prinzipiengegensätzen sowie bei Wertungsdifferenzierungen. Vom Leistungsfähigkeitsprinzip abweichende Prinzipien sind in § 13 a EStG nicht ersichtlich. Somit könnte lediglich eine Wertungsdifferenzierung Rechtfertigung der Minderbesteuerung sein.

α) *Das Wertniveau als Steuerwürdigkeitsentscheidung*

Eine begünstigende, sachlich einleuchtende Regelung könnte in den niedrigen Wertansätzen gesehen werden, wenn der Gesetzgeber land- und forstwirtschaftliche Tätigkeit als zum Beispiel die Versorgung der Bevölkerung sicherndes, landschaftshege- und -pflegerisch förderungswürdiges Unternehmertum zu klassifizieren glaubte. Damit würde die bereits oben festgestellte qualitative Gleichrangigkeit der betrieblichen Einkunftsarten[116] einer normativen Einflußnahme unterworfen. Der ihr zugrunde liegenden Steuerwürdigkeitsentscheidung wäre die Legitimation durch eine „innere Ausgewogenheit“[117] abzuverlangen. Ein Aspekt, die Ausgestaltung der Durchschnittsatzbesteuerung unter der Leitlinie besonderer Steuerwürdigkeit der Land- und Forstwirtschaft, ist jedoch weder aus der Gesetzgebung zum GDL[118] noch zum § 13 a EStG[119] ersichtlich.

β) *Das Wertniveau als Subventionsentscheidung*

Dem Leistungsfähigkeitsprinzip könnte eine dem Sozialstaatsgrundsatz[120] entnommene Subventionsentscheidung[121, 122] entgegengestellt sein.

---

[114] *Tipke*, Die Steuerprivilegien der Sparkassen, Steuersystematische und verfassungsrechtliche Aspekte, Köln 1972, S. 20; BVerfG v. 7. Nov. 1972, BVerfGE Bd. 34 S. 103 ff. (115) m. w. N.

[115] Systemdenken und Systembegriff in der Jurisprudenz, entwickelt am Beispiel des deutschen Privatrechts, Berlin 1969, S. 113 ff.

[116] Siehe in diesem Abschnitt oben D. II. 1. a).

[117] *Strickrodt*, Das Subventionsthema in der Steuerpolitik unter besonderer Berücksichtigung der Stellung der Landwirtschaft, Berlin 1960, S. 79.

[118] Siehe Begründung der BReg zum Entwurf eines Gesetzes über die Ermittlung des Gewinns aus Land- und Forstwirtschaft nach Durchschnittsätzen (GDL) vom 14. Mai 1965, BR-Drucks. 257/65 S. 8.

[119] Siehe Dritter Bericht (Schlußbericht) des Finanzausschusses vom 7. Dez. 1973 zum Entwurf eines Zweiten Steuerreformgesetzes und eines Gesetzes zur Änderung vermögensteuerrechtlicher Vorschriften, BT-Drucks. 7/1389 S. 9.

[120] Siehe dazu Drittes Kapitel, Erster Abschnitt, A.

In Anlehnung an die durch *Canaris*[123] herausgearbeiteten Erkenntnisse zur Behandlung von Wertungsdifferenzierungen könnte in diesem Fall ein gerechtfertigter Verstoß gegen den Grundsatz der Besteuerung nach der Leistungsfähigkeit vorliegen, der keine Verletzung des Gleichheitssatzes in sich trüge[124]. Ausweislich der Anlage 2 Nr. 1 des Fünften Subventionsberichts der Bundesregierung vom 22. Oktober 1975[125] stellt die Steuervergünstigung des § 13 a EStG eine Anpassungshilfe[126] für die Land- und Forstwirtschaft dar. Die Stellungnahme erkennt in § 13 a EStG eine „Subventionswirkung", die nicht in der Art der Gewinnermittlung begründet liege, sondern in der geringen Höhe der Wertansätze[127]. Das Aufzeigen einer Subventions*wirkung* läßt indes noch nicht den Schluß auf eine sie tragende Subventions*entscheidung* zu, da die Wirkung lediglich ein faktisches Element verkörpert, das sich ungeachtet rechtlicher Beschlüsse zuständiger Körperschaften allein aufgrund der Änderung der Lebensverhältnisse ergeben kann.

Somit bleibt ein Rekurs auf die historische Entwicklung und die Gesetzgebungsmaterialien vonnöten: Vorläufer des § 13 a EStG waren die VOL 1936, die VOL 1949 sowie das GDL 1965. Die einheitswertabhängige Gewinnermittlung der VOL vom 21. Dezember 1936[128] nach Durchschnittsätzen hatte Hilfsmittelcharakter[129]. Ihre Einführung beruhte auf dem Gedanken, mit Rücksicht auf das verhältnismäßig geringfügige Steueraufkommen der betroffenen Land- und Forstwirte den Grundsatz größtmöglicher Vereinfachung des Besteuerungsverfahrens in den Vordergrund zu stellen[130]. Eine Privilegierung eines Teiles der Landwirte lag nicht in der Absicht des Gesetzgebers[131].

An die Stelle der VOL 1936 trat die gleichfalls einheitswertabhängige VOL vom 2. Juni 1949[132], die bis einschließlich Wirtschaftsjahr 1964/65

---

[121] *Strickrodt* (FN 117), S. 14, weist darauf hin, daß nicht schon bei Differenzierungen des Besteuerungstatbestandes von (subventionsmäßigen) Begünstigungen gesprochen werden kann, sondern erst bestimmte, an aktuellen Zielsetzungen orientierte gesetzespolitische *Sondermaßnahmen* diese Bezeichnung verdienen.

[122] Zur Subventionsbedürftigkeit der Landwirtschaft siehe den Agrarbericht der BReg v. 3. Febr. 1978, BT-Drucks. 8/1500.

[123] Siehe FN 115.

[124] Ebenso *Tipke*, Steuerrecht — Chaos, Konglomerat oder System?, StuW 1971 S. 2 ff. (5).

[125] BT-Drucks. 7/4203 S. 166 ff.

[126] BT-Drucks. 7/4203 S. 166 Spalte 4.

[127] BT-Drucks. 7/4203 S. 167.

[128] RGBl. 1937 I S. 1 ff.

[129] Begründung zum EStG 1934, RStBl. 1935 S. 33 ff. (46).

[130] Rderl. des RdF vom 31. Dez. 1936 (S 2142 - 85 III), RStBl. 1937 S. 35 ff. (35/36).

[131] BFH v. 5. Nov. 1964, BStBl. 1964 III S. 602 ff. (605).

[132] WiGBl. 1949 S. 95 ff.

galt. Sie beruhte noch auf den Einheitswerten der Hauptfeststellung auf den 1. Januar 1935, die im Vergleich mit realen, zeitnahen Werten bereits 1956 als seit Jahren völlig überholt anzusehen waren[133]. Die VOL 1949 verstieß gegen den Gleichheitsgrundsatz (Art. 3 Abs. 1 GG) und war mit § 29 EStG 1960[134] unvereinbar. Sie wurde deshalb vom Bundesfinanzhof für ungültig erklärt[135].

In der Absicht, den verfassungsrechtlichen Bedenken des Bundesfinanzhofs Rechnung zu tragen, wurde das Gesetz über die Ermittlung des Gewinns aus Land- und Forstwirtschaft nach Durchschnittsätzen (GDL) vom 15. September 1965[136] beschlossen, dessen § 12 eine vom Beginn des Wirtschaftsjahres 1967/68 geltende einheitswert*un*abhängige Übergangsregelung vorsah. Der Entwurf des Gesetzes ging davon aus, daß die Gewinne der nicht buchführungspflichtigen Landwirte zutreffend erfaßt werden sollten[137]. Zur Minderung des plötzlichen Übergangs von der bisherigen „Unterdurchschnittsatzbesteuerung“[138] hielt die Bundesregierung die Einführung eines allgemeinen Freibetrages für Land- und Forstwirte (§ 13 Abs. 3 EStG) für gerechtfertigt[139]. Die Geltungsdauer des § 12 GDL wurde erstmalig verlängert für die Wirtschaftsjahre bis einschließlich 1971/72[140]. Da die Einheitswerte des Grundbesitzes, denen die Wertverhältnisse vom 1. Januar 1964 zugrunde liegen, erstmalig auf Steuerfestsetzungen anzuwenden waren, bei denen die Steuerschuld nach dem 31. Dezember 1973 entstand[141], war eine nochmalige Verlängerung der Übergangsregelung bis zum Wirtschaftsjahr 1973/74 geboten[142]. Die nach §§ 1 - 10 GDL vorgesehene einheitswert*ab*hängige Gewinnermittlung erlangte somit keine Bedeutung[143].

§ 13 a EStG 1974[144] übernahm im wesentlichen die Regelungen des nicht wirksam gewordenen Teils des Gesetzes über die Ermittlung des Gewinns aus Land- und Forstwirtschaft nach Durchschnittsätzen (GDL) und kehrte damit, auch den Gedanken der Verordnungen über die Auf-

---

133 Amtliche Begründung zum Entwurf eines Gesetzes zur Änderung des Bewertungsgesetzes, des Vermögensteuergesetzes und des Erbschaftsteuergesetzes vom 21. Juni 1956, BT-Drucks. 2/2544 S. 36.

134 BGBl. 1960 I S. 789 ff.

135 BFH v. 5. Nov. 1964, BStBl. 1964 III S. 602 ff. (605/607).

136 BGBl. 1965 I S. 1350 ff.

137 BR-Drucks. 257/65 S. 8.

138 Ebd.

139 Ebd.

140 Art. 4 StÄndG 1968 v. 20. Febr. 1969, BGBl. 1969 I S. 141 ff. (145).

141 Art. 1 BewÄndG 1971 v. 27. Juli 1971, BGBl. 1971 I S. 1157 ff.

142 Art. 1 StÄndG v. 8. Mai 1972, BGBl. 1972 I S. 761 f.

143 *Herrmann / Heuer* (FN 3), § 13 a Anm. 2.

144 Eingefügt durch Art. 4 VStRG v. 17. April 1974, BGBl. 1974 I S. 949 ff. (965/967).

stellung von Durchschnittsätzen für die Ermittlung der Gewinne aus Land- und Forstwirtschaft (VOL) entsprechend, wiederum zum Einheitswert des Betriebs der Land- und Forstwirtschaft als Ausgangswert der Durchschnittsatzberechnung zurück. Daß die parlamentarischen Institutionen auch § 13 a EStG nicht auf eine subventive Basis zu stellen beabsichtigten, ergibt sich unter anderem aus dem aus § 1 Abs. 1 GDL hervorgegangenen Wahlrecht, wonach auf Antrag des Steuerpflichtigen statt des Durchschnittsatzgewinns der durch Betriebsvermögensvergleich ermittelte Gewinn der Besteuerung zugrunde gelegt werden kann, und das durch § 13 a Abs. 1 Satz 2 EStG „im Interesse der Heranführung der Betriebe an die Buchführung auf die Gewinnermittlung durch Vergleich der Betriebseinnahmen mit den Betriebsausgaben erweitert“[145] wurde. Da § 13 a EStG zwar ein begünstigender Effekt, jedoch keine objektive Lenkungstendenz innewohnt, ist der Versuch, dem Leistungsfähigkeitsprinzip eine andere Grundentscheidung als relevantes tertium comparationis entgegenzusetzen, zum Scheitern verurteilt. Damit verlagert sich die rechtliche Würdigung in den faktischen Bereich. Wie die Feststellungen von *Kutscher*[146] ergeben haben, ist die Divergenz zwischen den tatsächlichen Betriebsergebnissen und dem Grundbetrag des § 13 a EStG weder eine singulare noch arithmetisch unbedeutend. Dadurch wird die Gleichheit in zweierlei Hinsicht beeinträchtigt: Zum einen besteht ein Begünstigungseffekt gegenüber Gewerbetreibenden und Freiberuflern, zum anderen werden buchführungspflichtige Land- und Forstwirte in eine ungünstigere Wettbewerbslage gedrängt[147]. Dies gilt insbesondere für den Personenkreis der Land- und Forstwirte, die die Buchführungspflichtgrenze nur geringfügig überschreiten. Hinzu kommt, daß sich zwar die für die Buchführungsverpflichtung als notwendig erachteten Grenzen des § 141 Abs. 1 AO als objektive Kriterien darstellen, deren subjektive Funktionalität indes erst bei näherer Inaugenscheinnahme des § 141 Abs. 2 AO deutlich wird, der die Obligation zur Buchführung zusätzlich von einem Hinweis des Finanzamtes abhängig macht[148]. Dies soll selbst dann gelten, wenn der Steuerpflichtige (hier: der Land- und Forstwirt) in der Vergangenheit durch falsche Angaben das Erkennen der realen Umsatz-, Vermögens- oder Gewinnverhältnisse durch das Finanzamt zu verhindern wußte[149].

---

[145] Schlußbericht des Finanzausschusses vom 7. Dez. 1973, BT-Drucks. 7/1389 S. 9.

[146] Vgl. FN 47.

[147] *Tipke*, Die dualistische Einkünfteermittlung nach dem Einkommensteuergesetz, in: Festschrift für Heinz Paulick zum 65. Geburtstag, herausgegeben von Kruse, Köln 1973, S. 392; *ders.*, StuW 1971 S. 2 ff. (11).

[148] BFH v. 17. März 1977, BStBl. 1978 II S. 76 ff.

[149] BFH v. 31. März 1977, BStBl. 1977 II S. 549 ff. (551).

dd) Zwischenergebnis

Damit bleibt zunächst festzuhalten, daß zumindest hinsichtlich der niedrigen Wertansätze § 13 a EStG nicht den Erfordernissen entspricht, die der Gleichheitsgrundsatz an verfassungsgemäße Normen stellt.

b) Der Mangel an systematischer Purität des Berechnungstatbestandes

Es bleibt abzuwarten, ob die verfassungsrechtliche Problematik, so wie es der Anschauung der Bundesregierung entspricht[150], tatsächlich lediglich von der geringen Höhe der Wertansätze genährt wird oder ob sie sich nicht als tiefgreifender darstellt. Bei der vorstehenden Kritik standen die negativen Auswirkungen, die sich auf die zu geringe Höhe der Einheits- und Ausgangswerte zurückführen lassen, im Vordergrund. Die folgende Betrachtung baut ergänzend auf der Betonung systematischer Sachgesetzlichkeit auf. Hierbei kann zunächst auf die grundlegenden Untersuchungen von *J. Lang*[151] zurückgegriffen werden. *Lang* geht von einem zweigliedrigen Aufbau des Steuertatbestandes aus[152]:

1. Der *Grundtatbestand* bestimmt, *was* zu besteuern ist (Steuergegenstand, sachliche Seite des Steuertatbestandes) und *wer* Beteiligter des Steuerschuldverhältnisses ist (persönliche Seite des Steuertatbestandes).
2. Der *Berechnungstatbestand* als die dritte (rechnerische) Seite des Steuertatbestandes ist die Gesamtheit jener Voraussetzungen, die zur Rechtsfolge die Geldleistung, den Steuerbetrag *aus* dem Steuergegenstand haben. Bestandteile des Berechnungstatbestandes sind die *Bemessungsgrundlage* und der *Steuersatz*.

Zur systematischen Charakterisierung der Methode der Durchschnittsatzbesteuerung ist insbesondere das Verhältnis der sachlichen Seite des Steuertatbestandes zur Bemessungsgrundlage von Erkenntniswert.

aa) Die Inkongruenz von Steuergegenstand und Steuerbemessungsgrundlage bei der Durchschnittsatzmethode

Bei der Durchforstung verschiedener Steuern sind unterschiedliche Arten von Steuerbemessungsgrundlagen anzutreffen, deren Anknüpfungspunkte von der Natur der zu regelnden Sachverhalte sowie von der gesetzlichen Zielsetzung abhängen. Die Festsetzung der Steuerbemessungsgrundlagen der Verkehr-[153] und Verbrauchsteuern[154] erfolgt

---

[150] Vgl. FN 127.

[151] Systematisierung der Steuervergünstigungen, Berlin 1974.

[152] Ebd., S. 52.

[153] Dazu zählen u. a. Umsatzsteuer, Grunderwerbsteuer, Kapitalverkehrsteuern (Gesellschaftsteuer, Börsenumsatzsteuer), Kraftfahrzeugsteuer.

notwendigerweise mittels Hilfsgrößen (sogenannte indirekte Steuerbemessungsgrundlage[155]). Steuern vom Einkommen[156] lassen bereits die unmittelbare Übernahme des Steuergegenstandes in die Steuerbemessungsgrundlage zu (sogenannte direkte Steuerbemessungsgrundlage[157]). Das gilt grundsätzlich auch für das Einkommensteuerrecht. Bestandsvergleichs- und Überschußeinkünfte werden im Wege der *direkten* Zumessung erfaßt. Die Durchschnittsatzmethode weicht von diesem Wege ab. Über den Einheitswert land- und forstwirtschaftlichen Vermögens erfolgt eine behelfsmäßige *indirekte* Zurechnung. Aus dem Leistungsfähigkeitsprinzip ist unter Anwendung des obigen steuertatbestandlichen Aufbauschemas das Erfordernis zu entwickeln, daß alles das, was aufgrund des positiven Entstehungstatbestandes der Steuerschuld zu besteuern ist, in die Bemessungsgrundlage eingeht. Demnach ist die „wertmäßige Kongruenz von Steuergegenstand und Steuerbemessungsgrundlage eine unerläßliche Voraussetzung des Einkommensteuertatbestandes“[158].

bb) Die normativen Grundentscheidungen als Vergleichsmaßstäbe

In der Tat würde sich das Leistungsfähigkeitsprinzip selbst aufgeben, wenn zwar einerseits ein bestimmter Leistungsindikator (zum Beispiel der Gewinn) als steuerlich relevantes Faktum erkannt wird, andererseits aber auf dessen exakte Quantifizierung verzichtet würde, so wie es bei der Durchschnittsatzbesteuerung Brauch ist. Das Universalitätsprinzip[159] postuliert die Erfassung des gesamten Einkommens sowohl dem Grunde als auch der Höhe nach. Die Durchschnittsatzmethode bemüht sich zwar, land- und forstwirtschaftlichen Gewinnen in diesem Sinne beizukommen. Dies geschieht allerdings nur mit einem Näherungswert, dessen Grundlagen eine Realisation dieses Besteuerungsprinzips von vornherein als illusorisch beschreibt.

Bestandsvergleich und Überschußrechnung haben ihre Wurzeln im Ist-Prinzip[160]. Sie sind Spiegelbilder der tatsächlichen betrieblichen Ertragslage. Abhängig vom effektiven wirtschaftlichen Engagement berücksichtigen sie auch jedes Zufallsergebnis, komme es nun von außen auf den Betrieb zu oder mögen Interna der Quell sein. Eine Gewinnermittlung, die sich an fiktive Durchschnittsätze anlehnt, nimmt dagegen auf die individuelle, reale Entwicklung der ökonomischen Lage des

---

[154] Dazu zählen z. B. Zuckersteuer, Salzsteuer, Biersteuer, Mineralölsteuer.
[155] *Lang* (FN 151), S. 59 ff.
[156] Dazu zählen die Einkommensteuer, Körperschaftsteuer, Kirchensteuer.
[157] *Lang* (FN 151), S. 55 f.
[158] Ebd., S. 56.
[159] Vgl. oben Drittes Kapitel, Zweiter Abschnitt, B. II. 1.
[160] Siehe Drittes Kapitel, Zweiter Abschnitt, B. II. 3.

Land- und Forstwirtes keine Rücksicht. Ob die meteorotrope Situation einen hohen Ertrag oder eine Mißernte verursacht, ob die landwirtschaftlichen Erzeugnisse zwecks Ernährung der Bevölkerung veräußert, als Tierfutter verwendet, der staatlichen Vorratshaltung anheimgegeben oder aufgrund preispolitischen Frevels vernichtet werden, beeinflußt zwar unmittelbar die wirtschaftliche und steuerliche Leistungsfähigkeit, schlägt aufgrund der systemwidrigen Soll-Orientierung der Durchschnittsatzbesteuerung jedoch nicht auf die Steuerbemessungsgrundlage durch.

Da in einer auf Durchschnittsätzen aufbauenden Gewinnermittlung Betriebsausgaben begrifflich nicht auftauchen können, geschweige denn in der tatsächlich angefallenen Höhe zur Minderung der Steuerbemessungsgrundlage zugelassen werden, ist schließlich auch das Nettoprinzip tangiert[161]. Weil dessen Existenz realorientiert ist, wäre es unzulässig, die Prinzipienverletzung mit dem Hinweis in Frage zu ziehen, die Durchschnittsatzrechnung beinhalte bereits den Abzug der Betriebsausgaben.

Ob die Verstöße gegen das Leistungsfähigkeits-, das Universalitäts-, das Ist- sowie das Netto-Prinzip Art. 3 Abs. 1 GG nicht entsprechen, kann erst beurteilt werden, wenn sich die Prinzipienbeschränkungen des § 13 a EStG als sachwidrig beziehungsweise willkürlich erweisen.

cc) Der Grundsatz der Verwaltungsvereinfachung als Konjektur einer Rechtfertigung der Systembrüche

Eine Perforation des Grundsatzes der Besteuerung nach der Leistungsfähigkeit als Orientierungsmaxime steuerrechtswissenschaftlicher Betrachtung könnte möglicherweise verwaltungsökonomisch begründbar sein. Die historische Rückblende hat gezeigt, daß die Aufstellung von Durchschnittsätzen ausschließlich zu einer Vereinfachung der Gewinnermittlung führen sollte[162]. Eine Abweichung von der grundsätzlichen Auffassung, die Besteuerung an die tatsächlichen Gewinne anzubinden, war zu keiner Zeit festzustellen. Vielmehr lag es stets in der Absicht der Gesetzgebungsinstitutionen, die Durchschnittsätze auf einer Höhe zu fixieren, die einer durchschnittlichen, real erzielbaren Ertragskraft entsprach. Von einer Balance kann man nicht mehr sprechen, wenn sich die Zweck-Mittel-Relation zu Lasten sachbezogener Merkmale verschoben hat. Die Durchschnittsatzmethode ist keine partielle Ergänzung der

[161] Der Verstoß gegen das Oberprinzip ist dem gegen das Unterprinzip immanent, vgl. *Lang* (FN 151), § 79, FN 87.

[162] Ebenso: Amtliche Begründung zu § 46 EStG 1925, abgedruckt bei *Strutz*, Kommentar zum Einkommensteuergesetz vom 10. August 1925, Zweiter Band, Berlin 1929, S. 739; Begründung zum Einkommensteuergesetz vom 16. Oktober 1934, RStBl. 1935 S. 33 ff. (46/47). Siehe auch FN 131.

Überschußrechnung (wie zum Beispiel Betriebsausgabenpauschalen), sondern verfügt über einen eigenständigen Unterbau, dem Begriffe zu eigen sind, die vorrangig bei der Besteuerung *objekt*bezogener Wirtschaftsgüter zu verwerten wären[163]. Wie bereits dargelegt, beruht die *personen*bezogene Einkommensbesteuerung jedoch nicht auf solchen indirekten, sondern aus Gründen der „wertmäßigen Kongruenz"[164] auf der Verwendung direkter Steuerbemessungsgrundlagen. Diese Art der einheitswertbezogenen Steuerbemessung ist für den Bereich der Einkommensteuer generell ungeeignet. Sie ist nicht an das einkommensteuerrechtliche System angepaßt und somit sachwidrig; in der Sprache des Bundesverfassungsgerichts wäre sie „willkürlich" zu nennen. Eine sachliche Rechtfertigung könnte sie nur dann verkörpern, wenn sich die tatsächliche Erfassung der realisierten Gewinne Schwierigkeiten gegenübergestellt sähe, die in keinem vernünftigen Verhältnis zu dem erstrebten gemeinwohlorientierten[165] Besteuerungszweck stünden.

Der Land- und Forstwirt ist Unternehmer. Zur unternehmerischen Betätigung gehört die Erfüllung von Nebenpflichten, welche diesem Personenkreis im Interesse des Gemeinwohls auferlegt werden. Der Pflichtenkatalog umfaßt auch den steuerlichen Sektor. Dementsprechend sind generell Bücher zu führen und Abschlüsse zu erstellen, in Ausnahmefällen lediglich die Einnahmen aufzuzeichnen. Zwar wird von der Bundesregierung eine ersatzlose Streichung des § 13 a EStG „wegen des sich daraus ergebenden unverhältnismäßigen Aufwandes für die Steuerpflichtigen und für die Verwaltung" nicht vorgeschlagen[166]. Überzeugende Ausführungen darüber, weshalb einem bestimmten Teil der Unternehmer, nämlich den nichtbuchführungspflichtigen Land- und Forstwirten, noch nicht einmal die Verpflichtung zur Aufzeichnung der Einnahmen obliegen sollte, sind jedoch nicht ersichtlich. Im Schrifttum wird deshalb die Anbindung der Land- und Forstwirte an die allgemeinen Gewinnermittlungsregeln zu Recht gefordert[167].

---

[163] Z. B. „Einheitswert", „Ausgangswert", „Vergleichswert", „Hektarwert", „Abschläge", „Zuschläge", „Einzelertragswert".

[164] Vgl. FN 158.

[165] Zum Merkmal der Gemeinnützigkeit als allgemeingültiger Topos für subventive Steuervergünstigungen siehe *Lang* (FN 151), S. 146.

[166] Entwurf eines Gesetzes zur Neuregelung der Einkommensbesteuerung der Land- und Forstwirtschaft, Gesetzentwurf der BReg, BT-Drucks. 8/3239 v. 5. Okt. 1979 S. 1.

[167] *Karl Koch*, Aktuelles aus der Steuergesetzgebung, DStR 1978 S. 303 ff. (306); *Lang* (FN 151), S. 155; *Neumark*, Grundsätze gerechter und ökonomisch rationaler Steuerpolitik, Tübingen 1970, S. 360 f.; *Schmölders*, Organische Steuerreform, Berlin und Frankfurt a. M. 1953, S. 141 f.; *Tipke*, StuW 1971 S. 2 ff. (12); *ders.*, Die dualistische Einkünfteermittlung nach dem Einkommensteuergesetz (FN 147), S. 392; *ders.*, Steuerrecht (FN 49), S. 239; Gutachten zur Reform der direkten Steuern, erstattet vom Wissenschaftlichen Beirat beim BdF, Schriftenreihe des BdF Heft 9, Bad Godesberg 1967, S. 22;

dd) Zwischenergebnis: Die Erscheinung der Durchschnittsatzbesteuerung als verdecktes Steuerprivileg

Ein Rechtfertigungsgrund für die mit erheblichen rechtstechnischen Mängeln behaftete Vorschrift hat sich nicht finden lassen. Der Katalogisierung der Steuervergünstigungen durch *J. Lang* folgend, kann die Wirkung der „imperfekten Gewinnermittlungsart“[168] des § 13 a EStG somit als verdecktes Steuerprivileg[169] bezeichnet werden. Es ist dadurch gekennzeichnet, daß die Systemwidrigkeit nach dem äußeren System zugleich eine Wertungsinkonsequenz nach dem inneren System[170] bedeutet. Im Anschluß an die Erkenntnisse von *Canaris*[171], der die Rechtsfolgen von Wertungsdifferenzierungen graduell relativiert, stellt sich das verdeckte Steuerprivileg nicht nur als schlicht systemwidrig, sondern sogar als gleichheitssatzwidrig dar[172].

2. Die Beeinträchtigung der Wettbewerbsfreiheit (Art. 2 Abs. 1 GG)

Weiterhin könnte die Übung, anstelle realer Gewinne fiktive land- und forstwirtschaftliche Grundbeträge der Einkommensbesteuerung nutzbar zu machen, wegen Unvereinbarkeit mit dem Recht der Wettbewerbsfreiheit als Erscheinungsform der durch Art. 2 Abs. 1 GG unter anderem garantierten wirtschaftlichen Entfaltungsfreiheit grundrechtswidrig sein. Oben[173] wurde bereits ausgeführt, daß der Wettbewerbsfreiheit ein verfassungsrechtlich geschützter Eigenbereich zuerkannt wird, der weder bereits durch Art. 14 GG noch durch Art. 12 GG ausgeschöpft ist. Dieser Eigenbereich wird tangiert, soweit eine ökonomische Konkurrenzsituation durch staatliche Eingriffe einseitig beeinflußt wird. Eine Wettbewerbslage besteht nicht ausschließlich unter den Land- und Forstwirten, sondern kann sich auch dort zeigen, wo Gewerbetreibende und Landwirte[174] mit dem gleichen Warensortiment an den Konsumenten herantreten. Unterschiedliche steuerliche Belastungen variieren zwangsläufig die Kalkulationsgrundlagen der Unternehmer. Dies be-

---

Gutachten der Steuerreformkommission 1971 (FN 79), Tz. II/122 ff.; Gutachten zur Einkommensbesteuerung der Landwirtschaft (FN 46), S. 62 f.

168 *Tipke*, StuW 1971 S. 2 ff. (11).

169 *Lang* (FN 151), S. 147/155.

170 Ebd., S. 147.

171 *Canaris* (FN 115), S. 126 ff.

172 Ebenso: *Herrmann / Heuer* (FN 3), § 13 a EStG Anm. 3; *Lang* (FN 151), S. 155; *Tipke*, Steuerrecht (FN 49), S. 239. Entsprechend bereits zum GDL: *Tipke*, StuW 1971 S. 2 ff. (11/12); *ders.*, Die dualistische Einkünfteermittlung nach dem Einkommensteuergesetz (FN 147), S. 392.

173 Siehe Drittes Kapitel, Erster Abschnitt, D.

174 Zur Abgrenzung des Gewerbebetriebs gegenüber der Land- und Forstwirtschaft siehe Abschn. 134 EStR.

trifft zwar primär die betrieblichen Steuern. Jedoch kann man dort, wo ein reger Wettbewerb das Marktverhalten diktiert, feststellen, daß zur Bestimmung des unteren Preislimits die Höhe der auf den unternehmerischen Sektor entfallenden privaten Steuern nicht außer acht gelassen werden darf. Die Land- und Forstwirte, deren Gewinne nach Durchschnittsätzen berechnet werden, genießen aufgrund ihrer niedrigeren Einkommensteuerbelastung einen Marktvorteil, der die Wettbewerbslage zu Lasten der buchführungspflichtigen Unternehmer zu verzerren geeignet ist. Jene sind in der unbeschränkten Gestaltung ihres Wettbewerbs als Teilaspekt der allgemeinen Handlungsfreiheit[175] behindert.

Dem subjektiv-öffentlichen Recht[176] des bilanzierenden Unternehmers auf Wettbewerbsfreiheit begegnet das subjektiv-öffentliche Recht des Schätzungslandwirtes auf Beachtung des § 13 a EStG durch die Finanzbehörde. In einem solchen Fall widerstreitender Individualrechte läßt sich eine sachgerechte Lösung nur mit Hilfe einer Güterabwägung[177] erzielen. Für eine vorrangige Anwendung des § 13 a EStG spricht ein Vertrauensinteresse des Land- und Forstwirtes, das darauf abstellt, daß nach Art. 20 Abs. 3 GG die vollziehende Gewalt und die Rechtsprechung an Gesetz und Recht gebunden sind. Andererseits besteht eine Bindungswirkung nicht allein gegenüber § 13 a EStG, sondern nach Art. 1 Abs. 3 GG auch im Verhältnis zu Art. 3 Abs. 1 GG, dessen höhere Rechtsnormqualität ausschlaggebend ist. Das Recht des Land- und Forstwirtes auf eine Gewinnermittlung nach § 13 a EStG hat somit dort zurückzutreten, wo das schutzwürdige Interesse des buchführungspflichtigen Unternehmers auf Einhaltung der Wettbewerbsfreiheit beeinträchtigt wird. Da § 13 a EStG zudem den Gleichheitssatz des Art. 3 Abs. 1 GG verletzt, mangelt es ihm auch an der Berechtigung, gegenüber Art. 2 Abs. 1 GG als Schranke im Sinne der verfassungsmäßigen Ordnung zu fungieren.

---

[175] Zur Bedeutung des Art. 2 Abs. 1 GG auch auf wirtschaftlichem Gebiet siehe *Maunz / Dürig / Herzog / Scholz* (FN 73), Art. 2 Abs. I RdNr. 11.

[176] Zur Klagebefugnis siehe *Bernhardt*, Zur Anfechtung von Verwaltungsakten durch Dritte, JZ 1963 S. 302 ff.; BVerwG v. 30. Aug. 1968, BVerwGE Bd. 30 S. 191 ff. (198). Zur Wahrung des Steuergeheimnisses befürworten *Tipke / Kruse* (FN 7), § 40 FGO Tz. 21, die Anfechtung des eigenen Bescheides durch den benachteiligten Steuerpflichtigen. Dies erscheint mir jedoch nicht erfolgversprechend. An der obigen Problematik exemplarisch verdeutlicht, leuchtet ein, daß ein Klageerfolg z. B. eines buchführungspflichtigen Gewerbetreibenden nicht darin bestehen könnte, gleichfalls den Gewinn nach Durchschnittsätzen zu ermitteln. So bleibt denn nur die Klage gegen den Einkommensteuerbescheid des begünstigten Land- und Forstwirts, die zugegebenermaßen von erheblichen rechtlichen und tatsächlichen Schwierigkeiten begleitet ist.

[177] Zur Methode der „Güterabwägung" durch das BVerfG siehe das sog. *Lüth*-Urteil v. 15. Jan. 1958, BVerfGE Bd. 7 S. 198 ff. (210); BVerfG v. 28. April 1970, BVerfGE Bd. 28 S. 191 ff. (202).

3. Ergebnis

§ 13 a EStG steht mit der Verfassung nicht in Einklang. Er verletzt den Gleichheitssatz des Art. 3 Abs. 1 GG[178]. Diesem Grundrechtsverstoß könnte nicht dadurch ausreichend begegnet werden, daß die Einheitswerte der Betriebe der Land- und Forstwirtschaft auf eine aktuelle Basis emporgehoben würden. Vielmehr wäre es erforderlich, die Besteuerung der nichtbuchführungspflichtigen Land- und Forstwirte den gleichen Grundprinzipien zugänglich zu machen, die für sämtliche anderen Unternehmer gelten. Damit würde gleichzeitig die Grundrechtsverletzung des Art. 2 Abs. 1 GG geheilt.

IV. Zusammenfassung der Ergebnisse

Das Nebeneinander zweier Bestandsvergleiche nach § 4 Abs. 1 und § 5 EStG ist verfassungsrechtlich nicht zu monieren, sollte allerdings aus systematischen Gründen de lege ferenda aufgehoben werden. Neben einem Bestandsvergleich hat der Gesetzgeber einem bestimmten Personenkreis kleinerer Unternehmer die Möglichkeit einer vereinfachten Gewinnermittlung zu gewährleisten. Die Durchschnittsatzbesteuerung der nichtbuchführungspflichtigen Land- und Forstwirte ist nicht zu rechtfertigen. Sie widerspricht den Grundrechten der Art. 2 Abs. 1 und Art. 3 Abs. 1 GG.

E. Systematische Grundlagen zu einem Vorschlag verfahrensmäßiger Ausgestaltung de lege ferenda

Im Anschluß an die verfassungsrechtliche Exegese, die de-lege-lata-orientiert ist, folgt zur Abrundung der Erörterung ein Ansatz de lege ferenda, der zunächst von der Zielsetzung eines monistisch geprägten Ideals der Unternehmensbesteuerung ausgeht.

I. Das Denkmodell eines idealen monistischen Gewinnermittlungssystems

Als Varianten betrieblicher Gewinnermittlung haben wir den sogenannten uneingeschränkten Bestandsvergleich (§ 4 Abs. 1; § 5 EStG),

---

[178] Bei dem Bundesverfassungsgericht ist bereits ein Normenkontrollverfahren anhängig (1 BvL 125/78). Vgl. Übersicht über steuerlich bedeutsame Verfahren vor dem Bundesverfassungsgericht, Stand: 31. Dez. 1978, DStR 1979 S. 135 ff. (135).

den sogenannten eingeschränkten Bestandsvergleich (§§ 32 Abs. 1, 33 Abs. 1 EStG 1920, § 12 Abs. 1 EStG 1925) sowie die sogenannte Überschußrechnung (§ 4 Abs. 3 EStG) kennengelernt, deren Steuerbelastungsergebnisse sowohl periodisch als auch summarisch differieren. Im Interesse der Gleichmäßigkeit der Besteuerung wäre deshalb der Einführung eines monistischen Systems Vorrang einzuräumen. Ob das Beschreiten eines einzigen Weges allerdings praktikabel und inwieweit es verfassungsrechtlich haltbar wäre, sollen die folgenden Überlegungen zu klären helfen.

1. Der sogenannte uneingeschränkte Bestandsvergleich

Eine steuerrechtliche Verpflichtung sämtlicher Unternehmer zur Buchführung und Bilanzierung würde solchen selbständig Tätigen, deren Betrieb nur einen geringen Umfang hat und die persönlich nicht bilanzsicher sind, eine erhebliche Belastung aufbürden, die ein Erreichen des Ziels steuerlicher Gerechtigkeit hindern würde. Statt dessen wäre für Klein-Unternehmer ein faktisches Berufsverbot zu befürchten, da die Kosten der Buchführung und des Jahresabschlusses einen geringen Gewinn überproportional schmälern könnten. Das Verhältnismäßigkeitsprinzip weist eine solcherart kausale Gefährdung der unternehmerischen Existenz in die Schranken. Diesem Gedanken entspricht auch § 4 HGB, der Kleingewerbe von der handelsrechtlichen Auflage, Handelsbücher zu führen, Inventar und Bilanz aufzustellen, befreit. Da aus den gleichen Gründen von Privaten eine Buchführung nicht verlangt werden kann[179], würde eine Bilanzierungsverpflichtung der Klein-Unternehmer die Kluft, die sich zwischen der Behandlung der betrieblichen und der privaten Einkünfte auftut[180], noch schroffer gestalten.

2. Der sogenannte eingeschränkte Bestandsvergleich

§§ 32 Abs. 1, 33 Abs. 1 EStG 1920[181], § 12 Abs. 1 EStG 1925[182] erstrebten eine Lösung des Zielkonflikts durch Korrektur des Überschusses der

179 Die ironische Parallele *Parczyks*, Zu den Gewinnermittlungsvorschriften des EStG-Referentenentwurfs, DB 1973 S. 1668 ff. (1673), „auf den Gedanken, ‚Ließchen Müller' möge bilanzieren, sei schließlich auch noch niemand gekommen", übergeht indes, daß die Anwendung des Vermögensvergleichs im Gesetz nicht davon abhängig gemacht wird, ob ein Vermögen in materieller Form vorhanden ist, sondern allein erfassungstechnischen Praktikabilitätsüberlegungen folgt. Ein Vermögensvergleich wäre prinzipiell auch bei Einkünften aus Kapitalvermögen und Vermietung und Verpachtung denkbar (*Wagner*, Einkommensbesteuerung und Inflation — Ein betriebswirtschaftlicher Beitrag zum steuerlichen Einkommensbegriff, StuW 1976 S. 228 f. [231] FN 24).

180 Zu diesem Problemkreis siehe den ersten Abschnitt dieses Kapitels.

181 Vgl. FN 50.

182 Vgl. FN 53.

Betriebseinnahmen über die Betriebsausgaben um bestimmte Bestandsveränderungen. Für eine Renaissance dieses eingeschränkten Bestandsvergleichs scheint sich *Wachter*[183] zu engagieren, indem er den Ansatz von Korrektivposten empfiehlt, um allzugroße, wirtschaftlich nicht gerechtfertigte Schwankungen des Einkommens auszugleichen. Die Einführung des eingeschränkten Bestandsvergleichs als ausschließliche steuerliche Gewinnermittlungsart würde von den handelsrechtlich bereits zur Buchführung verpflichteten Unternehmern zusätzlich die Erstellung einer um den Ansatz von Korrektivposten zu ergänzenden Überschußrechnung fordern. Die sich daraus ergebende Aufblähung des betrieblichen Rechenwerkes wäre nicht zu rechtfertigen.

3. Die sogenannte reine Überschußrechnung

Da auf die Überschußrechnung nicht verzichtet werden kann, könnte eine monistische Regelung nicht achtlos an ihr vorbeiflanieren. In dem Bemühen um Gleichmäßigkeit der Besteuerung stellt *Schneider* die derzeitige Bilanztechnik in Frage. Nach seiner Ansicht muß die Gewinnermittlung so gestaltet werden, daß sie möglichst weitgehend an die Überschußrechnung angenähert werde. Daraus folge das Verlangen nach einer Identität der Zeitpunkte der Einkommensentstehung bei beiden Ermittlungsarten[184]. Auch die Gewinnermittlung durch Bestandsvergleich müsse an den Einnahmenzufluß statt an die Rechnungserteilung (Forderungsentstehung) anknüpfen[185]. Eine vollständige Abkehr von der Bilanzmethode empfiehlt *Schneider* indes nicht. Es erscheint auch fraglich, ob eine solche nivellierende Neuordnung der betrieblichen Gewinnermittlung noch gleichheitssatzbezogen wäre.

Tatbestandliche Differenzierungen des Einkommensteuergesetzes sind primär am Leistungsfähigkeitsprinzip auszuloten. Einkommensteuerliche Leistungsfähigkeit ist periodenbezogen. Besteuerungszeitraum ist das Kalenderjahr. Eine Zusammenfassung der Besteuerungsgrundlagen mehrerer Kalenderjahre zur Ermittlung einer durchschnittlichen Leistungsfähigkeit eines größeren Zeitabschnitts unterbleibt. Aufwand einer zukünftigen Periode berührt die einkommensteuerliche Bemessungsgrundlage eines abgeschlossenen Veranlagungszeitraumes nicht. Die Einnahmenüberschuß-Rechnung wird vom Abflußprinzip des § 11 Abs. 2 EStG geprägt. Bei ihr wirken Periodizitätsprinzip und Abflußprinzip zusammen. Eine Folge der Kombination ist es, daß die in einem Veranlagungszeitraum erzielten Einnahmen nicht um die durch sie zwar

---

[183] Steuer-Kongreß-Report 1965 S. 104 ff. (114).

[184] StuW 1971 S. 326 ff. (330).

[185] Aktienrechtlicher Gewinn und ausschüttungsfähiger Betrag, WPg 1971 S. 607 ff. (609).

unmittelbar veranlaßten, aber noch nicht getätigten Ausgaben gekürzt werden. Da beide Prinzipien technischer Natur sind, ist die Fiktion der — im Zeitpunkt des Einnahmenzuflusses — überhöhten Leistungsfähigkeit lediglich Ausfluß der Technik, nicht Ausdruck einer Wertung. Nun ist zwar die grundsätzliche Problematik, wie die steuerliche Leistungsfähigkeit eines Unternehmers gemessen werden sollte, noch nicht befriedigend gelöst. Soviel kann aber bereits jetzt festgestellt werden: Liquidität und steuerliche Leistungsfähigkeit sind nicht synonym. Zahlungsfähigkeit ist einschichtig. Leistungsfähigkeit ist komplex. Zahlungsfähigkeit bemißt sich nach dem Bestande an barem und unbarem Gelde. Leistungsfähigkeit konkretisiert sich im Nettoprinzip. Dieses stellt klar, daß nur der Überschuß der Einnahmen über die Ausgaben besteuerbar sein kann. Die Frage, ob ein Rechtsgeschäft gewinnbringend oder verlustträchtig ist, beantwortet sich nicht nach dem Zeitpunkt der Geldbewegungen. Der Begriff des Überschusses ist somit ein materialer, kein temporaler. Dem werden die technischen Prinzipien nur unvollkommen gerecht. Bei der Überschußrechnung treten sie mit den Grundwertungen in Konkurrenz. Deren Verdrängung rechtfertigt sich nur in den Grenzen der Praktikabilität der Besteuerung. Handelsrechtlich zur Buchführung verpflichteten und freiwillig bilanzierenden Unternehmern steuerrechtlich zusätzlich die Erstellung einer Überschußrechnung abzuverlangen, wäre jedoch gerade praktikabilitätsfern. Eine Beschneidung von Nettoprinzip und Leistungsfähigkeitsprinzip ist bei diesen Steuerpflichtigen nicht zu vertreten. Dies gilt auch für die übrigen Unternehmer. Würde das Gesetz ihnen die Möglichkeit versagen, den (vorläufigen) betrieblichen Ertrag eines Jahres, der sich bis zum Abschlußstichtag entwickelt hat, zum Beispiel mittels der Bildung von Rückstellungen[186], mittels des Ausweises von Verbindlichkeiten, auf die (endgültig) zu erwartende Höhe herabzuschleusen, so wäre eine so festgestellte Rechengröße sicherlich kein Maß, kein Indikator, ja noch nicht einmal ein Indiz angestrebter individueller Leistungsfähigkeit. Vielmehr könnte das Verfahren bewirken, daß der Steuerpflichtige einen „Gewinn" auszuweisen und zu versteuern hätte, dessen wahrer (Verlust-)Charakter sich abschließend erst nach Begleichung der aus dem vorhergegangenen Geschäftsjahr übernommenen Schulden offenbart. Unternehmer, deren Tätigkeitsfeld oder -umfang betriebliche Vermögensgegenstände weitgehend entbehrlich macht, denen erhebliche periodische Verschiebungen im Vermögensbestand fremd sind, blieben von diesen Schwierigkeiten verschont. Dadurch würde der sich aus Art. 3 Abs. 1 GG rekrutierende Anspruch eines jeden Steuerbürgers, bei gleichem Gewinn gleiche Steuern zu zahlen, vereitelt[187].

---

[186] Dagegen sieht *Noell v. d. Nahmer* (FN 23), in dem „Gestaltungsprivileg" der Einkommensteuer durch Bewertungsmaßnahmen und Periodenabgrenzung einen Verstoß gegen den Gleichmäßigkeitsgrundsatz (S. 104/105).

Den bereits aufgrund Handelsrechtes zur Buchführung und Abschlußerstellung verpflichteten Kaufleuten könnte die obligatorische Anfertigung einer Überschußrechnung möglicherweise ein neues verfassungsrechtliches Problem bescheren, das in Art. 2 Abs. 1 GG (in Verbindung mit Art. 19 Abs. 2 GG) beheimatet ist. Für sie ergäbe sich nämlich der Zwang, zwei Betriebsergebnisrechnungen aufzustellen, für handelsrechtliche Zwecke eine Handelsbilanz[188], für steuerliche Zwecke eine Überschußrechnung. Unverhältnismäßig wäre es, wenn den Kaufleuten dadurch Nachteile beschert würden, die außer Verhältnis zu den erstrebten Vorteilen stünden[189]. Die erforderliche technische Abwicklung würde jedoch keine solche spürbare Belastung verursachen, da es möglich ist, aus einer Schlußbilanz unter Berücksichtigung der entsprechenden Anfangsbestände von Waren, Forderungen, Rechnungsabgrenzungsposten, Rückstellungen, Verbindlichkeiten und dergleichen[190] die Zahl abzuleiten, deren Größe dem aufgrund einer Überschußrechnung ermittelten Gewinn äquivalent ist. Die Gefahr einer zusätzlichen Verletzung des Verhältnismäßigkeitsgrundsatzes droht demnach hier nicht.

Neben der durch Art. 3 Abs. 1 GG gewährleisteten existenziellen Garantie der Bestandsvergleichsmethode sprechen auch deren weitergehende Kontrollmöglichkeiten gegen eine durchgängige Anwendung der Überschußrechnung bei sämtlichen Unternehmern. Zudem kann daran erinnert werden, daß eine Abkehr vom Bilanzierungsgebot einem historischen Rückfall in die Zeit gleich käme, als Preußen unter dem EStG 1851 selbst dann an der ausschließlichen Geltung der Einnahmen- und Ausgabenrechnung streng festhielt, als eine vorgeschriebene, ordnungsmäßige kaufmännische Buchführung im Sinne des Handelsgesetzbuches vorlag[191].

---

[187] Zu einem ähnlichen Ergebnis gelangt *Parczyk*, DB 1973 S. 1668 ff. (1673). Er verwehrt sich gegen eine künstliche Egalisierung z. B. von Arbeitsentgelt und Unternehmerlohn, da dadurch „Ungleiches — laufendes vertragliches Zufließen von Arbeitsentgelt auf der einen Seite und Bewirken von gewinn- und verlustträchtigen Geschäftsvorfällen (einschl. Ausfallrisiko von Forderungen) auf der anderen Seite — ohne innere Rechtfertigung als gleich behandelt würde, was verfassungswidrig und damit illegal wäre".

[188] Zur heutigen Übung geht *Schneider*, Sieben Thesen zum Verhältnis von Handels- und Steuerbilanz — Ein Beitrag zur Reform der steuerlichen Gewinnermittlung, DB 1970 S. 1697 ff., davon aus, daß „nur ein oder zwei Prozent aller Unternehmen eine eigene Handelsbilanz neben der Steuerbilanz aufstellen".

[189] Dazu BVerfG v. 9. Juni 1971, BVerfGE Bd. 31 S. 145 ff. (180).

[190] Entsprechend den Hinzu- und Abrechnungen beim Wechsel der Gewinnermittlungsarten (vgl. Anlage 3 EStR).

[191] Siehe dazu *Barth* (FN 62), S. 196.

II. Das Denkmodell eines realistischen dualen Gewinnermittlungssystems

Die Sympathie gegenüber einem monistischen System, zu dem ein summarisches, gleichheitssatzbezogenes Betrachten zunächst verführen mag, zeigte sich in der Detailprüfung als verfehlt. Die Methode des uneingeschränkten Bestandsvergleichs wird dem Leistungsfähigkeitsprinzip als Ausdruck des Gleichheitssatzes am ehesten gerecht, dagegen verlangt der Verhältnismäßigkeitsgrundsatz für eine noch näher zu umreißende Unternehmergruppe ein Festhalten an der Überschußrechnung. Da diese Verfassungsgrundsätze nicht in einem Verhältnis der Über- oder Unterordnung stehen, kann eine generelle Priorität eines bestimmten Prinzips nicht erwogen werden. Vielmehr ist es vonnöten, beide Gewinnermittlungsarten nebeneinander bestehen zu lassen, um dann im Einzelfall die Entscheidung mittels einer Prinzipienabwägung herbeizuführen. Das Dilemma besteht nun darin, grundrechtlich absicherungsfähige Kriterien herauszuarbeiten, die über die Anwendung der einen oder der anderen Methode befinden. Die Überprüfung der Abgrenzungsmerkmale des geltenden Rechts (§ 141 Abs. 1 AO) hat eine partielle Sachinkonsequenz zutage gefördert, die zum Teil eine Vereinbarkeit mit Art. 3 Abs. 1 GG vermissen läßt. Es soll nun versucht werden, de lege ferenda einen Weg aufzuspüren, der die verfassungsrechtlich gebotene Beibehaltung eines dualen Systems berücksichtigt und das Verhältnis von Bestandsvergleich und Überschußrechnung neu ordnet. Diese Normenkonkretisierung hat nicht nach freiem Ermessen und eigenem Gutdünken zu erfolgen, sondern sich insbesondere an den Relationen von Leistungsfähigkeitsprinzip und Verhältnismäßigkeitsgrundsatz auszurichten.

1. Der Betriebsvermögensvergleich

a) Unternehmerische Vollkaufmannseigenschaft als Tatbestandsmerkmal

Vollkaufleute sind jene, die ein Grundhandelsgewerbe (§ 1 Abs. 2 HGB), das über den Rahmen eines Kleingewerbes (§ 4 HGB) hinausgeht, betreiben, die sogenannten „Sollkaufleute" (§ 2 HGB) sowie die „Kannkaufleute" (§ 3 HGB)[192]. Vollkaufmannseigenschaft genießen auch die Handelsgesellschaften. Zu diesen gehören sowohl Personengesellschaften, wie die offene Handelsgesellschaft und die Kommanditgesellschaft, als auch die Kapitalgesellschaften, wie die Aktiengesellschaft, die Kommanditgesellschaft auf Aktien, die Gesellschaft mit beschränkter

---

[192] *Baumbach / Duden* (FN 1), § 4 Anm. 1 A.

Haftung und die Genossenschaft[193]. Gemeinsam ist dem Kreis der Vollkaufleute das betriebsart- oder betriebsumfangbezogene Erfordernis eines in kaufmännischer Weise eingerichteten Geschäftsbetriebes. Als dessen wesentliche Elemente sind auch Buchführung und jährliche Abschlußerstellung zu nennen. Das Ausschöpfen der Nutzbarkeit der Handelsbilanz für die Steuerbilanz[194] verletzt weder sozial schutzwürdige Interessen der Vollkaufleute noch den Verhältnismäßigkeitsgrundsatz. Folglich tauchen diesbezüglich keine verfassungsrechtlichen Bedenken auf, wenn dem durch das Leistungsfähigkeitsprinzip geforderten Bilanzierungsgrundsatz durch Überleitung handelsrechtlich verwurzelter Pflichten in den steuerlichen Bereich entsprochen wird.

b) Freiwillige Buchführung und Bilanzierung als Tatbestandsmerkmale

Richtet der nichtbuchführungspflichtige Unternehmer aus innerbetrieblichen Revisionserwägungen eine Buchführung ein und erstellt er zum Jahresende eine Bilanz, so ist aufgrund dessen eine dem Leistungsfähigkeitsgrundsatz und damit dem Prinzip der Gleichmäßigkeit der Besteuerung weitgehend entsprechende Informationsquelle gewonnen. Auch in diesem Fall sind keine übermaßäquivalenten Hinderungsargumente gegen die steuerliche Erschließung der freiwillig durch Bestandsvergleich ermittelten Gewinne zu entdecken.

Im Gegensatz zum geltenden Recht wäre de lege ferenda die Antragsbefugnis freiwillig bilanzierender Unternehmer einheitlich zu normieren. Derzeit gilt für Land- und Forstwirte eine Antragsbindung für vier aufeinanderfolgende Wirtschaftsjahre (§ 13 a Abs. 1 EStG)[195]. Der aufgrund eines freiwilligen Bestandsvergleichs festgestellte gewerbliche Gewinn findet obligatorisch Eingang in die Steuerbemessungsgrundlage (§ 5 Abs. 1 EStG). Das gleiche soll für Bilanzgewinne aus selbständiger Arbeit gelten[196]. Dieses diffuse Erscheinungsbild ist mit dem Gleichheitssatz unvereinbar und als Muster eines systemorientierten Neugestaltungsvorschlags unbrauchbar.

---

[193] Ebd., Einf. Buch II Anm. 1 A.

[194] Eine wertmäßige Identität von Handelsbilanz- und Steuerbilanzansätzen ist damit noch nicht verbunden. Somit liegt es außerhalb des Untersuchungsfeldes, der eigenständigen Frage nachzugehen, inwieweit die de lege ferenda vorgebrachte Kritik an dem in § 5 Abs. 1 EStG verankerten Grundsatz der Maßgeblichkeit der Handelsbilanz für die Steuerbilanz berechtigt ist. Vgl. dazu *Herrmann / Heuer* (FN 3), § 5 EStG Anm. 49 b - j; *Tipke / Kruse* (FN 7), § 140 Tz. 1.

[195] Vgl. dazu auch FN 2.

[196] BFH v. 24. Nov. 1959, BFHE Bd. 70 S. 499 ff. (502); BFH v. 19. Jan. 1967, BStBl. 1967 III S. 288 f.; *Bühler / Paulick*, Einkommensteuer, Körperschaftsteuer, Handkommentar, 3. Aufl., München 1977, Tz. 30 zu § 4 EStG.

Auf die Frage, ob freiwillig bilanzierenden Unternehmern ein solches Optionsrecht de lege ferenda zuzugestehen ist oder nicht, gibt es keine verfassungsrechtlich zwingende Antwort. Im Rahmen des judicial self-restraint[197] würde das Bundesverfassungsgericht es sich zudem versagen, eine gesetzgeberische Entscheidung, die bei Bejahung der Wahlmöglichkeit schwergewichtig auf Art. 2 Abs. 1 GG, bei deren Ablehnung folgerichtig auf Art. 3 Abs. 1 GG fußen würde, zu diskreditieren. Persönlich neige ich dazu, Art. 2 Abs. 1 GG zugunsten der Wahrung der Gleichmäßigkeit der Besteuerung zurücktreten zu lassen und eine antragsunabhängige Erfassung freiwillig ermittelter Bilanzgewinne zu befürworten.

c) Betrieblicher Vermögensumfang als Tatbestandsmerkmal

Der Bilanzmethode ist die Gegenüberstellung des Betriebsvermögens am Ende des Wirtschaftsjahres mit dem Betriebsvermögen zu Beginn des Wirtschaftsjahres, korrigiert um Entnahmen und Einlagen, zu eigen. Das Betriebsvermögen ist folglich Kernstück der bilanziellen Gewinnermittlung. Es bildet das Terrain, auf dem die Abgrenzungskriterien zwischen Betriebsvermögensvergleich und Überschußrechnung zu bestimmen sind.

§ 141 Abs. 1 Nr. 2 und 3 AO erachten bei einem Betriebs- oder land- und forstwirtschaftlichen Vermögen von mehr als 100 000 DM eine Gewinnermittlung durch Bestandsvergleich als zwingend. Für eine neugestaltende Übernahme erscheint mir diese Grenze als das (einzige) die Buchführungspflicht begründende Merkmal zu hoch angesetzt. Bei der derzeitigen tatbestandlichen Vielfalt des § 141 AO mag die Höhe berechtigt sein. § 141 Abs. 1 Nr. 2 und 3 AO kommen in praxi ohnehin lediglich Subsidiärfunktionen zu, da ein Überschreiten der Gewinngrenzen von 24 000 DM beziehungsweise 15 000 DM ungleich häufiger anzutreffen ist als ein Betriebs- oder land- und forstwirtschaftliches Vermögen von mehr als 100 000 DM. Da sich die Höhe des Betriebsvermögens als das wesentliche Indiz erwiesen hat, das für die Notwendigkeit von Buchführung und Bilanz von Bedeutung sein kann, ist dessen Einfluß auf die Höhe der Einkommensteuerschuld sichtbar zu machen[198]. Im Interesse der Gleichmäßigkeit der Besteuerung sprechen die Ergebnisse

---

[197] BVerfG v. 31. Juli 1973, BVerfGE Bd. 36 S. 1 ff. (14).

[198] Am Beispiel der ab dem Veranlagungszeitraum 1978 gültigen ESt-Grundtabelle (BStBl. 1977 I S. 498 ff.) zeigt sich, daß z. B. bei einem zu versteuernden Einkommen von 50 000 DM und bei periodischen gewinnerhöhenden oder -ermäßigenden Verlagerungen in Höhe von jeweils nur *10 v. H. von 100 000 DM* eine Mehrsteuer von 4 954,— DM, eine Mindersteuer von 4 752 DM zu beobachten sind. Das sind + 28,88 v. H. bzw. ./. 27,70 v. H. der auf 50 000 DM entfallenden ESt. Dagegen würde bei einem Betriebsvermögen von *20 000 DM* eine sogar *30prozentige* Periodenverschiebung lediglich zu Steuerdifferenzen von 2 943 DM (+ 17,16 v. H.) bzw. 2 875 DM (./. 16,76 v. H.) führen.

der modellhaft gewählten Beispiele für eine deutliche Herabsetzung der Vermögensschwelle.

d) Bilanzsumme und Summe der Wirtschaftsgüter als neue Tatbestandsmerkmale

Die Höhe des Betriebsvermögens ist ein Anzeichen für die Gewichtigkeit periodischer Verschiebungen und aufgrund dessen ein geeigneter Anknüpfungspunkt. Eine Deutung des Umfangs betrieblicher Aktiva und Passiva ermöglicht sie aber nicht. Trotz eines geringen Betriebsvermögens können auch hohe Bestände an positiven beziehungsweise negativen Wirtschaftsgütern vorhanden sein, deren Schwankungen das Betriebsvermögen unmittelbar berühren und die deshalb gleichfalls einen Bestandsvergleich rechtfertigen. Daneben tritt ein weiterer Gesichtspunkt in Erscheinung. Durch erhebliche Privatentnahmen zum Abschlußstichtag ließe sich das Betriebsvermögen unter Umständen auf eine Marge unterhalb der Buchführungsgrenze herabschleusen. Einem solchen Vorgehen könnte durch Modifikation des Ansatzpunktes begegnet werden: Das Betriebsvermögen ist der Unterschied von Aktiv- und Passivposten, von Vermögenswerten und Schulden. Die Einzeladdition beider Sparten führt zum Begriff der Bilanzsumme. Bilanzsumme und Betriebsvermögen sind einander nicht generell festlegbar proportional. Periodenabgrenzungen wirken sich aber nicht nur auf die Höhe des Betriebsvermögens, sondern bereits auf die der Bilanzsumme aus, die das Transparenzerfordernis des betrieblichen Rechenwerkes noch effizienter auszudrücken vermag als dazu das Betriebsvermögen selbst in der Lage ist.

Die nicht analytisch erschlossene Bilanzsumme ist zwar nicht geeignet, die wirtschaftliche Leistungsfähigkeit darzustellen. Insofern mag sie als Buchführungskriterium mangelhaft erscheinen. In gleichem Maße gilt das jedoch auch für das Betriebsvermögen, das sich erst im inneren Betriebsvergleich als nutzbar erweist. Somit ist eine bestimmte Summe des Aktiv- bzw. Passivvermögens als ein die Bilanzierungspflicht auslösendes Moment rechtssystematisch anzuerkennen. Das gilt insbesondere dann, wenn die Bilanzsumme nicht ausschließlich über die Buchführungspflicht befindet, sondern im Verhältnis zum Betriebsvermögen lediglich unterstützend wirkt. Eine verfassungsgerechte Einschränkung der Bilanzierungsgebote durch das Verhältnismäßigkeitsprinzip ist dann nicht zu erwarten, wenn die Grenzen bei einem Betriebsvermögen von etwa 20 000 DM bis 30 000 DM, bei einer Bilanzsumme beziehungsweise Summe der positiven oder negativen Wirtschaftsgüter von etwa 50 000 DM verlaufen. Hinsichtlich der Anwendungsbereiche bleibt auf die Gleichheitssatzwidrigkeit einer einkunftsartorientierten Abstufung der Bilanzierungspflichten hinzuweisen. Ein verfassungskonformer Rechtssetzungsakt hätte für Land- und Forstwirte, Gewerbetreibende, Freiberufler und die übrigen selbständig Tätigen gleichlautende Buchführungs- und Bilanzvoraussetzungen zu garantieren.

2. Die Überschußrechnung

Der negativ abgrenzbare Wirkungsbereich der Einnahmen- und Ausgabenrechnung hätte sich de lege ferenda auf jene Unternehmer zu beschränken, die sich der Verpflichtung, Bücher zu führen und Abschlüsse zu erstellen, entledigt sähen. Dies wären Land- und Forstwirte, Gewerbetreibende (soweit diese nicht Vollkaufmann sind), Freiberufler und die sonstigen selbständig Tätigen, die weder freiwillig bilanzieren noch ein Betriebsvermögen von mehr als 20 000 DM bis 30 000 DM noch ein Aktiv- oder Passivvermögen von mehr als 50 000 DM vorweisen können. Weiterhin erscheint es angebracht, die Freistellung von der Buchführungspflicht durch eine Aufzeichnungspflicht auszugleichen. Ob nun das geltende Recht bereits eine auch für einkommensteuerliche Zwecke zu beachtende Pflicht zur Aufzeichnung der Einnahmen vorsieht, wie Rechtsprechung und Literatur annehmen[199], oder ob nicht angesichts der ausdrücklichen Wortwahl des § 140 AO die statische Zuverlässigkeit einer Erst-Recht-Schluß-Konstruktion über § 22 Abs. 1 UStG in Zweifel gezogen werden kann, mag hier dahinstehen. Jedenfalls sollte aus rechtsstaatlichen Gründen die Eingriffsermächtigung genau umrissen sein, ebenso wie es aus systematischen Erwägungen geboten ist, in gleichem Maße wie Buchführungs- und Bilanzierungspflichten begründet sind, Aufzeichnungspflichten auf einer eindeutigen Rechtsgrundlage zu postieren. Das gleiche ist anzumerken für eine Verpflichtung, die Ausgaben aufzuzeichnen, die nach herrschender Meinung zur Zeit nicht besteht[200]. Ein weiterer rechtsstaatlicher Mangel würde dadurch beseitigt, daß die derzeit nebulösen Bewertungsmaßstäbe der Entnahmen und Einlagen[201] für die Einnahmen- und Ausgabenrechnung tatbestandliche Klarheit erfahren. Darüber hinaus vertragen sich weder die Spezialbegünstigung des § 51 EStDV[202] noch die Eingrenzung des § 6 c EStG gegenüber § 6 b EStG[203] mit dem Gleichheitsgedanken.

[199] Vgl. FN 3.

[200] *Littmann* (FN 3), RdNr. 980 zu §§ 4, 5; *Lohmeyer,* Buchführungs- und Bilanzierungsfragen bei freiberuflich Tätigen, DStZ/A 1975 S. 424 ff.; *Segebrecht,* Grundsätze der Überschußrechnung nach § 4 Abs. 3 EStG, NWB Fach 17 S. 693 ff. (696); *Tipke / Kruse,* 9. Aufl. (FN 7), Vor § 140 Tz. 2, § 141 Tz. 2 a. E. Pointierter noch in Reichsabgabenordnung, 7. Aufl., Köln 1965/75, § 161 A 5. A. A.: *Herrmann / Heuer* (FN 3), § 4 Anm. 85 b; *Speich,* DStR 1972 S. 743 ff. (749).

[201] Vgl. in diesem Abschnitt oben C. II. 2.

[202] Vgl. in diesem Abschnitt oben B. I. 2.; C. II. 3.

[203] Vgl. in diesem Abschnitt oben C. II. 3.

Fünftes Kapitel

Zusammenfassung der Ergebnisse

Die Untersuchung geht von der Erkenntnis aus, daß es aus verfassungsrechtlichen und steuerrechtssystematischen Gründen einer inhaltlichen Neuordnung des komplexen Einkünftebegriffes bedarf. Ihr Anliegen ist es, auf der Grundlage des geltenden Rechtes einen geeigneten dogmatischen Ansatz für eine strikte, konsequente Normung zu erarbeiten.

Gescheiterte Versuche historischer Gesetzgeber, den Einkommensbegriff anfänglich allein aus der Quellentheorie, später aus der Reinvermögenszugangstheorie heraus abzuleiten, führten schließlich zum heutigen pragmatischen Einkünftekatalog, der Gewinneinkünfte und Überschußeinkünfte erfaßt.

Auf der Grundlage des inneren Gefüges des Einkommensteuerrechts aus allgemeinen verfassungsrechtlichen und den besonderen steuerrechtlichen Wertungen wurden zunächst die Beziehungen der unternehmerischen zu den privaten Einkünften erörtert. Die Disparität in den Rechtsfolgen realisierter Wertveränderungen verletzt den Gleichheitssatz. Grundsätzlich könnte die Rechtsverletzung durch zwei Verfahren geheilt werden: Durch Befreiung der Wertveränderungen betrieblicher Anlagegüter oder durch Besteuerung der privaten Veräußerungen. Weil sich die steuerliche Leistungsfähigkeit eines Unternehmers aber nicht danach relativieren läßt, ob ein Gewinn auf der Veräußerung von Anlage- oder von Umlaufvermögen beruht, wäre die Ausklammerung der Wertveränderungen betrieblicher Anlagegüter wiederum eine gleichheitswidrige Normgebung. Die Gleichheit kann nur durch Besteuerung auch der nichtbetrieblichen Veräußerungsgewinne hergestellt werden. Diese hat sich, da die Einkommensteuer das erzielte, nicht das verwendete Einkommen besteuert, nicht auf sämtliche privaten Veräußerungen zu erstrecken, sondern lediglich auf die solcher Wirtschaftsgüter, die der Einkünfteerzielung dienen. Wertveränderungen von Rechtsobjekten, deren Nutzung als Einkommensverwendung anzusehen ist, haben deshalb außer Ansatz zu bleiben.

Entnahme und Einlage sind als Tatbestände sämtlicher sieben Einkunftsarten zu fassen. Hinsichtlich Abnutzung, Veräußerungsverlusten usw. ist eine Gleichstellung erforderlich. Auch die derzeitige Behandlung teils unternehmerisch, teils privat genutzter Vermögensgegenstände eignet sich zur Rezeption. Grundsätzlich sind nur realisierte Wertsteigerungen zu erfassen. Aus systematischen Gründen erscheint eine Erweiterung des Realisationstatbestandes auf jeden Transfer der Verfügungsmacht, das heißt auch auf solchen von Todes wegen und andere unentgeltliche Verfügungen, erwägenswert. Dies dürfte gleichzeitig der Praktikabilität der Besteuerung zustatten kommen und auch die Erbschaftsteuer entbehrlich machen.

§§ 17, 23 EStG sind unvollkommene Normen. Sie eignen sich zur Integration in eine um die Besteuerung spezifischer Vermögenszuwächse erweiterte Fassung der §§ 20, 21 EStG. Ein krampfhaftes Festhalten an einem von Grundstücks- und Wertpapiergeschäften entkleideten spekulationstatbestandlichen Denkmal, dem es sowohl an dem systematischen Unterbau als auch an einer permeablen Leistungsfähigkeitsbetonung mangeln würde, kann nicht angeraten werden. Das eigengenutzte Einfamilienhaus ist — entgegen der Vorschrift des § 21 a EStG — Gegenstand der Einkommensverwendung. Gewinne und Verluste, die sich bei seiner Veräußerung ergeben, haben ihre einkommensteuerliche Irrelevanz zu bewahren.

Als Wehr gegen die kumulationsbedingte Einkommensteuerprogression wird ein antragsgebundenes Verfahren zur Verteilung der Veräußerungsgewinne vorgestellt. Scheingewinne, deren Ursache in der Aufblähung des Geldwertes zu suchen ist, sind durch kontinuierliche Anpassung des Einkommensteuertarifs auszufiltern. Der Gesichtspunkt der Verwaltungsökonomie gestattet die Einführung einer Freigrenze. Das Verbot steuerlicher Rückwirkungsmaßnahmen macht eine Übergangsregelung unabdingbar.

Auch die verschiedenen Methoden unternehmerischer Gewinnermittlung gaben Anlaß zum Diskurs. Die Gewinnvorschriften § 4 Abs. 1 und § 5 EStG lassen keine bemerkenswerten materiell-rechtlichen Unterschiede erkennen. Ihre funktionale Gleichheit sollte deshalb durch Zusammenfügung zu einer Norm betont werden.

Periodische und totale Differenzen von Gewinnen und Steuern sind aber zwischen Bestandsvergleich und Überschußrechnung feststellbar. Der Bestandsvergleich bildet die Matrix betrieblicher Gewinnermittlung. Sozialstaatsprinzip und Verhältnismäßigkeitsgrundsatz gebieten als Komponenten des Verfassungsrechts dort von dieser Grundform abzuweichen, wo die Beachtung der Form materiell nahezu bedeutungslos, die Formvorschrift zur bloßen Formalie degradiert würde. Normzweck des Bestandsvergleichs ist es, als Gewinn in bestimmten Intervallen die Veränderung des Betriebsvermögens zu erfassen. Soweit das geltende Recht die Art der Gewinnermittlung in Abhängigkeit von Einkunftsart, Umsatz- oder Gewinnhöhe diktiert, entfernt es sich von dieser Zielvorgabe. Einzig systemadäquat ist es, eine Erleichterung der Gewinnermittlung nur bei einem geringen Betriebsvermögen vorzusehen, dessen Veränderungen steuerlich nicht ins Gewicht fallen.

Das Verhältnis von Bestandsvergleich und Überschußrechnung einerseits, § 13 a EStG andererseits ist durch ein krasses Gefälle gekennzeichnet. Die land- und forstwirtschaftliche Gewinnermittlung nach Durchschnittsätzen wirkt als verdecktes Steuerprivileg, das gegen den Gleichheitssatz verstößt und die Wettbewerbsfreiheit beeinträchtigt.

Der Vorzug gegenüber einem mit rechtlichen Vorbehalten belasteten monistischen Ideal gebührt schließlich einem realistischen dualen Gewinnermittlungssystem aus Bestandsvergleich und Überschußrechnung, aus dem sich auch die Berechtigung herleitet, bei privaten Einkünften den Überschuß der Einnahmen über die Werbungskosten anzusetzen.

Schrifttumsverzeichnis

1. Lehrbücher, Kommentare, Monographien, Dissertationen

Adler / Düring / Schmaltz: Rechnungslegung und Prüfung der Aktiengesellschaft, Handkommentar, Band 1 Rechnungslegung, Stuttgart 1968

Altorfer, Werner: Geschäftsvermögen und Privatvermögen im Einkommensteuerrecht, Zürich und St. Gallen 1959

Barth, Kuno: Die Entwicklung des deutschen Bilanzrechts, Band II Steuerrecht, Teilband I, Stuttgart 1955

Bauer, Klaus: Der Dualismus Betriebsausgaben — Werbungskosten, München 1974

Baumbach, Adolf und Konrad *Duden:* Handelsgesetzbuch, 23. Aufl., München 1978

Becker, Enno: Handkommentar der Reichssteuergesetze II, 1. Teil, Das Einkommensteuergesetz vom 10. Aug. 1925, Stuttgart 1928

— Die Grundlagen der Einkommensteuer, München, Berlin 1940

Bellstedt, Christoph: Verfassungsrechtliche Grenzen der Wirtschaftslenkung durch Steuern (dargestellt am Berlin-Hilfe-Gesetz), Schwetzingen

Blümich, Walter, Ludwig *Falk,* Adalbert *Uelner* und Gerhard *Haas:* Einkommensteuergesetz, Kommentar, 11. Aufl., München 1977

Blumenstein, Ernst: System des Steuerrechts, bearbeitet von Irene Blumenstein, 3. Aufl., Zürich 1971

Böttcher, Conrad, Arno *Bordewin* und Adolf *Grass:* Kommentar zum Einkommensteuergesetz, Wiesbaden 1955/78
(zit.: Forkel-Kommentar)

Brockhaus Enzyklopädie: Siebzehnter Band, 17. Aufl., Wiesbaden 1973

Bühler, Ottmar und Heinz *Paulick:* Einkommensteuer, Körperschaftsteuer, Handkommentar, 3. Aufl., München 1977

— und Georg *Strickrodt:* Steuerrecht, Grundriß in zwei Bänden, Band I Allgemeines Steuerrecht, 1. Halbband, 3. Aufl., Wiesbaden 1959

Bund der Steuerzahler: Wie lange noch Gewerbesteuer?, Wiesbaden 1971

Buschhoff, Werner: Die Besteuerung nach Durchschnittsätzen gemäß § 29 EStG in: Von der Auslegung und Anwendung der Steuergesetze, herausgegeben von Günther Felix, Stuttgart 1958

Canaris, Claus-Wilhelm: Systemdenken und Systembegriff in der Jurisprudenz — entwickelt am Beispiel des deutschen Privatrechts, Berlin 1969

Creifelds, Carl: Rechtswörterbuch, 5. Aufl., München 1978

Dahl, Johannes: Die Aktivierung der Sachanlagegüter in Handels- und Steuerbilanz, Köln und Opladen 1959

Doralt, Werner und Hans Georg *Ruppe:* Grundriß des österreichischen Steuerrechts, Band I, Einkommensteuer, Körperschaftsteuer, Gewerbesteuer, Umsatzsteuer, Wien 1978

Ebnet, Otto: Die Besteuerung des Wertzuwachses. Ein theoretischer Ansatz im Rahmen der Einkommensbesteuerung, Baden-Baden 1978

Eichner, Wolf: Wirtschaftssubventionen unter besonderer Berücksichtigung des Sozialstaatsprinzips, des Gleichheitssatzes, des Gesetzmäßigkeitsprinzips und der Rechtsformen, Diss. iur. Mainz 1972

Eisenmann, Frank: Die Grundbegriffe Einnahmen — Einkünfte — Einkommen im Einkommensteuerrecht, Diss. iur. Tübingen 1977

Fasselt, Theo: Wertsteigerungen und Veräußerungsgewinne als steuerpflichtiges Einkommen, Diss. iur. Köln 1948

Fecht, Robert: Kritische Untersuchung der Einkommensbesteuerung der deutschen, französischen, US-amerikanischen und britischen Landwirtschaft, Berlin 1970

Felsmann, Willi: Einkommensbesteuerung der Land- und Forstwirte, 2. Aufl., Bonn 1967/77

Figel, Walter: Die Problematik einer Bodenwertzuwachssteuer in steuerrechtlicher und verfassungsrechtlicher Sicht, Diss. iur. Würzburg 1975

Framheim, Diederich: Die verfassungsrechtliche Zulässigkeit interventionistischer Steuergesetze im Hinblick auf Art. 12 Abs. 1 des Grundgesetzes, Diss. iur. Köln 1971

Franzen, Volker, Albert *Meyer* und Herbert *Ziemer:* Nominalwertprinzip, Geldentwertung und Besteuerung — Ein Diskussionsbeitrag, Institut FSt. Brief 134, Bonn 1973

Friauf, Karl Heinrich: Verfassungsrechtliche Grenzen der Wirtschaftslenkung und Sozialgestaltung durch Steuergesetze, Tübingen 1966

Fröhling, Dieter W.: Zur Frage der Verfassungswidrigkeit des § 17 EStG, Düsseldorf 1964

Fuisting, B.: Die Preußischen direkten Steuern, Vierter Band, Grundzüge der Steuerlehre, Berlin 1902

— Die Einkommensbesteuerung der Zukunft in Anknüpfung an das Preußische Einkommensteuergesetz, Berlin 1903

Gielen, Victor: Zur Steuerreform, Die Einkommensteuer, Institut FSt. Heft 100 Band 4, Bonn 1974

Gottschalk, Hans Joachim: Der Grundsatz der periodengerechten Gewinnabgrenzung im Steuerrecht, Diss. iur. Münster 1972

Haller, Heinz: Die Steuern, Grundlinien eines rationalen Systems öffentlicher Abgaben, 2. Aufl., Tübingen 1971

Hartmann, Alfred, Conrad *Böttcher* und Adolf *Grass:* Großkommentar zur Einkommensteuer, Stuttgart 1974

Hartz, Wilhelm, Georg *Strickrodt,* Günter *Wöhe,* Günther *Felix* und Heinz *Sebiger:* Handwörterbuch des Steuerrechts, Erster und Zweiter Band, München 1972

Herrmann, Carl und Gerhard *Heuer:* Kommentar zur Einkommensteuer und Körperschaftsteuer, 18. Aufl., Köln 1950/77

Höhn, Ernst: Die Besteuerung der privaten Gewinne (Kapitalgewinnbesteuerung), Winterthur 1955

Ipsen, Hans-Peter: Gleichheit, in: Die Grundrechte, herausgegeben von Franz L. Neumann / Hans Carl Nipperdey / Ulrich Scheuner, 2. Aufl., Berlin 1968

Isensee, Josef: Die typisierende Verwaltung, Berlin 1976

Jansen, Rudolf und Friedrich *Wrede*: Renten, Raten, Dauernde Lasten, 6. Aufl., Herne/Berlin 1976

Kalb-Arnold, Marie-Luise: Die Gewinnermittlung nach § 4 Abs. 3 EStG — Ihre Darstellung und die Problematik beim Übergang zum und vom Vermögensvergleich, Diss. rer. pol. Würzburg 1969

Karl-Bräuer-Institut des Bundes der Steuerzahler: Die Veräußerung wesentlicher Beteiligungen — Zur Problematik des § 17 EStG, Heft 9 der Schriftenreihe, Wiesbaden 1967

— Mit Steuern steuern?, Heft Nr. 12 der Schriftenreihe, Wiesbaden 1968

— Der Weg zu einem zeitgemäßen Steuersystem, Diskussionsbeiträge zur Reform des materiellen Steuerrechts, bearbeitet von K. Schelle, H. H. v. Arnim, R. Borell, D. Lau, D. Meng, Heft Nr. 20 der Schriftenreihe, Wiesbaden 1971

— Geldentwertung und Steuerrecht, bearbeitet von Hans Herbert v. Arnim, Rolf Borell, Klaus Schelle, Heft Nr. 24 der Schriftenreihe, Wiesbaden 1973

— Staatsbürgersteuer, bearbeitet von Wolfram Engels, Joachim Mitschke, Bernd Starkloff, Heft Nr. 26 der Schriftenreihe, Wiesbaden 1974

— Der manipulierte Steuerzahler, bearbeitet von Günter Schmölders und Klaus Schelle, Heft Nr. 39 der Schriftenreihe, Wiesbaden 1978

Kirchner, Hellmut: Objektive Befreiungen von der Einkommensteuer in den EG-Ländern Deutschland, Frankreich, Italien, Belgien, Niederlande und Luxemburg, Diss. iur. Köln 1974

Klein, Franz: Gleichheitssatz und Steuerrecht, Köln 1966

Krause, Gero: Wertzuwachssteuer und Grundgesetz, Diss. iur. Heidelberg 1975

Krause-Nehring, Eckbert: Die steuerliche Behandlung der langfristigen capital gains and losses im Bundessteuerrecht der USA, Diss. iur. Berlin 1972

Kruse, Heinrich Wilhelm: Grundsätze ordnungsmäßiger Buchführung, Köln 1970

Lang, Joachim: Systematisierung der Steuervergünstigungen, Berlin 1974

Larenz, Karl: Methodenlehre der Rechtswissenschaft, 3. Aufl., Berlin/Heidelberg/New York 1975

Lefebvre, Francis, Reinhard *Pöllath* und Albert J. *Rädler*: Steuern in Frankreich, Köln 1976

Leffson, Ulrich: Die Grundsätze ordnungsmäßiger Buchführung, 2. Aufl., Düsseldorf 1970

Leibholz, G. und H. J. *Rinck*: Grundgesetz für die Bundesrepublik Deutschland, Kommentar, 5. Aufl., Köln 1975

Leisner, Walter: Wertzuwachsbesteuerung und Eigentum, Berlin 1978

Liedschulte, Werner und Günter *Zink*: Die Erfassung von Wertzuwächsen im Rahmen der Einkommens- und Ertragsbesteuerung, Opladen 1973

Lion, Max: Der Einkommensbegriff nach dem Bilanzsteuerrecht und die Schanzsche Einkommenstheorie, in: Beiträge zur Finanzwissenschaft, Band II, herausgegeben von Hans Teschemacher, Tübingen 1928

Littmann, Eberhard: Das Einkommensteuerrecht, Kommentar zum Einkommensteuergesetz, 11. Aufl., Stuttgart 1974

Littmann, Konrad: Ein Valet dem Leistungsfähigkeitsprinzip, in: Theorie und Praxis des finanzpolitischen Interventionismus, Fritz Neumark zum 70. Geburtstag, herausgegeben von Heinz Haller u. a., Tübingen 1970

Maunz, Theodor, Günter *Dürig,* Roman *Herzog* und Rupert *Scholz:* Grundgesetz, Kommentar, 4. Aufl., München 1977

McNulty, John K.: Federal Income Taxation of Individuals (in a Nutshell), St. Paul, Minn. 4th Reprint-1975

Mennel, Annemarie: Die Steuersysteme in EWG-Staaten, EFTA-Staaten und den USA, 2. Aufl., Herne/Berlin 1974

Mönter, Wilhelm und Herbert *Ziemer:* Zur Besteuerung der Bodenwertsteigerungen, Institut FSt. Brief 141, Bonn 1973

von Münch, Ingo: Grundgesetz, Kommentar, Band 1, Frankfurt 1974

Neumark, Fritz: Grundsätze gerechter und ökonomisch rationaler Steuerpolitik, Tübingen 1970

Nöll von der Nahmer, Robert: Lehrbuch der Finanzwissenschaft, Band 2 Spezielle Steuerlehre, Köln und Opladen 1964

Oesch, Max P.: Die steuerliche Behandlung der Wertzuwachsgewinne auf dem beweglichen Privatvermögen, Bern 1975

Ossenbühl, Klaus Hermann: Die gerechte Steuerlast, Prinzipien der Steuerverteilung unter staatsphilosophischem Aspekt, Heidelberg/Löwen 1972

Paulick, Heinz: Der Grundsatz der Gleichmäßigkeit der Besteuerung — sein Inhalt und seine Grenzen, in: Probleme des Finanz- und Steuerrechts, Festschrift für Ottmar Bühler, herausgegeben von Armin Spitaler, Köln 1954

— Handbuch der stillen Gesellschaft, 2. Aufl., Köln 1971

Pralle, Ulrich: Das gewillkürte Betriebsvermögen bei der Gewinnermittlung, Göttingen 1970

Rössler, Rudolf, Max *Troll* und Johannes *Langner:* Bewertungsgesetz und Vermögensteuergesetz, Kommentar, 11. Aufl., München 1977

Rose, Gerd und Fritz *Eggesiecker:* Zur Steuerbelastung der freien Berufe, Köln 1971

Salditt, Franz: Verlagerung von Wirtschaftsgütern in die auslandsbelegene Betriebsstätte eines einheitlichen Unternehmens: Grundsätzliches zur steuerlichen Realisation stiller Reserven, Diss. iur. Köln 1969

Schachtschneider, Karl Albrecht: Das Sozialprinzip, Bielefeld 1974

Schick, Walter: Die freien Berufe im Steuerrecht, Köln 1973

Schmidt-Bleibtreu, Bruno und Franz *Klein:* Kommentar zum Grundgesetz für die Bundesrepublik Deutschland, 4. Aufl., Neuwied und Darmstadt 1977

Schmölders, Günter: Organische Steuerreform, Berlin und Frankfurt a. M. 1953

Schreiner, Helmut: Der Gewerbebetrieb des Gewerbesteuerrechts, Diss. iur. Köln 1958 (maschinenschriftlich)

Schulte, Hans: Zur Dogmatik des Art. 14 GG, Heidelberg/Karlsruhe 1979

Segebrecht, Helmut: Wechsel der Gewinnermittlungsarten, 2. Aufl., Herne/Berlin 1974

— Die Einnahme-Überschußrechnung nach § 4 Abs. 3 EStG, 4. Aufl., Herne/Berlin 1977

Selmer, Peter: Steuerinterventionismus und Verfassungsrecht, Frankfurt 1972

Strickrodt, Georg: Das Subventionsthema in der Steuerpolitik unter besonderer Berücksichtigung der Stellung der Landwirtschaft, Berlin 1960

Strutz, Georg: Handausgabe des Einkommensteuergesetzes vom 29. März 1920 (Reichseinkommensteuer), 2. Aufl., Berlin 1920

— Kommentar zum Einkommensteuergesetz vom 10. August 1925, Erster Band, Berlin 1927, Zweiter Band, Berlin 1929

Tipke, Klaus: Das Kraftfahrzeug im Steuerrecht, Stuttgart 1959

— Steuerrechtswissenschaft und Steuersystem, in: Verfassung, Verwaltung, Finanzen, Festschrift für Gerhard Wacke zum 70. Geburtstag, herausgegeben von Klaus Vogel und Klaus Tipke, Köln 1972

— Die Steuerprivilegien der Sparkassen, Steuersystematische und verfassungsrechtliche Aspekte, Köln 1972

— Die dualistische Einkünfteermittlung nach dem Einkommensteuergesetz, in: Festschrift für Heinz Paulick zum 65. Geburtstag, herausgegeben von Heinrich Wilhelm Kruse, Köln 1973

— Grundstücksveräußerungen im Steuerrecht — Gewerbebetrieb oder Vermögensverwaltung?, Köln 1974

— Steuerrecht, Ein systematischer Grundriß, 7. Aufl., Köln 1979

— und Heinrich Wilhelm *Kruse*: Reichsabgabenordnung, Kommentar, 7. Aufl., Köln 1965/75

—/— Abgabenordnung, Finanzgerichtsordnung, Kommentar zur AO 1977 und FGO, 9. Aufl., Köln 1965/78

Ulbrich, Rudi: Das Leistungsfähigkeitsprinzip der Besteuerung, Bern/Frankfurt a. M. 1975

Wacker, Wilhelm Hermann: Steuerlexikon, München 1975

Wennrich, Eberhard: Die typisierende Betrachtungsweise im Steuerrecht, Düsseldorf 1963

Wüst, Rudolf: Die unterschiedliche einkommensteuerliche Behandlung von notierten Aktien bei ihrer Zugehörigkeit zum Privat- oder zum Betriebsvermögen, Diss. rer. pol. München 1964

Züll, Helmut: Die Einkommensteuer bei der Veräußerung wesentlicher Beteiligungen, Herne/Berlin 1959

2. Zeitschriftenaufsätze, Urteilsanmerkungen

von Arnim, Hans Herbert: Steuerrecht bei Geldentwertung, BB 1973 S. 621 ff.

Bähr, Gottfried: Vermögensverwaltung oder Gewerbebetrieb bei privater Errichtung, Vermietung und/oder Veräußerung von Kaufeigenheimen und Eigentumswohnungen, DStR 1969 S. 617 ff.

Barnick, Friedrich-Michael: Die Besteuerung des Wertzuwachses in Großbritannien, RIW/AWD 1975 S. 211 ff.

Barske, K.: Aufteilung des Erlöses aus dem Verkauf eines auch privat genutzten Personenkraftwagens?, DStZ/A 1955 S. 91 f.

Becker, Enno: Zum neuen Einkommensteuergesetz, StuW 1934 Sp. 1241 ff.

Beisse, H.: Geldentwertungsfragen in der Steuerrechtsprechung, Inf 1973 S. 337 ff.

Bernhardt, Rudolf: Zur Anfechtung von Verwaltungsakten durch Dritte, JZ 1963 S. 302 ff.

Böckli, Peter: Die neue französische Kapitalgewinnsteuer, Archiv Bd. 45 (1977) S. 433 ff.

— Rezension zu „Walter Leisner, Wertzuwachsbesteuerung und Eigentum", StuW 1979 S. 182 ff.

Brunner, Peter, Werner *Schmidt* und Klaus *Ziganke*: Hat die Mehrwertsteuer Kostencharakter?, Drei Diskussionsbeiträge, DB 1968 S. 49 ff.

Bundessteuerberaterkammer: Zur Besteuerung von Kapitalvermögen bei Geldwertschwund, Stellungnahme gegenüber dem Bundesverfassungsgericht, DStR 1978 S. 210

Debatin, Helmut: Der Einkommensbegriff im Steuerrecht der USA im Lichte der Rechtsvergleichung, StuW 1958 Sp. 305 ff.

Eckert, Walter Ludwig: Der Steuerbevollmächtigte und seine Praxis im Spiegel der Zahlen, DStR 1971 S. 34 ff.

Eckhardt, Walter: Steuer und Geldwertschwund, DStR 1973 S. 487 ff.

Falterbaum, Hermann: Neue Probleme bei der Gewinnermittlung nach § 4 Abs. 3 EStG und beim Wechsel der Gewinnermittlungsart, StW 1970 S. 39 ff.

Faut, Eberhard: Zur Frage der Besteuerung der Nutzung von Wohnraum durch den Eigentümer als Einkommen, StuW 1961 Sp. 285 ff.

Flämig, Christian: Die Berücksichtigung der schleichenden Geldentwertung im Steuerrecht — Ein Versuch, die Folgen der schleichenden Geldentwertung durch steuerliche Maßnahmen auszugleichen —, Steuer-Kongreß-Report 1969 S. 425 ff.

Flume, Werner: Die Einkommensbesteuerung des Nicht-Unternehmers und die Steuerreform, DB 1972 S. 205 ff.

Forsthoff, Ernst: Zur verfassungsrechtlichen Problematik der Investitionshilfe, BB 1953 S. 421 ff.

Friauf, Karl Heinrich: Eigentumsgarantie, Geldentwertung und Steuerrecht, StbJb. 1971/72 S. 425 ff.

— Steuergesetzgebung als Instrument der Bodenordnung, DVBl. 1972 S. 652 ff.

— Zur Frage der Nichtabzugsfähigkeit von Aufsichtsratsvergütungen im Körperschaftsteuerrecht, StuW 1973 S. 97 ff.

Gadomski, R. P.: Zur beabsichtigten Einführung der Rechnungslegung auf der Basis von Zeitwerten in Großbritannien, WPg 1977 S. 266 ff.

Gemper, Bodo B.: Geldentwertung, Nominalwertprinzip und Besteuerung, BB 1972 S. 761 ff.

Giloy, Jörg: Zur Symmetrie der Einkunftsarten, FR 1978 S. 205 ff.

Grass, Adolf: Wandlungen im Bilanzsteuerrecht, DB 1962 S. 281 ff.

Grube, Georg: Der einkommensteuerrechtliche Nutzungswert der Wohnung im eigenen Haus, StuW 1974 S. 211 ff.

Haller, Heinz: Zur Diskussion über das Leistungsfähigkeitsprinzip, „Finanzarchiv", N. F., Bd. 31 (1973) S. 461 ff.

Hartz, Wilhelm: Möglichkeiten und Grenzen der Vereinfachung des Steuerrechts — Überlegungen zur Denkschrift einer Sachverständigenkommission, Steuer-Kongreß-Report 1964 S. 98 ff.

— Auswirkungen der Geldentwertung im Steuerrecht und auf die Vermögensbildung — Notwendigkeit und Möglichkeiten eines Ausgleichs, DB 1973 S. 1519 ff.

Hauer, H.: Bewertung von Wirtschaftsgütern bei der Gewinnermittlung nach § 4 Abs. 3 EStG, FR 1959 S. 117

Hauser, W.: Internationaler Vergleich der Besteuerung von Veräußerungsgewinnen, IWB Fach 10 Gruppe 2 S. 453 ff.

Hecht, Gottfried: Zur Abzugsfähigkeit von Schuldzinsen bei privatem Aktienerwerb im Einkommensteuerrecht — Zugleich eine Analyse der einschlägigen Vorschriften —, Die AG 1975 S. 70 ff.

Hofbauer, Max: Zur Abgrenzung von Vermögensverwaltung und Gewerbebetrieb, BB 1969 S. 666 ff.

Hoffmann: Anm. zu der Entscheidung des BFH IV 38/58 U vom 24. 9. 1959, FR 1960 S. 268 f.

Huber, Ernst Rudolf: Der Streit um das Wirtschaftsverfassungsrecht (II), DÖV 1956 S. 135 ff.

Kaatz: Anm. zur Entscheidung des BFH IV 19/55 U vom 12. 5. 1955, FR 1956 S. 63 f.

Kaiser, Josef: Über die pseudowirtschaftliche Betrachtungsweise durch die Typisierungslehre, StuW 1961 Sp. 269 ff.

Kamprad, Balduin: Widersprüchliche Erlaßregelungen zur Besteuerung von Veräußerungsgewinnen bei Wertpapieren, FR 1971 S. 19 ff.

Koch, Helmut: Die Problematik des Niederstwertprinzips, WPg 1957 S. 1 ff., 31 ff.

Koch, Karl: Aktuelles aus der Steuergesetzgebung, DStR 1978 S. 303 ff.

Krah, R.: Steuerliche Besonderheiten beim Mitunternehmerwechsel, Inf 1961 S. 402 ff.

Kutscher, Gerhard: Gewinnermittlung aus Land- und Forstwirtschaft nach Durchschnittsätzen — Möglichkeiten und Unmöglichkeiten —, DStZ/A 1976 S. 7 ff.

Lang, Joachim: Das Einkommensteuergesetz 1975 — Gewinn an Steuergerechtigkeit und Steuervereinfachung?, StuW 1974 S. 293 ff.

— Das neue Lohnsteuerrecht, StuW 1975 S. 113 ff.

Littmann, Eberhard: Zur Abgrenzung der gewerblichen von der nichtgewerblichen Vermögensverwaltung in der Einkommen- und Gewerbesteuer, DStZ/A 1962 S. 357 ff.

Lohmeyer, Heinz: Buchführungs- und Bilanzierungsfragen bei freiberuflich Tätigen, DStZ/A 1975 S. 424 ff.

Longin, Franz: Steuerliche Besonderheiten der Freien Berufe, Steuer-Kongreß-Report 1974 S. 161 ff.

Mennel, Annemarie: Steuerreformen im internationalen Vergleich, DStZ/A 1970 S. 167 ff.

— Steuerrecht und Steuersysteme im internationalen Vergleich, StuW 1973 S. 1 ff.

— Die Besteuerung von Veräußerungsgewinnen im internationalen Vergleich, DStZ/A 1973 S. 89 ff.

Meyer-Arndt, Lüder: Kann eine Körperschaft ihre Vermögensteuer bei der Ermittlung des steuerpflichtigen Einkommens trotz § 12 KStG abziehen?, DB 1965 S. 159 ff.

Mösbauer, Hans Heinz: Das Steuerrecht — Auf der Suche nach dem System, DStR 1975 S. 679 ff.

— Steuergesetzgebung und Investition, BB 1976 S. 193 ff.

Müller, Lothar: Inflation und Steuern, Steuer-Kongreß-Report 1975 S. 373 ff.

Parczyk, Wolfgang: Die tatbestandsmäßige Zuordnung von Lebenssachverhalten unter eine der sieben Einkunftsarten des geltenden Einkommensteuerrechts ein Qualifikations-, kein Quantifizierungsproblem, StuW 1967 Sp. 723 ff.

— Zu den Gewinnermittlungsvorschriften des EStG-Referentenentwurfs, DB 1973 S. 1668 ff.

Plasschaert, Sylvain R. F.: First Prinziples about Schedular and Global Frames of Income Taxation, Bull. IFD Vol. XXX (1976) p. 99 ff.

Raben, Erwin: Bilanzsteuerrechtliche Behandlung eines gemischtgenutzten Kraftfahrzeuges, FR 1962 S. 422 ff.

Schanz, Georg: Der Einkommensbegriff und die Einkommensteuergesetze, Finanzarchiv, XIII. Jahrgang (1896) S. 1 ff.

Schmidt, Eberhard: Reformierte Einfamilienhaus-Besteuerung?, FR 1972 S. 229 ff.

Schneider, Dieter: Sieben Thesen zum Verhältnis von Handels- und Steuerbilanz — Ein Beitrag zur Reform der steuerlichen Gewinnermittlung, DB 1970 S. 1697 ff.

— Eine Reform der steuerlichen Gewinnermittlung? Anmerkungen zum Teil „Gewinnermittlung" des Gutachtens der Steuerreformkommission 1971, StuW 1971 S. 326 ff.

— Aktienrechtlicher Gewinn und ausschüttungsfähiger Betrag, WPg 1971 S. 607 ff.

— „Staatsbürgersteuer" — ein Schildbürgerstreich, StuW 1974 S. 369 ff.

— Besteuerung von Veräußerungsgewinnen und Verkaufsbereitschaft: der fragwürdige „lock-in-Effekt", StuW 1976 S. 197 ff.

Sebiger, Heinz: Grenzen der Typisierung in der Einkommensbesteuerung, dargestellt am Beispiel des § 33 a EStG, Steuer-Kongreß-Report 1964 S. 120 ff.

Segebrecht, Helmut: Grundsätze der Überschußrechnung nach § 4 Abs. 3 EStG, NWB Fach 17 S. 693 ff.

Siber, Karl: Der negative Kapitalanteil des Kommanditisten, DStZ/A 1955 S. 289 f.

Späth, Friedrich: Veräußerungsgewinn bei negativem Kapitalkonto des Kommanditisten?, FR 1965 S. 7 ff.

Spanner, Hans: Die Steuer als Instrument der Wirtschaftslenkung, StuW 1970 Sp. 377 ff.

Speich, Günter: Die Gewinnermittlung durch Überschußrechnung § 4 Abs. 3 EStG, DStR 1972 S. 743 ff.

Stobbe, Ludwig: Einkommensteuerliche Folgen einer Veräußerung betrieblich genutzter Grundstücke oder Grundstücksteile bei Gewinnermittlung durch Einnahme-Ausgabe-Überschußrechnung, DStR 1967 S. 82 ff.

Streck, Michael: Rezension zu Walter Schick, „Die freien Berufe im Steuerrecht", StuW 1974 S. 379 f.

Strickrodt, Georg: Steuergesetze als Instrumente staatspolitischer Maßnahmen, FR 1958 S. 448 ff.

Thiel, Rudolf: Veräußerung von Anteilen an Kapitalgesellschaften, Der systematische Gehalt des § 17 des Einkommensteuergesetzes, BB 1965 S. 452 ff.
— Die Gewinnverwirklichung, Ein rechtssystematischer Überblick über ihre Erscheinungsformen, Steuer-Kongreß-Report 1968 S. 273 ff.

Thoma, Gerd: Wer ist gewerblich tätig im Sinne des Einkommen- und Gewerbesteuerrechts?, BB 1968 S. 1239 ff.

Tipke, Klaus: Anm. zu der Entscheidung des BFH IV 196/59 S vom 13. 10. 1960, StRK-Anm. EinkStG § 4 R. 344
— Steuerrecht — Chaos, Konglomerat oder System?, StuW 1971 S. 2 ff.
— Anwendung des Gleichheitssatzes im Steuerrecht — Methode oder irrationale Spekulation?, BB 1973 S. 157 ff.
— Das Bundesverfassungsgericht zum Nettoprinzip, Zum BVerfG-Beschluß vom 7. 11. 1972, StuW 1974 S. 84 ff.
— Zu Einkommensteuerfragen, StuW 1976 S. 157 ff.

von Trotha, Thilo: Grundzüge einer Neuordnung des Bodenrechts, DÖV 1973 S. 253 ff.

Vogel, Horst: Preissteigerungsgewinne bei der Einkommensbesteuerung, BB 1956 S. 32 ff.

Vogel, Klaus: Steuerrecht und Wirtschaftslenkung, Ein Überblick, Jahrbuch der Fachanwälte für Steuerrecht 1968/69 S. 225 ff.
— Anmerkung zum Beschluß des BVerfG vom 19. Dez. 1978, NJW 1979 S. 1158 f.

Wachter, Winfried: Probleme der Gewinnermittlung nach § 4 Abs. 3 EStG, Steuer-Kongreß-Report 1965 S. 104 ff.

Wacke, Gerhard: Gesetzmäßigkeit und Gleichmäßigkeit. Die drei Arten der Gleichmäßigkeit als Auflösung des gesetzlichen Tatbestandes., StuW 1947 Sp. 21 ff.
— Verfassungsrechtliche Prüfung des § 17 EStG, Besteuerung von Gewinnen aus der Veräußerung wesentlicher Beteiligungen, StuW 1964 Sp. 193 ff.

Wagner, Franz W.: Einkommensbesteuerung und Inflation — Ein betriebswirtschaftlicher Beitrag zum steuerlichen Einkommensbegriff, StuW 1976 S. 228 ff.

von Wallis, Hugo: Die steuerliche Behandlung negativer Kapitalkonten von Kommanditisten bei der Einkommens- und Vermögensbesteuerung, DStZ/A 1965 S. 113 ff.

Weißenborn, Hans-Ulrich: Wann ist das negative Kapitalkonto eines Kommanditisten steuerlich anzuerkennen?, DStR 1968 S. 501 f.

Wollny, Paul: Die Sozialstaatsklausel in der Rechtsprechung des Bundesfinanzhofs, StuW 1971 S. 271 ff.

Wrede, Fr.: Ausgewählte Fragen der Rentenbesteuerung, Inf 1975 S. 145 ff.

Zehendner, Gerhard: Der Nutzungswert der Wohnung im eigenen Einfamilienhaus, BB 1974 S. 1158 ff.

Zink, Günter: Die Probleme einer Wertzuwachsbesteuerung, StuW 1973 S. 150 ff.

— und Werner *Liedschulte*: Die Erfassung und Besteuerung der Wertzuwächse im derzeitigen Steuersystem der Bundesrepublik Deutschland, StuW 1971 S. 45 ff.

3. Amtliche Veröffentlichungen

Begründung zum Einkommensteuergesetz vom 16. Okt. 1934, RStBl. 1935 S. 33 ff.

Runderlaß des RdF vom 31. Dez. 1936 (S 2142 - 85 III) betr. Einkommensbesteuerung der nichtbuchführenden Land- und Forstwirte, RStBl. 1937 S. 35 ff.

Amtliche Begründung zum Entwurf eines Gesetzes zur Neuordnung von Steuern mit Stellungnahme der Bundesregierung zu den vorgeschlagenen Änderungen und Empfehlungen des Bundesrates vom 29. April 1954, Deutscher Bundestag, 2. Wahlperiode, Drucksache 481.

Diskussionsbeiträge des Arbeitsausschusses für die Große Steuerreform, ein Bericht an den Finanzausschuß des Bundesrates, herausgegeben von Heinrich Troeger, Staatsminister der Finanzen in Hessen, Stuttgart 1954.

Amtliche Begründung zum Entwurf eines Gesetzes zur Änderung des Bewertungsgesetzes, des Vermögensteuergesetzes und des Erbschaftsteuergesetzes vom 21. Juni 1956, Deutscher Bundestag, 2. Wahlperiode, Drucksache 2544 S. 35 ff.

Untersuchungen zum Einkommensteuerrecht — Bericht der Einkommensteuerkommission —, Schriftenreihe des BdF Heft 7, Bonn 1964.

Begründung der Bundesregierung zum Entwurf eines Gesetzes über die Ermittlung des Gewinns aus Land- und Forstwirtschaft nach Durchschnittsätzen (GDL) vom 14. Mai 1965, Bundesrat, Drucksache 257/65.

Report of the Royal Commission on Taxation, Volume 3, Taxation of Income, Ottawa 1966.

Gutachten zur Reform der direkten Steuern, erstattet vom Wissenschaftlichen Beirat beim BdF, Schriftenreihe des BdF Heft 9, Bad Godesberg 1967.

Stellungnahme zur Haushaltsrechtsreform und Stellungnahme zu dem Entwurf eines Gesetzes über Steuererleichterungen bei Änderung der Unternehmensform, erstattet vom Wissenschaftlichen Beirat beim BdF, Schriftenreihe des BdF Heft 11, Margarethenhöhe über Königswinter 1969.

Erlaß FinMin Niedersachsen (S 2242 — 7 — 31) vom 11. Juni 1969, StEK EStG § 16 Nr. 20.

Gutachten der Steuerreformkommission 1971, Schriftenreihe des BdF Heft 17, Bonn 1971.

Parl. Staatssekretär beim BdF Hermsdorf, Verhandlungen des Deutschen Bundestages, 7. Wahlperiode, Stenographische Berichte Band 82 von der 17. Sitzung am 22. Febr. 1973, S. 783 (B).

Dritter Bericht (Schlußbericht) des Finanzausschusses vom 7. Dez. 1973 zum Entwurf eines Zweiten Steuerreformgesetzes und eines Gesetzes zur Änderung vermögensteuerrechtlicher Vorschriften, Deutscher Bundestag, 7. Wahlperiode, Drucksache 7/1389.

Entwurf eines Dritten Steuerreformgesetzes, Gesetzentwurf der Bundesregierung vom 8. Jan. 1974, Deutscher Bundestag, 7. Wahlperiode, Drucksache 7/1470.

Fünfter Subventionsbericht vom 22. Okt. 1975, Unterrichtung durch die Bundesregierung, Deutscher Bundestag, 7. Wahlperiode, Drucksache 7/4203.

Frankreich: Das neue Gesetz über die Besteuerung der Veräußerungsgewinne („Plus-values"). Deutsche Übersetzung einer Veröffentlichung des Informationsdienstes des französischen Wirtschafts- und Finanzministeriums, Intertax 1976 S. 384 ff.

Gutachten über Probleme und Lösungsmöglichkeiten einer Bodenwertzuwachsbesteuerung, erstattet vom Wissenschaftlichen Beirat beim BdF, Schriftenreihe des BdF Heft 22, Bonn 1976.

Schreiben des BdF an die Finanzminister (Finanzsenatoren) der Länder betr. Einführungserlaß zur AO 1977 vom 1. Okt. 1976 (IV A 7 — S 0015 — 30/76), BStBl. 1976 I S. 576 ff.

Agrarbericht 1978 der Bundesregierung vom 3. Febr. 1978, Deutscher Bundestag, 8. Wahlperiode, Drucksache 8/1500.

Gutachten zur Einkommensbesteuerung der Landwirtschaft, erstattet von der Kommission zur Begutachtung der Einkommensbesteuerung der Landwirtschaft, eingesetzt vom BdF und vom Bundesminister für Ernährung, Landwirtschaft und Forsten, Schriftenreihe des BdF Heft 24, Bonn 1978.

Stellungnahme des BdF betr. lohnsteuerliche Behandlung von Aufwendungen für Arbeitsmittel v. 25. Aug. 1978 (IV B 6 — S 2354 — 10/78 II), BStBl. 1978 I S. 384.

Entwurf eines Gesetzes zur Neuregelung der Einkommensbesteuerung der Land- und Forstwirtschaft, Gesetzentwurf der Bundesregierung, Deutscher Bundestag, 8. Wahlperiode, Drucksache 8/3239 vom 5. Okt. 1979.

4. Materialien der Parteien

CDU/CSU-Fraktion des Deutschen Bundestages — Pressereferat —, Mitteilung vom 31. Aug. 1972 einer Erklärung des Vorsitzenden des Arbeitskreises Wirtschaft und Ernährung Müller-Hermann, MdB.

Freiburger Thesen der F.D.P. zur Gesellschaftspolitik, herausgegeben vom Bundesvorstand der F.D.P., Bonn.

Materialien Bodenreform, Vorlage „Bodenrechtsreform" zum Parteitag Hamburg 1977, herausgegeben vom Vorstand der SPD, Bonn 1977.

Entscheidungsregister

1. Bundesverfassungsgericht

23. 10. 1951	2 BvG 1/51	BVerfGE Bd. 1 S. 14 ff.
17. 12. 1953	1 BvR 147	BVerfGE Bd. 3 S. 58 ff.
16. 3. 1955	2 BvK 1/54	BVerfGE Bd. 4 S. 144 ff.
16. 1. 1957	1 BvR 253/56	BVerfGE Bd. 6 S. 32 ff.
17. 1. 1957	1 BvL 4/54	BVerfGE Bd. 6 S. 55 ff.
23. 1. 1957	2 BvR 6/56	BVerfGE Bd. 6 S. 121 ff.
15. 1. 1958	1 BvR 400/51	BVerfGE Bd. 7 S. 198 ff.
11. 6. 1958	1 BvR 596/56	BVerfGE Bd. 7 S. 377 ff.
24. 6. 1958	2 BvF 1/57	BVerfGE Bd. 8 S. 51 ff.
3. 12. 1958	1 BvR 488/57	BVerfGE Bd. 9 S. 3 ff.
14. 4. 1959	1 BvL 23, 34/57	BVerfGE Bd. 9 S. 237 ff.
29. 7. 1959	1 BvR 394/58	BVerfGE Bd. 10 S. 89 ff.
2. 11. 1960	2 BvR 504/60	BVerfGE Bd. 11 S. 351 ff.
9. 5. 1961	2 BvR 49/60	BVerfGE Bd. 12 S. 326 ff.
17. 7. 1961	1 BvL 44/55	BVerfGE Bd. 13 S. 97 ff.
29. 11. 1961	1 BvR 148/57	BVerfGE Bd. 13 S. 225 ff.
24. 1. 1962	1 BvR 845/58	BVerfGE Bd. 13 S. 331 ff.
7. 4. 1964	1 BvL 12/63	BVerfGE Bd. 17 S. 306 ff.
27. 5. 1964	1 BvL 4/59	BVerfGE Bd. 18 S. 38 ff.
30. 6. 1964	1 BvL 16 - 25/62	BVerfGE Bd. 18 S. 97 ff.
16. 2. 1965	1 BvR 20/64	BVerfGE Bd. 18 S. 366 ff.
14. 12. 1965	1 BvR 413, 416/60	BVerfGE Bd. 19 S. 206 ff.
15. 12. 1965	1 BvR 513/65	BVerfGE Bd. 19 S. 342 ff.
13. 12. 1966	1 BvR 512/65	BVerfGE Bd. 21 S. 1 ff.
20. 12. 1966	1 BvR 320/57, 70/63	BVerfGE Bd. 21 S. 12 ff.
2. 10. 1968	1 BvF 3/65	BVerfGE Bd. 24 S. 174 ff.
9. 7. 1969	2 BvL 20/65	BVerfGE Bd. 26 S. 302 ff.
2. 10. 1969	1 BvL 12/68	BVerfGE Bd. 27 S. 58 ff.
7. 10. 1969	2 BvL 3/66 2 BvR 701/64	BVerfGE Bd. 27 S. 111 ff.
28. 4. 1970	1 BvR 690/65	BVerfGE Bd. 28 S. 191 ff.
11. 5. 1970	1 BvL 17/67	BVerfGE Bd. 28 S. 227 ff.
9. 6. 1971	2 BvR 225/69	BVerfGE Bd. 31 S. 145 ff.

13. 10. 1971	1 BvL 10/69	BVerfGE Bd. 32 S. 78 ff.
9. 5. 1972	1 BvR 518/62, 308/64	BVerfGE Bd. 33 S. 125 ff.
7. 11. 1972	1 BvR 338/68	BVerfGE Bd. 34 S. 103 ff.
18. 7. 1973	1 BvR 23, 155/73	BVerfGE Bd. 35 S. 382 ff.
31. 7. 1973	2 BvF 1/73	BVerfGE Bd. 36 S. 1 ff.
5. 3. 1974	1 BvL 27/72	BVerfGE Bd. 37 S. 1 ff.
11. 3. 1975	2 BvR 135 - 139/75	BVerfGE Bd. 39 S. 156 ff.
17. 12. 1975	1 BvL 24/75	BVerfGE Bd. 41 S. 121 ff.
24. 3. 1976	2 BvR 804/75	BVerfGE Bd. 42 S. 64 ff.
12. 10. 1976	1 BvR 197/73	BVerfGE Bd. 42 S. 374 ff.
19. 12. 1978	1 BvR 335, 427, 811/76	BVerfGE Bd. 50 S. 57 ff.

2. Reichsfinanzhof

14. 5. 1930	VI A 706/28	RStBl. 1930 S. 580 f.
31. 8. 1938	VI 407/37	RStBl. 1938 S. 975 f.
14. 4. 1943	VI 435/42	RStBl. 1943 S. 482 f.

3. Bundesfinanzhof

24. 11. 1955	IV 231/53 U	BStBl. 1956 III S. 38 ff.
9. 10. 1958	IV 119/57	StRK AO § 217 R. 20
24. 3. 1959	I 205/57 U	BStBl. 1959 III S. 289 f.
24. 9. 1959	IV 38/58 U	BStBl. 1959 III S. 466 ff.
24. 11. 1959	I 47/58 U	BFHE Bd. 70 S. 499 ff.
17. 5. 1960	I 35/57 S	BStBl. 1960 III S. 306 ff.
15. 7. 1960	VI 10/60 S	BStBl. 1960 III S. 484 f.
17. 11. 1960	IV 382/58	StRK AO § 217 R. 33
6. 10. 1961	VI 114/60	StRK EinkStG § 7 R. 83
25. 1. 1962	IV 221/60 S	BStBl. 1962 III S. 366 f.
2. 3. 1962	VI 79/60 S	BStBl. 1962 III S. 192 ff.
20. 12. 1963	VI 313/62 U	BStBl. 1964 III S. 137 f.
7. 2. 1964	VI 19/63 U	BStBl. 1964 III S. 328 f.
13. 3. 1964	IV 158/61 S	BStBl. 1964 III S. 455 ff.
5. 11. 1964	IV 11/64 S	BStBl. 1964 III S. 602 ff.
26. 2. 1965	VI 52/64	StRK EinkStG § 4 R. 849
15. 10. 1965	VI 239/64	StRK EinkStG § 9 Sätze 1 und 2 R. 319
19. 1. 1967	IV 12/63	BStBl. 1967 III S. 288 f.
27. 7. 1967	IV 300/64	BStBl. 1967 III S. 690 ff.
11. 8. 1967	VI R 67/66	BStBl. 1967 III S. 685 f.

27. 3. 1968	I 154/65	BStBl. 1968 II S. 522 f.
31. 1. 1969	VI R 114/68	BStBl. 1969 II S. 294 ff.
22. 5. 1969	IV 31/65	BStBl. 1969 II S. 584 ff.
22. 5. 1969	IV 27/65	BStBl. 1969 II S. 586
19. 10. 1970	Gr. S. 2/70	BStBl. 1971 II S. 17 ff.
19. 10. 1970	Gr. S. 3/70	BStBl. 1971 II S. 21 f.
18. 2. 1971	IV R 206/67	BStBl. 1971 II S. 485 ff.
2. 9. 1971	IV 342/65	BStBl. 1972 II S. 334 f.
27. 1. 1972	IV R 82/67	BStBl. 1972 II S. 526 ff.
20. 10. 1972	III R 7/72	BStBl. 1973 II S. 98 f.
17. 1. 1973	I R 191/72	BStBl. 1973 II S. 260 f.
8. 3. 1973	IV R 77/72	BStBl. 1973 II S. 398 ff.
14. 5. 1974	VIII R 162/73	BStBl. 1974 II S. 582 f.
11. 3. 1976	IV R 185/71	BStBl. 1976 II S. 380 f.
15. 12. 1976	I R 4/75	BStBl. 1977 II S. 220 f.
17. 3. 1977	IV R 116/73	BStBl. 1978 II S. 76 ff.
31. 3. 1977	IV R 159/76	BStBl. 1977 II S. 549 ff.
28. 10. 1977	VI R 194/74	BStBl. 1978 II S. 151 f.
19. 12. 1977	VI R 198/76	BStBl. 1978 II S. 287 ff.
19. 4. 1979	V R 11/72	BStBl. 1979 II S. 420 f.

4. Finanzgerichte

FG Nürnberg v. 29. 10. 1959	III 36 - 37/59	EFG 1960 S. 293 f.
FG Münster v. 21. 7. 1967	VI 740/67 F	EFG 1968 S. 136
FG Münster v. 16. 11. 1972	IV 752/72 Z	EFG 1973 S. 138 f.

5. Sonstige Gerichte

BVerwG v. 30. 8. 1968	VII C 122.66	BVerwGE Bd. 30 S. 191 ff.

FSC
www.fsc.org
MIX
Papier | Fördert
gute Waldnutzung
FSC® C083411

Kolibri 360 GmbH
Ferdinand-Jühlke-Straße 7
99095 Erfurt, Deutschland
produktsicherheit@kolibri360.de

Druck:
CPI Druckdienstleistungen GmbH
im Auftrag der
Kolibri 360 GmbH
Ferdinand-Jühlke-Str. 7
99095 Erfurt